《语言历史论丛》(第十六辑)

主　编　周及徐　**副主编**　袁雪梅

语言历史论丛（第十六辑）

Papers on Languages and History

Volume 16

四川师范大学文学院
中国·成都· 2021
College of Liberal Arts, Sichuan Normal University
Chengdu, China, 2021

巴蜀书社

Contents and Abstracts

The Phonological System of *YunFa QuanTu*（韵法全图）
and Pengzhou dialect ·························· *Zhou Saihua* (1)

Abstract: This article describes the phonological system of *YunFa QuanTu* in more detail, and some of the phonological features are highlighted. And then by comparing the characteristics of the book's phonetic system with Pengzhou dialect, we conclude that the phonological system reflects Pengzhou dialect then.

Key Words: Pengzhou dialect; *YunFa QuanTu*; phonological system; the Qing Dynasty

(Zhou Saihua, Department of Chinese, Hubei University, Wuhan, 430062)

The Grammatical Meanings of Structural Particle de（的）
·· *He Wenbin* (15)

Abstract: The grammatical meanings of structural particle de

（的） can be observed from two aspects of form (morphology and syntax) and meaning (semantic and pragmatic). In syntax, de （的） can be used in most modifier-head constructions. In cognitive semantics, the relation of attribute and its head is static and spatial: when relation is normal integration, such as numeral-classifier-noun structure and so forth, de （的） cannot be used; when it is emphasized disintegration, de （的） must be used —— so de （的） is the mark of static disintegration relation. Attribute can be expanded when in semantic space feature is enlarged or space category is cleared. Such as "黄香蕉" can be expanded to "黄·黄的香蕉" （AA pattern） or "黄·色的香蕉" （Aa pattern）, these patterns can constitute state words and distinction words which can modify or restrict head pragmatically. Integration can be upgraded to disintegration by de （的）, such as "这香蕉——这样（Aa）的香蕉", in which space feature is more cleared.

Key Words: de （的）; static; spatial; integration; disintegration

(He Wenbin, College of Liberal Arts, Sichuan Normal University, Chengdu, 610068)

A Review of Semantic and Pragmatic Studies on the Adverb "Dou（都）" ………………… *Li Yufeng*, *Zhu Jiacheng* (54)

Abstract: In modern Chinese adverbs, "Dou(都)" is a highly focused and valuable research unit with multi-level semantic relevance. At present, the qualitative analysis of several kinds of "Dou（都）" in semantics and pragmatics has long prevailed. Based on the nearly 70 studies since the 20th century on the adverb "Dou（都）$_2$" expressing "even", we summarize the related achievements of previous studies on the formal semantics, relevance and subjectivity of "Dou (都)$_2$", in the hope of better carrying out a multi-dimensional study on offering formal semantic research analysis, subjectivity, typology, and its marker category as well as the re-classification to "Dou (都)$_2$" as an adverb.

Key words: "Dou (都)$_2$"; formal semantics; subjectivity

(Li Yufeng, Zhu Jiacheng, College of literature and Journalism, Sichuan University, Chengdu, 610207)

Comparison of Compound Words Between Chinese and English:
A Large-scale Exhaustive Investigation …… *Wang Yuanjie* (77)

Abstract: Previous studies on the comparison of word-formation of compounds between Chinese and English have two drawbacks: first, they lack a unified framework for the analysis of word-formation; secondly, their data are extremely limited. This paper, under a unified framework, carries out an exhaustive investigation based on a large-scale data collection from the *Modern Chinese Dictionary* and *Oxford Advanced Learner's English-Chinese Dictionary*, and thus provides more convincing conclusions, which are helpful to better understanding the similarities and differences of Chinese and English in both word-formation and sentence structures.

Key words: comparison of Chinese and English; word-formation; compound words

(Wang Yuanjie, Institute of Chinese Language and Text Studies, Southwest University, Chongqing, 400715)

Intersubjectivity of Personal Pronouns in Contemporary

Chinese Children's Novel-Taking *Beautiful Teacher and Bad Boy* as an Example …………… *Lin Zhong*, *Qin Dou* (108)

Abstract: Drawing on *Beautiful Teacher and Bad Boy* as the corpus, the paper addressed how personal pronouns reflected intersubjectivity in contemporary Chinese children's novel via discourse analysis. It is found that whatever the speaker's identity is, the acceptance of utterance is often under his/her consideration in light of face and identity. Given that, one of the strategies employed by the speaker is the choice of pronouns. Specifically, "women (我们)" is used instead of "wo (我)", "nimen (你们)" instead of "ni (你)" and "ni (你)" refers to any person(s) concerned in the discourse. Consequently, first person plural and second person pronouns have been grammaticalized as markers of intersubjectivity in Chinese.

Key Words: intersubjectivity; personal pronoun; discourse analysis

(Lin Zhong, Qin Dou, School of Foreign Studies, Chang'an University, Xi'an, 710064)

A Research of New Word of *Baopuzi Neipian*(抱朴子内篇) based On *Hanyu Dacidian* (汉语大词典)
……………………………… Long Dan, Huan Guoqing (127)

Abstract: *Baopuzi Neipian is* a Taoist book of the Jin (晋) Dynasty, and its language is worth studying. On the basis of the previous results, we are going to further research the new words in the book. Firstly, we classify the new words in the book according to *Hanyu Dacidian*. Secondly, we use traditional methods and modern tools to examine whether the earliest use cases of new words received by the previous researchers are real from *Baopuzi Neipian*. Thirdly, we add several new words discovered by ourself.

Key words: *Baopuzi Neipian*; Lexical; New words

(Long Dan, Huan Guoqing, School of Literature and Journalism, Central South University, Changsha, 410083)

Interpretation of "Wu you guo yu si zhi wu bu ji (吾又过于四之无不及)" in *Guoyu* (国语) ·············· *Guo Wanqing* (157)

Abstract: In the chapter of *Guoyu* Zhouyu (国语 · 周语), the sentence "Shi san zi ye, wu you guo yu si zhi wu bu ji (是三子也, 吾又过于四之无不及)" has always been interpreted differently. In fact, "guo yu" (过于) in this sentence is a comparative structure, "si" (四) in "si zhi" (四之) belongs to a numeral, which can be used as a verb flexibly and forms verb-object relation with the pronoun "zhi" (之). "si zhi" (四之) is a nominal part and an object of "guo yu" (过于).

Key Words: *Guoyu*; guo (过); si (四)

(Guo Wanqing, Chinese Department, Tangshan Normal University, Tangshan, 063000)

The Stylistic Nature of Wang Mang's *Thaigao* (大诰) ·· *He Liang* (170)

Abstract: *Thaigao* (大诰) written by Wang Mang is an elegant formal written language of imperial edicts and decrees. The formal written language and spoken language in Han Dynasty were separated to a certain extent.

Key Words: *Thaigao* (大诰) by Wang Mang; language style; written style

（He Liang, College of Liberal Arts, Chongqing Normal University, Chongqing, 401331）

Dialect Words and their Phonetic Features in Propaganda Novel *Bao Ming Jin Dan* and *Xiao Ni Bao* of in late Qing Dynasty Sichuan ………………………… *Wang Jundan*, *Zhou Jixu*（191）

Abstract: This paper compared the dialect words from the Novel *Bao Ming Jin Dan* and *Xiao Ni Bao* which are both popular preach novels of Sichuan Province in late Qing dynasty with the present Huguanghua（湖广话）dialect and Nanluhua（南路话）dialect of Sichuan dialects, considering their phonetical and significant connection with today's Sichuan dialect words, finding Huguanghua dialect had become the dominant dialect in late Qing dynasty in the Nanchong（南充）city of Sichuan, which prove the history that the immigration were from Huguang Province in Qing dynasty and the immigration's completion time in this region.

Key Words: dialect in late Qing dynasty; Nanchong area; huguanghua dialect; nanluhua dialect

（Wang Jundan, Zhou Jixu, College of Liberal Arts, Sichuan Normal University, Chengdu, 610068）

Study of the Phonetic System of Guangfu Speech in Zhongjiang City, Sichuan Province ………………………… *Gu Ting*（204）

Abstract: Based on the speech materials collected from the field work in Guangfu（广福）Town, Zhongjiang（中江）County, this paper sums up the phonetic system of Guangfu dialect. Since "immigration rushes from Hunan and Hubei to Sichuan" (湖广填四川), the influx of a large number of immigrants from Hunan has had a profound impact on the local language of Guangfu Town. Influenced by the strong dialect Huguanghua (湖广话) dialect, Guangfu dialect is almost the same as Huguang dialect in phonetic system, but it still retains some characteristics of Hunan dialect.

Key Words: Zhongjiang; Guangfu Speech; phonetic system; field work

(Gu Ting, College of Liberal Arts, Sichuan Normal University, Chengdu, 610068)

Phonological system of Longpan Speech in Nanchong City, Sichuan Province ······························· *Qing Shan* (237)

Abstract: Based on the materials of field investigation, this paper summarizes the phonological characteristics of Longpan (龙蟠) Speech in Nanchong (南充) City. Comparing with the phonetic systems of Huguanghua (湖广话) and Nanluhua (南路话) in Sichuan Province, it is concluded that Longpan speech has the phonetic characteristics of Nanluhua. Longpan speech and Nanchong urban speech belong to different historical levels of Sichuan dialects. This difference should be formed by the great immigrants in the late Ming and early Qing Dynasty.

Key Words: Sichuan dialects; Longpan speech; Nanluhua; phonological characteristics

(Qing Shan, College of Liberal Arts, Sichuan Normal University, Chengdu, 610068)

The Demonstrative Pronoun "A（阿）" in Hanyuan Dialect
…………………………………………… *Chen Ming*（263）

Abstract：Hanyuan（汉源）county's dialect is categorized into Yamian（雅棉）little area of the Guanchi（灌赤）area of the Southwest Mandarin. The demonstrative pronoun "A（阿）" in its pronoun system can refer to location, person or thing, and can also be used in conjunction with other demonstrative pronouns. Its origin may be related to the prefix "A（阿）" of the demonstrative pronouns in Liangshan（凉山）Yi language. The pronoun "A（阿）" in the Hanyuan dialect may be the product of language contact.

Key Words：Hanyuan dialect；demonstrative pronouns；A（阿）；language contact

（Chen Ming，College of Liberal Arts，Sichuan Normal University，Chengdu，610068）

A Diachronic Study of Science Communication Discourse in China …………………………………………… *Wang Jing*（279）

Abstract：Chinese science and technology has been developing rapidly in the latest decades. But the Chinese public scientific literacy falls behind the western countries，which urges the study of science communication and its discourse. This paper carries out a diachronic study of science communication discourse in China，and pays special attention on the features of science communication discourse in new media，trying to discuss on how the science communication discourse changes according to the media and age.

Key Words：science communication discourse；new media

（Wang Jing，School of Foreign Languages，Chongqing University

of Posts and Telecommunications, Chongqing, 400065)

230 Items Revised on *Jiaguwen Zibian* (甲骨文字编)
………………………………………………… *Zhao Aixue* (293)

Abstract: The *Jiaguwen Zibian* compiled by Li Zongkun (李宗焜) is an important reference book for the compilation of oracle bone inscriptions. However, as a result of extremely arduous compilation work due to the vast amount of related materials, there are inevitably same deficiencies. According to the clear images of oracle bones housed in the National Library of China and so on, 230 mistakes and omissions caused by unclear rubbings in *Jiaguwen Heji* (甲骨文合集) land others can be corrected. Among the mistakes, 125 could be revised in the aspect of copying (26 with missing strokes, 8 with extra strokes, 31 with unmarked incomplete oracle bone inscriptions, 10 were miscopied, and 50 with inaccurate copying); 76 in the separation and combination of the different inscriptions; 6 in transcription into clerical script; 23 technical errors like repetition and image number. These mistakes show that it is crucial to seek for clear pictures as far as possible in copying oracle bone inscriptions correctly and compilation oracle bone inscriptions. Incomplete oracle bone inscriptions should be clearly marked so as not to mislead readers and should be differentiated upper and lower directions. Last but not least, new materials should be absorbed without repetition.

Key Words: *Jiaguwen Zibian*; revision; National Library of China; Oracle Bone; *Xin Jiaguwen Bian*

(Zhao Aixue, The National Library of China, Beijing, 100081)

Contributions wanted ……………………… *Editorial department* (345)

《韵法全图》音系与彭州方音[①]

周赛华[②]

摘　要　详细介绍《韵法全图》的音系，并重点分析其音系特点，在此基础上进一步论证书中音系反映的是当时的彭州方音。

关键词　彭州方音　《韵法全图》　音系　清代

《韵法全图》是清代天彭[③]（今彭州）人杨得春（字余九）所著。其人生卒年及生平事迹不详，从书前的序中可知是一位长期从事音韵教学的老师。除了《韵法全图》外，还有《韵法一

① 本文为国家社科基金项目“近代等韵研究缀补”（15BYY103）、国家社科基金重大项目“汉语等韵学著作集成、数据库建设及系列专题研究”（17ZDA302）的阶段性成果。

② 周赛华，男，湖南祁东人，湖北大学文学院教授、博士，主要从事音韵和方音史研究。主要成果有专著《合并字学篇韵便览研究》等。

③ 彭州自古有“天彭古郡”“蜀汉名区”之称。

见能》《韵法答问》《韵法十便》《反切等韵谱》《韵法易知》等音韵学著作，其中《韵法全图》是核心，其他著作是从不同角度对《韵法全图》进行阐释。

《韵法全图》成书于光绪八年（1882），有光绪十年（1884）迂拙斋刻本。该书主要包括序、例言和正文几个部分。正文部分是韵图，是在《韵法直图》[①] 基础上改订而成的。直列三十二字母，横列二十八韵，每韵四声（或三声）相承，声韵交叉处列小韵首字。

一、声母及其特点

书中把声母概括为“二十八”字的一首诗：“读（秃）韵之方非口传，空圈隔断万而（人时）千。有音无字今填实，反（番）等能通即了然。”这二十八字见凡例（二页）“等韵平推读法”，与传统的三十六字母进行比较，具体情况如下：

透	喻	照	非	非	溪	床	溪	群	见	端	微	日	清
读（秃）	韵	之	方	非	口	传	空	圈	隔	断	万	而	千
喻	影	微	从	见	定	床	敷	端	泥	透	精	来	日
有	音	无	字	今	填	实	反（番）	等	能	通	即	了	然

可以看出，这样归纳的声母比较混乱，有的字母重复，有的字母缺少，还有部分全浊字母。好在书中谈及声母时，对三十二字母（见下）进行了说明：

① 作者不详，梅膺祚于1612年从新安得到此书，附在《字汇》后。

见溪群疑，端透定泥，帮滂并明，精清从心邪，照穿床审禅，晓匣影喻，非敷奉微，来日。

杨氏在《韵法全图·凡例》（六页）“等韵平推读法”说：“凡母旁未打长圈者，在平声一行。前五句首一字为太阴，前三句末一字及第八句两字为太阳，转到仄声三行，无有叠音。打长圈者，在平声一行，上一字为少阴，下一字为少阳，转到仄声三行，尽是叠音。叠音之字，即为双母。何为双母？在上一母，固是此音，在下一母，仍是此音。”这段话告诉我们，全浊音在平声处跟对应的清音声母有字调的区别，即阴平与阳平的对立。但在仄声处，则与清音声母读音相同。全浊音声母已经消失，全浊塞音全部清化为送气音，全浊擦音清化为清擦音。这样可以进一步归纳出声母如下：

见溪疑，端透泥，帮滂明，精清心，照穿审，晓影，非微，来日。

但这也不是书中准确的声母个数，根据韵图的列字情况，有些字母还要合并，有些字母又要分开。

（1）泥来母洪音合并。比如在“官”韵泥母下列有“栾暖乱”，来母下也列有“栾暖乱”。在“公”韵泥母下列有“农弄六”，来母下也列有“农弄六”。

（2）非敷奉合并。比如在“光”韵非母下列有“方纺放”，敷母下列有“房”；在“官”韵非母下列有“番反泛发”，敷母下列有“凡”；在“裩”韵非母下列有“分粉粪”，敷母下列有“坟”。

（3）微影喻母合并。在图中，微母下列的都是明母字，跟明母下的列字相同。比如在“京”韵微母下列有“民”，明母下列有“民”。而微母字列在了影母或喻母下，比如在“姑”韵喻母下列有“无”，在“裩”韵影母下列有“温稳问”，微母下列有“文”。

（4）疑母细音与泥（娘）母细音合流，应该增加一个舌面鼻音。比如在“江”韵疑母下列有“娘”，在“鸠”韵疑母下列有“牛纽”，在“坚”韵疑母下列有“妍碾彦”，在“居”韵疑母下列有“魚女”。

上面所说的二十八字，杨氏又每字连接二字，成三字句，也有部分可说明上面声母的分并情况：

读(秃)	韵	之	方	非	口	传	空	圈	隔	断	万	而	千
焞	迁熏	珍	分	分	硁	除文①	坤	倾	庚	敦	温	人	青
湍	渊	占	番	番	堪	船	宽	圈	干	端	湾	然	千
有	音	无	字	今	填	实	反(番)	等	能	通	即	了	然
因	因	文	争	巾	廷	深	分	登	伦	焞	精	林	人
烟	炎	完	簪	坚	田	山	番	丹	南	湍	尖	连	然

这样，书中声母可以归纳为：见溪疑娘，端透，帮滂明，精清心，照穿审，晓影，非，来日。

声母特点除了上面的四点外，还有以下几点：

（5）影疑母开口洪音字存在部分互混的情况（疑母字又读影母的多，影母读疑母的字少）。

在“高”韵疑母下有“敖祅奥”，影喻母下有“敖爊祅

① 此处无字，书中用反切“除文”表示。

奥”；在“该”韵疑母下有“皑骇艾”，影喻母下有“皑哀霭艾”。

(6) 分尖团音。

在“江”韵下：（江羌香）≠（将锵相）；在“鸠”韵下：（鸠丘休）≠（揫秋修）；在“基”韵下：（基欺希）≠（齑妻西）。

(7) 知庄章组合流与精组对立（部分庄组字除外）。

在“姑”韵精组下有“租粗苏”，照组下有“诸枢书”；在“冈”韵精组下有“臧仓桑”，照组下有“张昌商”；在“高”韵精组下有“糟操骚”，照组下有“朝超稍”。

(8) 部分庄组字归精组字。

在“钩”韵精组下有“邹愁搜瘦”；在“庚”韵精组下有“争诤生”。

二、韵母及其特点

书中把韵母分成五类，每类四（三）声相承，下面举平以赅上去，列表如下：

宫母	平	光	官	公	裩	规	乖	锅	姑	瓜
	入	国	刮	谷						
商母	平	冈	甘	庚	高	该	钩			
	入	各	阁	格						

续表

角母	平	江	巾	骄	鸠	嘉				
	入	觉	吉							
徵母	平	坚	皆	基	赀					
	入	甲								
羽母	平	涓	弓	钧	居					
	入	厥								

这个韵母系统是在《韵法直图》的基础上改编而成的，但与《韵法直图》的音系差别已经很大，主要有以下特点：

（1）古曾梗深臻摄合流。

在“京”韵下列有：京卿擎丁汀亭灵兵拼平明兴形音盈民。在“庚”韵下列有：庚硁铿登吞腾能崩彭门争层生珍称呈身辰亨恒恩分坟能人。

（2）古果摄歌戈韵开合不分。

在“锅”韵下列有：锅科我卧多罗波坡魔左梭何阿。

（3）古山咸两摄合流。

在“甘”韵下列有：甘堪丹贪谈南班潘盘蛮簪参蚕三占觇廛山蝉酣寒安番凡然[1]。

---

① 山咸摄的合并，也可通过书中知照组细音字的特殊排列可知，比如在“官”下列有“专川传”，在“涓”韵下列有“专川传”，在“坚”韵下列有“占觇廛山蝉”，在“甘”韵下列有“占觇廛山蝉”。这种知照组细音字同时列洪细两读，有些并不是实际的读音，只是守旧。这跟杨氏尽量想填满所有的空圈有关。其他像唇音有些也有类似的做法，有些还有开合两列的情况。为了填满空圈，杨氏甚至把本来是洪音的字也填到细音里去了。这种做法尽管保守，甚至不科学，但客观上为我们提供了韵母洪细相配的信息。

(4) 古流摄开口三等尤韵部分轻唇音字与果摄合流。

在“锅”韵敷母下列有“浮”字。

(5) 古遇摄合口一等模韵部分明母字与果摄合流。

在“锅”韵明母下列有“墓”字。

(6) 古止摄合口三等泥来母字仍旧读合口。

在“规”韵泥来母下列有“内类累”。

(7) 麻韵开口三等字与麻韵开口二等的牙喉音字同韵。

在“嘉”韵下有：嘉茄嗟些斜遮差茶沙蛇下遐鸦涯。

书中入声韵配阳声韵，跟《韵法直图》差别较大，下面根据韵母的洪细相配[1]把入声韵归纳如下：

韵部	一			二				三	四	
	国	各	觉	刮	阁	甲	厥	谷	格	吉
例字	国扩北拍墨或	各渴愕笃托六博扑木作凿率祝出涸恶弗莫若	觉却略足促剬酌出熟学郁略若	刮八拔刷滑袜发	阁答沓纳八拔匝杂札察杀遏发	甲恰札察煞狎押	厥阙必僻密蕝雪拙说血越密劣	谷哭笃秃六不扑木作瘯率烛出蜀忽匆弗落若	格客额德忒勒北拍墨责策塞哲彻涉黑麦热	吉乞逆的剔立必弼密积七昔只尺十一力曰

从上面可以看出，书中入声归并为四部，虽然配阳声韵有点守旧，但古塞音韵尾已经合流，应该是一个喉塞音韵尾，且归部与今彭州方音大体一致，这具有明显的创新性。

① 根据韵母的古来源和照组字等特殊归字的特点进行归并。

三、声调及其特点

从韵母的分类可以看出，书中声调分四类，但根据韵图来看实际上有五个声调。比如以“光”韵帮滂并三母下的列字加以说明：

	平	上	去	入
帮	邦	榜	谤	北
滂	滂	髈	胖	拍
并	旁	匕①	匕	匕

根据前面的叠音说明，平声下“滂”与“旁”是声调的不同，即阴阳的不同，即阴平与阳平的不同。在上去入声下，“滂”母与“并”母下的字是相同的。

主要特点有：

（1）平分阴阳。

（2）全浊上声仍读上声。

在前面论述叠音时，全浊音在仄声处与清音一致。又如在“姑”韵晓母下平上去列字为“呼户互”，在“嘉”韵晓母下平上去列字为“虾下嗄”。

（3）入声独立成调。

书中入声韵还存在，应该有一个独立的入声调。在论述叠音时，知道浊入字跟送气清入字是同音的，即入声调不分阴阳。又比如在“又将二十八字，拟作五音叠韵读法”（凡例第四页）中

---

①“匕”是书中表示重字的字符。

"琭徒吐兔读""申神审圣实"。

四、音系及其性质

书中音系应该主要反映的是当时彭州方音。下面把书中音系的一些特点与今彭州方音比较如下。今彭州方言音系参考杨绍林《彭州方言研究》[1]。

（1）声母的比较①

书中特点	1	2	3	4	5②	6③	7④	8
今方音	√	√	√	√	√x	x	√x	√

（2）韵母的比较（舒声）

书中特点	1	2	3	4	5	6	7⑤
今方音	√	√	√	√	√	√	x

（3）声调的比较

书中特点	1	2	3
今方音	√	x	√

下面再看看入声韵。

① 表中的数字是指前面声韵调的特点（见前文一至三节）。表中的"√"表示相同，"X"表示不相同，"√x"表示部分相同，部分不同。

② 今彭州方音影疑母开口字大都读疑母音。

③ 今彭州方音已经尖团音合流。

④ 今彭州方音只是古知庄章组入声字，仍旧与精组字对立。

⑤ 今彭州方音麻韵开口三等字已经与二等字不同韵。

韵部	一			二				三	四	
	国	各	觉	刮	阁	甲	厥	谷	格	吉
例字	国扩北拍墨或	各渴愕笃托六博扑木作凿率祝出涸恶弗莫若	觉却略足促削酌出熟学郁略若	刮八拔刷滑袜发	阁答沓纳八拔匝杂札察杀遏发	甲恰札察煞狎押	厥阙必僻密蕝雪拙说血越密劣	谷哭笃秃六不扑木作瘯率烛出蜀忽勿弗落若	格客额德忒勒北拍墨责策塞哲彻涉黑麦热	吉乞逆的剔立必弼密积七昔只尺十一力日
今方音	uɛ	o①	yo	ua	a	ia	yɛ	o	ɛ	iɛ

入声韵跟今彭州方音的对应关系非常明显，不同的地方显示了古今演变的趋势，主要有：

（1）书中“国”韵今彭州方音已经并入第四部。这种演变在书中已经萌芽，其中“北拍墨”在“国”韵和“格”韵中两现。因“国”韵字少，当塞音韵尾消失后，音系中的［uo］音很突兀，音系因经济需要调整，这样“国”韵字因“北拍墨”读音的类推而归入第四部中。

（2）第三部“谷”韵今彭州方音已经归入“各”韵。从书中列字可以看出，“各”韵和“谷”韵中两现的字非常多，说明这种演变正在进行之中。

（3）书中“厥”韵字今彭州方言已经并入第四部。这在书中有变化的萌芽，其中“必密”在“厥”韵和“吉”韵中两

① 书中同一韵部下照组字和来母字往往洪细两读或唇音字开合两读。这跟作者填满空格有关，在这里比较时只考虑跟今音相同的部分。

目 录

《韵法全图》音系与彭州方音 …………………… 周赛华（1）

论结构助词“的”的语法意义 …………………… 何文彬（15）
副词“都$_2$”语义语用研究综述 ………… 李宇凤 朱嘉诚（54）
汉英复合词构造类型对比
——基于封闭材料的穷尽研究 ………………… 王远杰（77）
当代儿童小说中人称代词的交互主观性
——以《漂亮老师和坏小子》为例 …… 林 忠 秦 豆（108）

基于《汉语大词典》的《抱朴子内篇》新词研究
…………………………………… 龙 丹 郇国庆（127）
《国语》“吾又过于四之无不及”解诂 …………… 郭万青（157）
王莽《大诰》的语体性质 ……………………… 何 亮（170）

晚清四川宣讲小说《保命金丹》与《孝逆报》中的
方言词及其语音特征 …………………… 王俊丹　周及徐（191）
四川中江县广福话音系 ………………………………… 古　婷（204）
四川南充市龙蟠镇话音系 ……………………………… 青　杉（237）
汉源方言远指代词“阿” ……………………………… 陈　明（263）

中国科学传播话语的历史变迁研究 …………………… 王　晶（279）

《甲骨文字编》校订230则 …………………………… 赵爱学（293）

征稿启事 ……………………………… 《语言历史论丛》编辑部（345）

现。“厥”韵字的演变可能更多是受到成都话的影响。

(4) 书中“吉”韵知照组字“只尺十日”等的韵母，今彭州方音这些字的韵母已经变成了特殊的卷舌元音［ɚ］。这种演变可能是受到“而耳二”等字读音变化所产生的连锁反应。书中“而耳二”列在基韵日母下，今彭州方音已经读卷舌元音。这种变化是近代北方方言中比较普遍的演变。只不过彭州方音中这种变化发生得比较晚，可能正好处在塞音韵尾消失的时候。当“而耳二”等字发生变化时，“吉”韵下的“日”字的韵母也随即发生类似的卷舌变化，随后由于类推的作用，“吉”韵照组字的韵母也发生了卷舌的变化。

通过比较，可以看出书中音系特点与今彭州方音大都一致，不同的地方主要是古今的差异造成的，是可以解释的（有的可能是守旧）。

当音系的性质确定后，下面可以根据今方音把书中音系构拟如下：

声母：见［k］溪［k‘］疑［ŋ］娘［ȵ］；端［t］透［t‘］来［n］；帮［p］滂［p‘］明［m］；精［ts］清［ts‘］心［s］；照［tʂ］穿［tʂ‘］审［ʂ］；晓［x］影［0］；非［f］；日［ʐ］。

韵母：光［uaŋ］冈［aŋ］江［iaŋ］；官［uan］甘［an］涓［yan］坚［ian］；公［uŋ］弓［yŋ］；裩［uən］庚［ən］钧［yən］巾［iən］；规［uei］①；乖［uai］该［ai］皆［iai］；

① 书中此韵唇音字全归在合口，故没有［ei］音。

锅［o］；高［au］骄［iau］；姑［u］居［y］；瓜［ua］嘉［ia］①；钩［əu］鸠［iəu］；基［i］；赀［ɿ］。

国［uoʔ］各［oʔ］觉［ioʔ］；刮［uaʔ］阁［aʔ］甲［iaʔ］厥［yaʔ］；谷［uʔ］；格［ɛʔ］吉［iɛʔ］。

声调：阴平［55］阳平［21］上声［53］去声［213］入声［33］。

五、古今的主要差异和变化

《韵法全图》音系与今彭州方音的差异主要有以下几点：

（1）书中分尖团音，今彭州方音已经尖团音合流。

（2）书中知庄章组字除了少数庄组字归入精组字外，其他绝大部分都与精组字对立。今彭州方音除了古入声的知庄章组字外，其余全部都与精组字合流。同时绝大部分古日母字也从卷舌音变成了舌尖前浊擦音。

（3）书中影母开口洪音字只有少数字增生了一个后鼻音声母，今彭州方音影母洪音字前都产生了鼻音声母。

（4）古麻韵开口三等字，已经从［ia］变成了［iɛ］或［ɛ］音。（入声韵的变化见上。）

尽管书中音系有些地方可能不符合实际情况，比如：（1）书中古全浊塞音塞擦音清化为送气的清音。（2）书中古全浊上声字仍旧读上声。有些地方在处理时可能过于守旧，比如唇音字归在合口等，但书中音系基本上把当时彭州方音的状况揭示了出

① 书中古麻韵二等照组洪音字归在嘉韵，唇音洪音字归在瓜韵，故没有［a］音。

来，因此《韵法全图》是我们了解19世纪末彭州方音的宝贵资料，也是研究四川方音史的珍贵材料。通过《韵法全图》音系与今彭州方音的比较，一定程度上反映出彭州方音的变化。

附记

此文写就后两月，又见到杨余九的《英文开路先锋》。该书刊于光绪二十九年（1903），是杨氏晚年韵学资料的定本。杨氏在书前的序文中说："今将英文二十六字母，以川音注之，证以字典韵图字母，无不相合。"杨氏利用西文字母对《韵法全图》进行了解读注音，这对我们了解当时彭州方音具有重要的参考价值。

书中给三十二个韵母注了音（书中韵都用两字来表示，但思沙反、思波反、思斯反、迂觉反，后面加了"反"字，这里照录"思沙"等四个加"反"的韵的原文）：

翁 OUNG 温 OENN 湾 OAN；光 OANG 规 OEI 歪 OAI；锅 OUO 汙 OU 瓜 OA；冈 ANG 恩 ENG 甘 AN；敖 AO 哀 AI 讴 EOU；思沙反 A 思波反 O 思斯反 EU；央 IANG 因 ING 烟 IEN；鸠 IOU 鸦 IE 迂觉反 IO；衣 I 交 IAO 皆 IAI；迂 IU 云 IUN 渊 IUEN；雍 IUNG 曰 IUE。

书中给三十二个声母注了音：

见 K 溪 K·群 K·疑 NG，端 T 透 T·定 T·泥 L，帮 P 滂 P·并 P·明 M，精 TS 清 TS·从 TS·心 S 邪 S，照 TCH 穿 TCH·床 TCH·审 CH 禅 CH，晓 H 匣 H 影 W 喻 W，非 F 敷 F 奉 M[1] 微 M，来 L 日 J。

① 奉母的拟音照录原文。

说明：

（1）书中恩因韵注音是后鼻，但温云韵注音是前鼻，这说明这组音当时是前后鼻音自由变体。后来逐渐只读前鼻音了。

（2）书中锅韵注的是合口音，但今彭州方音读开口音，失去了合口介音。

（3）书中觉韵读开口呼，今彭州方音介音受主要元音的影响，已经读撮口呼。

（4）书中烟渊韵主要元音是 E，甘湾韵主要元音是 A，这跟今彭州方音一样，是同一音位的变体。

参考文献：

[1] 杨绍林. 彭州方言研究 [M]. 成都：巴蜀书社，2005.

论结构助词“的”的语法意义

何文彬①

摘　要　结构助词“的”的语法特征可从形式(形态句法)和意义(语义语用)两方面考察。作为虚词,“的”可视为现代汉语的一种重要形态。从句法上看,“的”可用于多数定中结构。从认知语义上看,若定语与中心语之间是静态空间关系:二者为一般的整体关系时,如数量名等结构,不能用“的”;二者为强化性的分解关系,要用“的”。因此,“的”是“静态分解关系”标记。可扩展定语,语义上可使空间特征放大或空间范畴明确,如“黄香蕉”可扩展为“黄·黄的香蕉”(AA式)或“黄·色的香蕉”(Aa式)等,这些形式是构成状态词或区别词的基础,具有语用上的

① 何文彬,男,江西瑞昌人,四川师范大学文学院副教授,研究方向为现代汉语语法。

描写或限制作用。整体关系也可用“的”扩展升级为分解关系，如“这香蕉——这样（Aa）的香蕉”，空间特征更明确。

关键词 “的” 静态 空间 整体 分解

引　言

结构助词“的”是现代汉语最常用的虚词，早期朱德熙[32b]运用结构主义的理论方法展开研究，相关论著及引发的讨论推进了汉语语法研究，近年沈家煊主编的“语言学热点问题研究丛书”中，也有《说“的”和“的”字结构》(完权[24b])，书中说“的”是可以撬动整个汉语语法的支点。

“的”之所以常成热点，在于其深度介入汉语语法的各个重要层面。语言是形式和意义的结合。传统研究多着眼于形式方面，特别是分布特征，不直接讨论意义问题。这也是由认识规律决定的，因为形式是表层而直观的，而意义构成则相当复杂。当代的认知语言学深入到语言意义的内部，功能语法等语用研究拓展到语言的外部，深化和扩大了语法研究。根据这些新的理论方法，再结合索绪尔[34]、胡裕树[8]、陆丙甫[17a]等的观点，我们可构建下图：

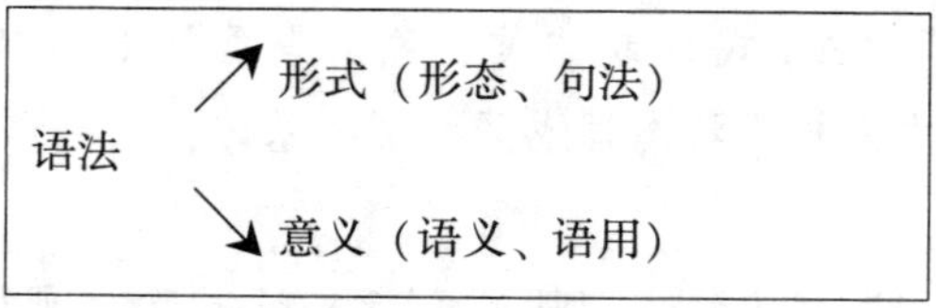

图1　语法的形式和意义

结构助词“的”，首先是一种形式，有多样的形态句法特征；其次，形式表达意义，所以它必然关联多样的语法意义，我们以语义和语用来概括。语义首先是客观现实，认知语言学重视语义的认知性，单纯的语义单位又可组合成语义结构，满足听说双方的信息需要。如符号形式“黄”，首先指称一种颜色，具有现实性，这种意义可称“现实语义”。现实存在进入思维认知，产生“黄”的概念，此种意义可称“认知语义”；单一的概念可组合起来表达复杂的现实和概念结构，如“黄”可修饰“香蕉”，构成“黄（的）香蕉”这种概念结构，仍然属于“认知语义”。这种概念结构是通过“修饰”的主观行为达成的，这样结构中又增加了“修饰”义，从概念结构角度说，它有助于认知意义的表达，此时具有认知性；从主观行为角度看，它有语用性，两个角度结合起来，可称“认知语用义”。在特定的语境中，“黄”可以获得某种信息地位，如在句子“香蕉是黄的”中，“黄”是谓语焦点，此时产生的意义可称为“信息语用义”，包括话题、焦点、强调以及指称和陈述等。

所以，观察语法意义的角度是多样的，概括地说可分为语义和语用，其中语义是基础，语用是语义的运用。二者的关系还可用传统的“体”“用”概念来区分：语义是“体”，具有某种“实在性”，语用是“用”，是对体的运用，典型的“用”是某种行为，如“修饰”是一种行为，就是一种“用”；语用行为在语义基础上产生新的体用结合的意义，如修饰语既有“体”意义（现实和认知语义），又有“用”意义（认知语用义）。在语法分析里，这些都是语法意义。这样，语法形式和意义的关系又可表示如下：

表 1　语法形式与语法意义的对应关系

<table>
<tr><td rowspan="2">语法形式</td><td>单位</td><td colspan="2">词（语素）</td><td colspan="2">短语</td><td>句子</td></tr>
<tr><td>语例</td><td colspan="2">黄（色）</td><td colspan="2">黄（的）香蕉</td><td>香蕉是黄的</td></tr>
<tr><td rowspan="2">语法意义</td><td>类属</td><td>现实存在</td><td>概念</td><td colspan="2">概念结构（修饰结构）</td><td>信息结构</td></tr>
<tr><td>层次</td><td>现实语义</td><td colspan="2">认知语义</td><td>认知语用义</td><td>信息语用义</td></tr>
</table>

不同的语法意义间是层次包含关系——信息语用义（认知语用义（认知语义（现实语义））），与此对应，语法形式上也有这种包含关系——句子（短语（词））。“的”有多样的分布形式，表达不同层次的意义，本文的重点在定中结构（短语）和认知语义层次。

朱德熙[32b]根据分布特征将“的”一分为三，但吕叔湘[19a]认为也可说只有一个“的”，其功能就是构成“的”字结构。可见，由于分布范围广泛，从形式角度看，“的”有几个可作不同处理。

那么，从语法意义角度看“的”是一个还是多个呢？有一个先行的问题，就是“的”的分类、形容词的分类和定语（修饰语）的分类三者的关系很纠缠，这里根据朱德熙先生的相关观点，认为它们是密切相关的。朱德熙[32c]将形容词分为限制和描写两类，朱德熙[32b]认为“的$_2$”是形容词标记（相当于描写性），“的$_3$”是名词化标记（相当于限制性），朱德熙[32d]140说修饰语的语法意义在于限制或描写中心语。这样“的”的语法意义就（至少）有两种——限制和描写。下一步的问题是，这两个意义是语义的还是语用的？陆丙甫[17b]认为“的”首先具有语义的描写性，后来发展出语用的区别性（限制性）和指称性，完权[24a]重新定义二者，认为都有描述性，是语用概念；而吕叔湘[19b]126认为区别性是“举实质”，描写性是“道形貌”，这是偏向语义。这种分歧实际上来源于语义本身的复杂性和交叉性。

根据表1，描写和限制可跨三种语法意义：当它们指事物的“形貌”或“实质”时，属于“现实语义”；这些现实形成概念和概念结构（如定中结构）时，属于认知语义；当重视概念结构的构建时，又有了认知语用义。上述观点的分歧就在于侧重点不同。

陈琼瓒[1]认为“的”有突出修饰语的作用，徐阳春[26]认为“的”有逆向凸显定语的作用，这类意义显然属于信息语用义。这样“的”就有了全部四种语法意义①。

也有很多学者认为“的”只有一种语法意义。王力[25]153说“的”是修饰语的后附号，高名凯[5]287说“的”只是一种规定词，丁声树等[3]51说“的”的主要用处是确定前面成分是修饰语，郭锐[6]认为“的”是“饰词”标记。这些观点所用术语不同，其实是在“认知语用义”层次将限制和描写进行归纳。这样归纳，理论上有必要，但不能据此否认限制和描写的区别。多数研究重视限制性，但它不能替代描写性，赵元任[31]148认为“可怜的孩子！饿了也没的吃”这句话中，“可怜的”作用在描写，不是用来区别于别的孩子②。

完权[24a]试图从认知上统合描写和限制，认为它们可以概括

① 本文不关注“的”在韵律协调上的感性意义，只讨论认知、信息表达方面的理性意义。

② 赵著先说助词“的”是修饰（或主从）关系的明确标记，然后将其分为描写和限制两类。

为更高层次的“描写”或“描述”，这其实还是在认知语用义层次上的归纳。

这样看来，语法形式方面，“的”可分可合。语法意义方面，第一层次的现实语义，“的”可关联不同的意义（如事物的“形貌”和“实质”之不同），所以可分别；第三层次的认知语用义可分可合；第四层次的信息语用义，目前来看只有一种意义，即具有突出强调作用（第四部分还要讨论相关问题），可是根据表1的包含关系，肯定这个意义还不够，因为“的”还有低层次的语法意义，事实上，有的定中结构不能用“的”，正是低层次意义在起作用。

现在只剩下一个缺口没有讨论，那就是语法意义的第二层次——认知语义，它是什么呢？能不能分解呢？朱德熙[32b]认为把“的”归并为一个，“在普通人的心理上也是有一定地位的”，这个心理我们认为就是第二层次的，这种意义据朱先生意见只有一个。

那么，普通人心理上的“的”，也就是认知语义上的“的”，到底是什么呢？根据形式与意义的对应规律，既然可有多种形式的“的”，那就可有多种认知语义上的“的”，问题是能否归纳为一种认知语义，就像将描写和限制归纳为修饰一样。

要探究语法意义，还是要从语法形式入手。我们都知道，句法上“的”常用于定中结构，但具体情况很复杂，多数情况下是可用可不用，其中的规律是什么？这个问题其实有两个层次：第一个层次是哪些定中结构能用“的”哪些不能用；第二层次是，能用的话，用与不用有何区别。以往研究多注意第二层次，因为其中形式和意义的关系极为复杂，其实第一层次的问题更重要，是破解第二层次迷局的关键。

第一层次的问题，实际上就是认知语义问题。其中的逻辑是：假定某种定中结构能用“的”，因为二者具有一致性，这样该结构的认知语义特征也是“的”的意义；其他定中结构不能用“的”，它们的意义也不是“的”的意义。理想的结论是，概括出来的这两种特征应该具有对立性（A与-A），而不是分立性（A、B、C、……），分立性是“描写”“列举”，不是“解释”。对立是概括的，分立可以是具体的，如刘月华等[16]475-483将定中结构分为十大类（下面还有小类），分别说明能否用“的”，就是一种典型的列举，我们还是不能明确“的”的概括意义。

第一层次的问题，典型地说，就是为何普通定中结构可以（或必须）用“的”，而数量名结构和指示结构不能用“的”。

普通定中结构：

黄香蕉——黄的香蕉——黄黄的香蕉——＊黄黄香蕉；猴子的香蕉——＊猴子香蕉

数量名结构和指示结构：

一个人——＊一个的人；这人——＊这的人；这个人——＊这个的人

陆丙甫[17b]试图用描写和限制这对现成的概念来解释这种对立，认为数量名结构和指示结构都是限制性的，而“的”优先用于描写性定语。我们认为，如果不能否定“的”也可用于普通定中结构里的限制性定语，那就不能断定“一个的人”不成立也是因为定语具有限制性。事实上从功能语法角度看，“一个”不特指数量时，并不限定中心语[13]。

完权[24a]超越描写和限制，代之以新的描写性（描述性），它具有认知语用功能（这与本文的认知语用义类似）。这种分析实际上还是属于将描写和限制纳入修饰的思路，虽然看到了二者的共同点，但不能否认其区别；其提出的问答测试法也有问题：

问：你V什么样儿的Y？——答：X的Y

这个测试适用于“描写性”强的定语，如“什么样儿的树——大的树”等。而典型的限制性定语，进入测试槽有困难，实际上它们应该有不同的测试法：

他的衣服——＊什么样儿的衣服？——谁的衣服？
买的衣服——＊什么样儿的衣服？——怎么来的衣服？

存在不同的测试法，正表明定语不是语义性的“描写”所能概括，即“什么样儿”不能概括所有可带“的”定语的认知语义。这个层次上最知名的概括是沈家煊等[21]提出的“参照体—目标”构式，根据这个构式，“的”是“参照体”的标记，但是也只有部分定语，特别是空间特征限制性定语适用这种构式：

湖中央的小岛——小岛以“湖中央”为参照
他的衣服——衣服以“他”为参照
可怜的孩子——孩子以“可怜”为参照

可见，将带“的”定语的认知语义特征概括为“什么样儿”或“参照体”，都有其适用之处，又都有照顾不到的地方，事实上它们具有某种互补关系，分别对应于描写性定语和限制性定语。现在我们要找出一种认知语义特征，至少能概括“什么样儿”和“参照体”，显然它应该有更高的抽象性。

针对能否用“的”，完权[24a]又引入认知上的入场理论，主要观点是定语能在认知上让型概念中心语实例化，从本文角度看，这仍然是侧重“限制”的认知语用概念，不是认知语义概念。完文认为描写入场能带“的”，而数量名结构的定语是“量化”入场，指示结构是“指示”入场，这两种定语因为不是描写入场，所以不能带“的”。这种分析有两个问题：

第一，从概念分类上看，入场、描写、指示、量化都是“行为”，都是认知语用概念，但指示和量化顾名思义又是认知语义概念。虽然完文也引入了参照体这个语义概念，但根据前文分析，也不够抽象。

第二，从认识层次上说，区分描写、量化和指示，只是初步的描写或列举，是列出 ABC，而进一步的分析应该更抽象，比“参照体”更抽象，能概括出对立性，也就是说能带“的”的是 A，不能带“的”的是 - A，后者能概括数量名结构、指示结构的语义特征，最好还能解释其他不能带“的”的名词性结构，如同位结构（为何不能说“首都的北京”）。

更重要的是，这种概括不能是“特设”的，要有延伸性。一方面要能正面概括定中结构中存在的对立性认知语义特征，另一方面要能合理分解这对特征，以便解释第二层次中包含描写与限制在内的相关句法语义现象。同时，词类层面（如状态词、区别词等特殊类别）和句子层面（如“有”字句、“是”字句等特殊句式）的相关问题，也能在这个大框架内得到一致的解释。

一、能用“的”的静态关系

语法形式是语法意义的反映，“的”在形式上的分合，背后是语法意义的分合。为了分析“的”的复杂意义，我们构建一个“基本语义结构”，如下图所示：

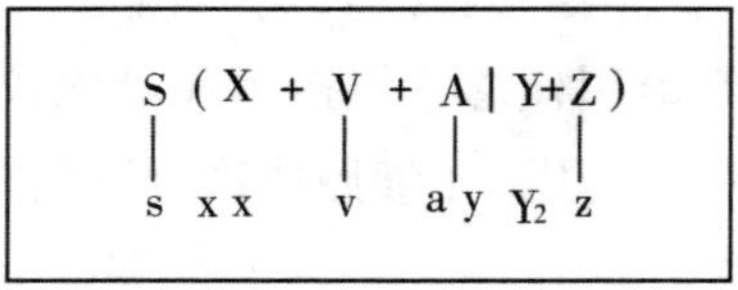

图 2　基本语义结构

根据图 2，语义结构有两个基本维度①，第一是横向维度，基本成分包括现实语义和以此为基础的认知语义（概念），由大写字母表示，它们之间可发生各种空间和运动的联系。世界是物质的（有 X，如“猴子”；Y，如“香蕉”），物质是运动的（V，猴子要“动”要“吃”），物质和运动都有其特征（Z，如“昨天”吃；A，“黄”的香蕉）。物质和运动又是普遍联系的，这样单一概念会联合起来形成概念结构（可假设有这样一个简要的事件性结构“X + V + AY + Z”，如“猴子昨天吃黄香蕉”），概念结构有其认知语义，而结构的构建过程产生认知语用义。

概念结构一般有其中心，如“猴子吃香蕉”以“吃”为中

---

① 现实是具体的、多维的，进入人脑产生第一次抽象和变形，由一维的线性语言标记出来，又是一次抽象和变形，所以语义结构是对现实的多重抽象和变形，语法分析还要产生一次理论变形（层次分析可部分还原现实和语义的多维性）。图 2 的两个维度也与索绪尔符号理论里组合聚合的区分类似。

心，其他是对中心的补充或细化，使意义更完备，“猴子”细化了行为的施事，“香蕉”细化了受事。再如“黄香蕉”这个结构以“香蕉”为中心，“黄”是细化了中心语的颜色特征。这样我们可以得到一个高度抽象的认知语用义——细化，描写、限制、修饰、入场、参照等都是对中心语的细化。

第二维度是对概念和结构的替代，由以不同视角观察或不同程度的抽象产生。视角不同，可由大写字母的不同编号表示，如“Y_1—Y_2”；抽象程度高的，可由小写字母表示，如“Y—y”“A—a”。这里先分析后者。客观现实反映入大脑，形成概念和复杂程度不等的概念结构，它们都是认知语义，由于大脑具有主观能动性，认知语义具有不同的抽象性。如“猴子”（X）可以抽象为“动物”“施事”（x）、“香蕉”（Y）可抽象化为“水果”“食物”（y）等，它们还可进一步抽象，符号化为“名词”（n）；“吃”（V）可抽象为“行为”，符号化为“动词”（v）；“黄”（A）可抽象为“颜色”“性质”，符号化为“形容词”（a）。事物的运动和联系也可以抽象，符号化为不同的句法结构，其基本内容就是各种现实结构和相应的认知结构。如“猴子吃香蕉”（S）可以抽象为事件结构（s）。

现实是复杂的，认知产物（概念和认知结构）也是多样的，所形成的认知语义各有其基本性质和形式，又可以变换为其他认知形式，词类和结构都可以转换，如动词名词可以互转，定中结构（黄香蕉）可以变为主谓结构（香蕉是黄的）。

概念和结构的类别是多样的①，有的与“的”有天然的适应性，可以自然地添加“的”而不改变结构关系，如“AY”结构，“黄香蕉”变为“黄的香蕉”，还是定中结构。此时“的”有两个层次的“意义”：底层是认知语义层，与定中结构的一般意义高度亲合，典型的定中结构以事物为意义中心，定语细化事物的特征，“的”能标记这个特征；上层是信息语用层，“的”能强调特征，如在“黄的香蕉”中能强调“香蕉”有“黄”的特征。

这样，我们可以概括“的”的句法语义特征：

规则 1：如果 X（或 A）与 Y 有某种关系，那么可有“XY”结构，也可构建“的”字结构“X 的 Y”，“的”能显性标记 X 与 Y 具有这种关系。

这是“的”字结构的背景规则，“有关系”也是所有结构的基础构成规则。

X 和 Y 要构建“的”字结构，前提是它们必须有某种关系。“黄”是“香蕉”的颜色，这种关系很密切，所以可构成“的”字结构“黄的香蕉”，客观现实中香蕉不可能是“紫”的，所以不能有“紫香蕉”，除非有人培育出来，或者构想出了它。

同理，“猴子吃香蕉”中，“猴子”与“香蕉”有关系，所以可有“猴子的香蕉”。下面的变换也能说明这一点：

他有钱——他的钱；他没有钱——*他的钱

所谓有关系，表层是符号关系，深层是现实关系。有意思的

① 如果用两种最抽象的句式代表两个维度的结构，那么可以说“有”字句代表横向结构，“是”字句代表纵向结构。

是，没有现实的关系，其他句法结构也可以把它们联系起来，如“他没有钱”，但是“的”字结构不行，它总是表达某种现实的关系。试比较：

他买了车——他的车；他偷了车——？他的车

但是我们可以说“没有钱的人”，这是因为“没有”代表一种主观的认知语义，现实世界都是自然的存在，没有“假设”“没有”“不是”这些主观概念等，但是人的认知和语用需要可以产生它们，有了这些认知和语用概念，也可以构建有关结构。这样我们可以概括出如下规则：

规则2：“X的Y”中，X与Y要有现实的关系（现实语义），有时要有显性的认知或语用关系（认知语义或信息语用义）。

还有一个现象可能也与此规则有关：

他昨天去了北京（现实）——他昨天去的北京/他昨天去北京的

他明天要去北京（非现实）——*他明天去的北京/他明天去北京的

一般的说法是此种“的”表示“过去时”，其实应该是现实的相关性，因为“过去”的就是存在的，因而是现实的。如果有认知或语用义的显示，就可用“的”：

他明天会去北京——他明天会去北京的——会的——*去北京的

非定中结构，如动宾结构“吃香蕉”，用“的”后可以转换为定中结构，如“吃的香蕉”，两种结构的关系是不同的，如何概括这种不同呢？一般认为，动宾结构是以动词为中心的结构，定中结构是以名词为中心的结构。典型动宾结构的动词能影响或支配名词性的宾语，如果将这种支配概括为“动态”关系，那么与之相对的关系可概括为“静态”关系。世界首先是物质的，这是静态概念的基础；物质是运动和变化的，这是动态概念的基础。二者本来是密切联系的，但人的认知能分割它们，能有所侧重。典型动态意义是行为，具有过程性（线性），可进一步抽象出时间概念；典型静态意义是事物，具有空间性（立体性）。

静态关系是抽象的，包括多种具体关系，特别是事物在空间上的内外关系，如“香蕉”与“黄色”是内在关系，与“猴子”是外在关系。这些关系可由不同的形态结构表达，其中定中结构是典型，“的”与很多定中结构有亲合性，“黄香蕉”变为“黄的香蕉”，结构关系不变。动态关系常以行为动词为中心，构建动宾结构，与助词“了”亲合，如“吃香蕉”变换为“吃了香蕉”，结构关系也不变。

动态关系和静态关系是可以转化的，“吃香蕉”是动态关系，变换为“的”字结构后就变成以“香蕉”为中心的静态关系；“黄香蕉”是静态关系，“香蕉黄了”就转变为动态关系。静态与动态是比事物和过程更抽象的意义。这样，我们可概括出如下规则：

规则 3：“X 的 Y”结构中，X 与 Y 是静态关系，定中结构典型地表达静态关系。

动宾结构的中心多数是动作性动词，它们可以标记现实的动态行为。如果是“有”这种动词，它们多标记静态关系，所以有关结构很容易转换为“的”字结构，而基本意义不变。典型的“有”字结构表达领属和存在等静态关系：

他有车——他的车；桌上的书——桌上有书

变换后，句法结构变了，但静态关系没有变，由此可看出现实关系是符号表达中更基本的关系，“的”字结构的变换与现实的关系更密切。这样可有如下规则：

规则4：如果“X有Y”，那么它很容易变换为“X的Y”，因为都表达静态关系。

二、不能用“的”的静态关系

动态关系和静态关系是很抽象的关系，都可下分不同的次类。如动态关系包括动宾（受动为主）关系、部分主谓（施动为主）关系，其典型特征是常与“了”等动态助词的亲合。如：

吃饭——吃了饭；他吃——他吃了；饭吃好——饭吃好了

有些静态关系转换为主谓结构后，也容易与“了”结合。如：

黄（的）香蕉——香蕉黄了

反过来，动态关系变换为静态关系的结构，就与“的”亲合。如：

商务出版了这本书——商务的书——出版的书——这本书的出版

动词充当定中结构的中心语，一般称为“N 的 V”结构，涉及很多理论问题，但正如周韧[33]所说，此时“N 的 V”就是“N 的 N”。从本文角度看，从静态“整体”分解出来的部分，不管原来是什么性质的，都有静态性，名词性从属于静态性。

但不是所有的静态关系都能用“的”，因为静态关系有不同的次类，各有不同的句法表现。

一般来说，如果 X 与 Y 是一个静态整体分解出的不同部分，此时 X 可通过“的”与 Y 联系起来，典型的产物是“X 的(Y)”①。所谓静态整体，典型的是事物空间体，如“香蕉”，也可是活动整体的静态化，如“吃香蕉”。整体都可以分解，如“香蕉”可分出“黄色”，构建“黄（的）香蕉”（A 的 Y），“吃香蕉”可分为“吃”和“香蕉”，构建“吃的香蕉”（X 的 Y）。

静态关系里有两个基本概念——整体和分体，分体是从整体里分解出来的。有分体的结构就有分解关系，否则就只有整体关系。分解关系都可构建“的”字结构，这种结构包括两种类型。

第一种是整体与分体的组合，可标记为“A 的 Y”（黄的香蕉），称“分体 · 整体”结构（一般是对事物内在要素的分解，也可为“Y 的 A”）；第二种是分体与分体的组合（此时整体没有直接显现，一般由事物间的外在联系形成，由认知合成），可标记为“X 的 Y”，如“猴子的香蕉”，称“分体 · 分体”结构。两种结构可合称分解结构，具有分解关系，定语能细化中心语的

① 除静态整体外，还可以是因果关系整体，它可分为因和果两个部分，两部分不一定构成定中结构，但仍可以用“的”强调二者的联系。如 AB 两个孩子在打架，老师发现了问怎么回事，A 说“是 B 先动手的”，这里就有一个因果结构：B 先动手（因）——AB 打起来（果）。

分解特征，其中常用的“的”，可称为分解关系标记。基本语义结构的横向关系都可理解为“分解”关系。

与分解关系对立，静态关系下还有整体关系，也就是两个概念指称同一事物，其结构为“整体$_1$ · 整体$_2$”。基本语义结构的纵向关系都可理解为整体关系。具有这种关系的概念不能构建“的”字结构。整体关系下又可分小类。最常见的是具体和抽象的关系，如“香蕉”（X）是具体的，它可抽象为“水果”（x），此时不能说“香蕉的水果”。

表达具体抽象关系，典型的是普通的“是”字判断句，不像“有”字句，它不能变换为“的”字结构，也不能带“的”①：

香蕉是水昊——＊香蕉的水果——＊香蕉是水果的

分解关系也能用“是”，不意外，它还可以甚至必须带“的”，构成“是……的”结构：

黄的香蕉——香蕉是黄的；商务的书——这本书是商务的

这样，我们可概括出如下规则：

规则 5：如果概念间是分解关系，可构建“A 的 Y”和“X 的 Y”结构；如是整体关系，不能用“的”，但可构成“X 是 Y”结构。

---

① 吕叔湘《中国文法要略》（268 页）指出，一般判断句后面不用“的”，可以用“呢”，如“香蕉是水果呢”。根据本文观点，“呢”可标记整体特征。此类关系有时构建类属性专名，如“广东省”，广东是一个省，不能说“广东的省”。

规则5提出了一组对立的概念——分解（A）与整体（-A），它们是解释定中结构能否用“的”的关键概念。

一般认为，数量名和指（量）名结构也是定中结构，它们与普通定中结构的最大不同就在于不能用“的”：

这种香蕉——*这种的香蕉；这香蕉——*这的香蕉；一种香蕉——*一种的香蕉

为什么同是定中结构却不能用“的”？以往多以列举而非对立的方式来说明。我们认为这两种结构都是静态的整体关系，不是分解关系，所以不能用“的”。

为什么呢？因为它们是对中心语事物作整体抽象的结果。典型个体量词是从形体方面对事物进行抽象，指示词是从空间特征方面进行抽象，本质上与“水果”对“香蕉”的抽象是一致的，而最抽象的概念是数词，例如“一”可以对所有事物进行抽象，因为它过于抽象，所以往往要抽象程度略低的量词来辅助，指示词带量词的原因也类此①。

可通过如下变换看分解关系和整体关系的差异：

一个香蕉——一个是香蕉；这个香蕉——这个是香蕉

黄香蕉——*黄是香蕉；他的车——*他是车；买的车——*买是车②

① 英语的名词要标记抽象的数特征，不标记相对具体的“形体”特征，因此抽象程度更高。

② 根据朱德熙《语法讲义》（144页）指出，“买的车”“黄的香蕉”“一根香蕉”“首都北京”都是同位结构。这种分析能将多种名词性结构联系起来，但又割裂了“黄香蕉”与“黄的香蕉”的联系，认为前者是一般定中结构，后者是同位结构。根据一般人语感，二者的关系更密切。

因为普通判断句是表达整体关系的典型结构，数量名结构和指示结构与它就有变换关系，分解关系却不能。

还可用替代法来证明分解关系和整体关系的不同。具体抽象类整体关系的概念X和x是抽象程度的不同，都能用来自然地指代整体，因此有替代关系：

吃·香蕉（X）——吃·水果（x）

吃·一个香蕉——吃·香蕉（X）——吃·一个（x）；

吃·这个香蕉——吃·香蕉——吃·这个（x）

这样在特定的结构中，X与x有替代关系，概念越抽象，越需要语境来明确。而在分解关系结构中，不是都能替代：

吃·黄香蕉——吃·香蕉——＊吃·黄

修·他的车子——修·车子——＊修·他

看·买的车——看·车——＊看·买

这是因为，整体被分解以后，其“部分”就不是“整体”，一般不能用来代替整体。只有与整体保持某种抽象关系的部分，才能代替，如“香蕉”是对“黄香蕉”的抽象，不是对“黄”的抽象。

如果我们用是否相等来指能否替代，那么可有如下规则：

规则6：设X与Y是静态关系，如果X≠Y，那么可有“X的Y”，如果X＝Y，那么不可有“X的Y”。

规则6的抽象性更强，对立性更显明①。

两个概念可替代时，除了具体抽象关系，还有一种情况，X不是对Y的抽象，而是从另一个角度进行指称，二者都是具体性很强的概念，构成所谓的同位短语，如“首都北京”“周恩来总理”等。同位短语也不能用“的”，不能说“首都的北京”，因为两个成分都能指代整体，也有替代关系，即X = Y（不是y，因为都是具体的；为表示与横向分解关系的区别，纵向的整体关系都可改为同字母结构，如“Y_1Y_2”“yY”等）：

首都北京·很漂亮——北京·很漂亮——首都·很漂亮

“首都北京”中，Y_2（“首都”）是从特殊角度“细化”Y_1（“北京”）的静态特征，所以也是静态关系结构（名词性结构）。这种细化并没有改变整体范畴，如“首都”虽然有特殊政治特征，但还是城市（y），“总理”虽然细化了职务特征，但还是人（y）。所以同位结构隐含了y，正如“X的Y”结构没有直接呈现整体一样。

不同类别的整体关系结构间容易变换：

首都北京——首都是北京；北京是一座城市——北京这

① 多位学者提出了名异而实际差别不大的对立性认知概念，影响最大的是沈家煊《“有界”与“无界”》一文，该文认为“的”有将“无界”变“有界”的功能，与本文有某种相通之处，但又认为其有界化功能与数量结构相同，这表明思路与我们有异。还有学者提出定语分类和“的”的使用与逻辑上的外延和内涵区分有关，有一定道理，我们早期也持此观点，后来发现外延内涵比较狭窄，语言意义比一般逻辑关系更复杂多样，可以说外延具有整体特征，但整体特征不只是外延，例如“一个人”中，“一个”不好说是“人”的外延。如果用“同位”和“非同位”这对概念也不妥，因为它们属于句法上的，是认知语义上“整体”“分解”区分的结果。所以，“整体”与“分解”是更深层的概念。

座城市——首都北京这座城市

有一种定中结构，如“为谁服务的问题”“开车的技术”，其定语一般称同一性定语。这种定语和中心语其实是Y和y的关系，也就是说Y可以抽象为y，所以可变换为同位定语，如“为谁服务这个问题”，这时就不能用“的”，不能说“为谁服务的这个问题”。那为何变换前可以用“的”呢？这是因为其中的y在特定的语境中含义并不明确，具体说它只是一个“空概念”[①]，是有待于Y去细化、填充的概念，所以不能“独当一面”，不能替换：

为谁服务的问题是个原则问题——为谁服务（Y）是个原则问题——＊问题（y）是个原则问题

所以，同一性短语是介于不等同（分解）与等同（整体）之间的结构，具有双面性：从不等同角度看，可以用“的”[②]，从等同角度看，可变换为其他同类结构。类似的其实有很多：

喜欢“黄的颜色”——喜欢黄这种颜色——喜欢黄（色）——＊喜欢颜色

也就是说，在实际的表达中，可以没有抽象的y，不能没有具体的Y。值得注意的是，这些同一性定中结构都可以变换为普通“是”字句（不带“的”），其他等同性结构也一样：

---

① 朱德熙《语法讲义》（145页）一文中也说这类偏正结构的中心语总是表示抽象概念的名词。

② 此时也可这样理解：“问题”（y）有很多，其中之一是“为谁服务”（Y），Y是y的分解部分；正如“香蕉”有很多性质，其中之一是“黄”。

为谁服务这个问题——为谁服务是个问题；开车的技术——开车是一种技术

黄这种颜色——黄是种颜色；香蕉这种水果——香蕉是一种水果

可见，等同性定中结构间具有内在的一致性，都是不能用“的”的整体关系。

三、静态关系的扩展与强化

定中结构中，无论是分解关系还是整体关系，单个定语都可为简单形式，也可扩展为复杂形式，如：

猴子的香蕉——猴子吃的香蕉

他的车——他买/开的车

黄香蕉——黄色的香蕉——黄黄的香蕉

一根香蕉——一大根香蕉——一大根的香蕉——一根根的香蕉

为什么要扩展？从语义角度说，是要进一步细化中心语的特征，从语用角度说，就是要突出或强化所细化的特征，这两方面又是紧密联系的，因为进一步细化了某特征，其实也就是强化了该特征。在细化和强化过程中，“的”经常起重要的作用，有时形成稳定的搭配。

这种扩展可分为两大类；一类是分解关系定语的扩展，与“的”自然有关系；另一类是整体关系的扩展，也会与“的”发生关系。

分解关系的扩展有三小类。

第一类是外在关系的细化，通常是增加谓词性成分，即“X（的）Y——XV/VX的Y”。这种情况，袁毓林[27b]用谓词隐含理论来解释，目的是论证名词化的合理性，意思是名词性定语里往往隐含了谓词性成分，因而可补出来。从本文角度看，这是细化整体的要素，而这些要素中，动词往往最关键，因为一般情况下两个不同的事物要发生关系，总要靠什么方式，动词往往就是方式的符号表现[22]。也可说简单定语是复杂结构的简化（反过来就是复原），它们的关系可表示如下：

XVY（基础形式）：XV的Y（变换式）——X的Y（变换式的简化）

从“X的Y”角度看，它扩展为“XV的Y”（V的形式和位置是灵活的），其实是细化了X与Y的联系方式，其方式源于XVY这个基础语义结构。例如“猴子”与“香蕉”是通过“吃”联系起来，于是有“猴子吃的香蕉”。如果扩展为“猴子昨天吃的香蕉”，则细化了更多的特征。这种扩展的典型规则可概括如下：

规则7：如果X与Y通过V联系起来，那么“X的Y”可扩展为“XV的Y”。

第二类是内在特征的扩展，通常是对Y的静态特征A所属抽象范畴的细化。变换式的关系可表示如下：

AY——A的Y——Aa的Y

黄香蕉——黄的香蕉——黄色的香蕉

这种扩展中，我们很难说其中隐含了什么谓词，因为很多事物的特征是内在的[①]，如香蕉成熟时会呈现黄色（而与猴子的关系是外在的）。这种扩展细化出范畴。如“颜色”是“黄”的抽象范畴，可标记为a。如上所析，具体的Y和抽象的y可以构成整体关系定中结构“Y（这个）y”，那么A与a也可构成类似结构：

黄（A）、颜色（a）——黄是一种颜色——黄这种颜色——黄色

我们可以将“黄色”视为“黄这种颜色”的缩略或词汇化，实际上就是一个“Aa”结构。这个结构也可以充当定语，构成“Aa（的）Y”结构[②]。这样我们可以有如下规则：

规则8：如果A是Y的内在特征，它属于a范畴，那么“A的Y”可扩展为“Aa的Y”。

扩展式里的“Aa”结构不是孤立的，具有理论上的意义。朱德熙先生的词类体系里有区别词，与形容词平行，它的主要特点是经常带“的”，能给事物分类。我们认为，区别词的典型语义结构就是“Aa”，它来源于特征的范畴化，典型区别词的语义结构可如下分析：

慢（A）性（a）　长（A）期（a）　西（A）式（a）国（A）营（a）大（A）型（a）

---

① 这种内在关系，如果还用动词来表达，也是特别的动词，如“带/变黄的香蕉”。

② 谓词隐含式其实也可扩展为“Vv”“Aa”类结构：

猴子吃的香蕉——猴子所吃的香蕉；木头的箱子——木头制作的箱子——木制的箱子

此外，像“孩子似的脾气”“火一般的热情”，定语也可分析为“Aa”结构。

有的区别词已经过简化，但可补充出来，普通名词则是另一种结构。试比较：

区别词：男——男（A）性（a） 金——金（A）质（a）

普通名词：男子①——＊男子性 金子——＊金子质

因为“Aa”结构明确标记出了特征所属的抽象范畴，充当定语时具有明确区别中心语类别的功能，认知语用性增强，多数属于限制性定语。

第三类是对内在特征本身的扩展。A是Y的内在特征，它自身也可扩展，如“黄香蕉”扩展为“黄黄的香蕉”。这种扩展不同于前两类：

第一类：X的Y——XV的Y（谓词显现，细化“方式”）

第二类：A的Y——Aa的Y（细化“范畴”）

第三类：AY——AA的Y（细化特征“本身”）

细化特征本身，其实就是凸显、放大特征，最朴素、最简便的放大就是重叠，如特征为A，则可为AA。这里有两个现象值得注意：

第一，重叠后，为什么一般都要带“的”？如：

黄、香蕉——黄香蕉——黄的香蕉——黄黄的香蕉——＊黄黄香蕉

---

① 这种“子”其实是汉语语法里另一种高度抽象的a，所以“男子”也可以视为“Aa”结构，也能起区别词的作用，如“男子篮球”。

我们认为，“的”有标记分解特征的作用，当“语用”上凸显这种分解特征时，更需要“的”的配合。

第二，为什么重叠后就不能受“很”修饰？

一般认为，“AA”类不能受程度副词修饰（＊很黄黄的），是因为二者功能重叠，其实这种说法不合逻辑，因为既然性质类似，就应该更亲合，正如“黄”可带“的”，而“黄黄”更要带“的”。我们认为，二者之所以不亲合，是因为它们有某种冲突：“AA”是对特征本身的放大，是平面甚至立体的，增强空间性；而“很”类程度副词是线性定位的，带有某种过程性，所以可说“很黄了”，不能说“黄黄了”①；当重视分解特征时，才带“的”。

传统上将AA类形式称为状态形容词，认为它不同于性质形容词。从本文角度看，这些形式就是强化特征自身的结果。从语义上说，两类词没有不同，“黄黄的香蕉”还是“黄香蕉”，之所以给人感觉有程度的差异，是语用强调的结果，所以带有一定的主观性。

联系起来看，虽然“Aa的Y”和“AA的Y”都是分解关系定语的扩展，有共性，但又各自具有特别的认知语用功能：

A（的）Y——普通分解性定语

Aa的Y——倾向限制性

AA的Y——倾向描写性

所以，定语分为限制和描写等类别，是有形式和意义依

① AA不受“不”修饰，也是同样的道理。例如“不好”可能是移动到了“坏”的一端。

据的。

整体关系也可以扩展，扩展后也倾向用“的”，有时甚至强制用“的”。如：

一根香蕉——一根根香蕉——一根根的香蕉——一根一根的香蕉——？一根一根香蕉

个体量词扩展后如保持整体性，如“根根都很甜”，不用“的”。量词重叠，表示的就不是单一数量，因为一个量词就是一个空间体的抽象，重叠后空间体的数量就增加了。但是，如果侧重突出事物呈现的“形体”（分解特征），弱化了整体性，重叠式又类于“AA的Y”结构，就可用“的”。试比较下面表达的自然性差异：

根根都很甜——？一根根都很甜——？？一根一根都很甜

一根一根的吃——？一根根的吃——＊根根的吃（状语表方式，不是整体①）

还有另外一种扩展，是强调事物形态方面的特征。如：

一把香蕉——一大把香蕉——一大把的香蕉

“一大把”中，“大”扩展了“把”体量方面的特征，类于“Aa”结构，可用“的”。还有“大个的人”“大把的香蕉”等形式，此时不用数词，语义重心落在A（大）上面。

① 刘丹青《汉语名词性短语的句法类型特征》一文指出，“数量短语带‘的’后，就不再是数量短语，而是描写性定语”。也就是由整体关系变成分解关系。

因为事物的任何抽象特征都是某方面的特征，当强调“方面”时，其实也就转换为分解关系，不是整体关系了，也就要用“的”。所以有如下的变换：

这香蕉——＊这的香蕉——这样的香蕉——＊这样香蕉（“这样”是 Aa 结构）

这人——＊这的人——这里的人——＊这里人（“里”是方位范畴，不同于事物范畴）

“这”是整体，“这样”是 Aa，“样”是“样态”范畴。同理，“这儿”“这里”都是 Aa 结构。

度量衡量词具有双重特征，一方面具有整体性，数量可代替整体：

买一斤香蕉——买香蕉——买一斤

另一方面，数量又是一种特征，有其相应的范畴，可以细化出来：

一斤香蕉——一斤重的香蕉（扩展后明确“斤”为重量范畴）

一米布——一米长的布（扩展后细化了“米”为长度范畴）

一般认为，“一米长”类结构中“长”类词是形容词，其实它是度量范畴（长度、重量等）的简省形式，与“慢性”的“性”一样是特征所属的抽象范畴 a，“一米”和“慢”才是具体特征（所以可说“一米的布”），是A[①]，整个结构也是“Aa”结构，是扩展形式，也要带“的”，不能说“一米长布”。类似的情况如：

首都北京——作为首都的北京（“作为”是功能）——
*作为首都北京

静态关系可扩展，扩展后倾向用“的”，甚至强制用“的”，不能用“的”的整体关系也是如此。如何理解其中的逻辑？我们认为静态性（空间性是典型）有不同的程度，整体特征是弱静态性，分解特征是强静态性，当我们把一个整体分解或打开后，更能显示它的空间特征，二者类似于视觉上2D与3D的差异。所以，扩展就是空间体的展开，空间性自然更凸显，而“的”在其中起重要的辅助或标记作用，据此可说“的”是强化静态空间关系的标记，因为它明确打开了空间体[②]。

四、认知语用和信息语用

前面重点从定中结构这个窗口观察分析出“的”的认知语义特征——静态分解关系标记。这种关系性语义反映了人脑对现实世界的主观认知与释解（construe）。从逻辑上说，只要X与Y

① 度量衡量词不同于个体量词，“一位老师”“一个老师”，量词不同，中心语数量不变，“一斤米”和“一两米”，差别就大了，但都属于“重（量）”范畴。“重量”不同于“重”，前者是特征范畴，后者是形容词，所以能说“很重”，不能说“很重量”，其区别有点像英语的“weigh”与“weight”。

② 据此也好说明一般“是”字句和“是……的”句的异同：二者都是静态关系句，前者是普通的静态关系（整体关系），后者是强化的静态关系，因为它进一步标记了空间体的分解特征，因而语用性更强。

具有这种关系，它们就可以构建“X 的 Y”结构，也可构建“Y 的 X”结构，赵元任[31]145说修饰关系是乘积的关系，A 修饰 B，结果是 AB。确实也有这样的例子，如“学生的三分之一”变换为“三分之一的学生”、“济南的冬天”变换为“冬天的济南”，基本意义没有变化。这类结构都难以用“参照体”说和“什么样儿”说来分析，因为它们是很纯粹的分解关系。

但是，语言结构不只是逻辑结构，它表达的内容更复杂多样，特别是有很多主观性内容。语法意义是多层次的，在现实语义和认知语义之上，还有认知语用义和信息语用义，这些意义反映了人使用语言的价值取向①。就定中结构“黄香蕉”而言，中心语“香蕉”是说话的对象，“黄”是对这个对象颜色特征的细化，这样就产生基础的句法结构；同理，动态语义成分“吃”也可以细化出受事成分，也产生“吃香蕉”这样的基础句法结构。基础句法结构主要是认知语义性的，其认知语用性是笼统的、不凸显的，本文统称为“细化”，也是一种语义的扩展②。

当我们将“黄香蕉”称为修饰结构时，已有了某种认知语用性（有意去修饰），但还是笼统的，而将它分为描写和限制两类时，其认知语用性，主要是价值取向性就凸显了，此时可能有形式上和意义上的特征。它们的联系和区别可对比如下：

黄香蕉：定语细化中心语，不区分描写和限制；

黄的香蕉：“的”明确标记分解关系，细化升级为修

① 数理逻辑典型地反映客观现实世界的关系和规律，这些关系没有人的价值取向。

② 儿童语言习得过程也是一个不断细化或扩展的过程，开始是单音节（简单概念）的“水”或“喝”，后来才说出“喝水”这种句法结构，所以细化是语言结构化的自然过程。

饰，但还不明确区分描写和限制；

黄黄的香蕉：AA 结构，认知语义上扩展了 A，认知语用上偏向描写；

黄色的香蕉：Aa 结构，认知语义上细化了 A 的范畴 a，认知语用上偏向限制。

一般的“X 的 Y”结构，如“猴子的香蕉”，其基础也是认知语义性的，相应也有某种认知语用性——细化，如果要升级，一般都是限制性的。扩展得越多，限制性越强，如“猴子吃的香蕉”“猴子昨天吃的香蕉”、“桌上的书”“桌上放的书”“放在桌子上的书”都是语义上越细化，语用上限制性越凸显。

信息语用义是更高层次的意义，其核心是要求表达必须有信息上的价值，否则“没有意义”。如人都有眼睛，因此说“人有眼睛”“有眼睛的人”，一般情况下是没有信息价值的，虽然它有现实语义和认知语义。功能语法强调话题、评论和焦点这些概念，它们都是信息语用概念，话题是对听说双方都有意义的谈论对象，焦点是对核心信息的强调。徐阳春等[26]说“的”具有逆向凸显功能，其实就是说的信息语用义。确实，对于具有“AY”（黄香蕉）基础认知语义的结构而言，“A 的 Y”（黄的香蕉）具有凸显 A 的作用，否则增加的形式就没有对应的意义了；但是对于多数“X 的 Y”而言，在静态关系上它就是基础结构，如“猴子的香蕉”“吃的香蕉”本身就是基础结构，因为没有“猴子香蕉”“吃香蕉”这些静态分解关系表达，所以不能说其中的“的”一定就有强调性（信息语用义）。

高层意义要有低层意义的基础，本文就是分析“的”的认知语义基础。事实上，以往研究也关注到这一点。按照沈家煊等[22]的“参照体—目标”说和完权[24a]的“入场”说，定语具有认知上的信息度、凸现度和可及度①，所以能用来定位中心语事物。一般来说，事物的整体比部分更凸显，所以优先充当定语，反过来则不行。如：

茶壶的把儿——＊把儿的茶壶；桌上的书——＊书的桌子（上）

“茶壶”比“把儿”凸显，“桌子”比“书”占据更大的空间，所以能充当定语。这种分析有其合理性。但是凸现性差异是可以转化的，如果我们扩展或细化之前不凸现的部分，那它们就能充当定语：

＊把儿的茶壶——这种把儿的茶壶——把儿很短的茶壶——短把儿的茶壶

沈家煊等[21]通过“信息论”和“专指化”来解释这种现象，是从信息语用义角度的合理解释。从认知语义结构上看，不具信息价值的扩展式，其抽象结构都是“a 的 Y”，a 都是 Y 的内在范畴，除非有 A 这种实在性内容，都是信息上没有价值的：

＊颜色（a）的香蕉（Y）——“香蕉”都有“颜色”范畴，无信息价值

黄（A）色（a）的香蕉（Y）、黄（A）的香蕉——香蕉不总是黄的，有信息价值

---

① 沈家煊等认为有“信息度”和“信息论”两个概念，前者与凸现度、可及度都属于认知概念，后者与本文的信息语用义相通。

*把儿（a）的茶壶（Y）——“茶壶”都有“把儿”范畴，无信息价值

短（A）把儿（a）的茶壶（Y）——“把儿”不总是“短”的，有信息价值

外在分解关系“X 的 Y”有所不同，因为 Y 不必然与 X 发生联系，这时要区别两种情况：

第一，桌上的书——成立，因为“书”总要处在某位置，所以“桌上”有信息价值。如果是“位置的书”，则不成立，因为它是“a 的 Y”，而“桌上”相当于 A，从某种意义上说，“桌·上”也是“Aa”结构。

第二，*书的桌上——不成立。按理说，“桌上”不一定有“书”，那么“书”有信息价值，应该成立；但问题也出在这里，不一定有关系的东西，除非是熟悉的认知结构，都要交代清楚关系才能联系起来，所以如下结构就成立：

有书的桌子（上）、堆了很多书的桌子（上）

这些结构“明示”存在“桌子上有书”“桌子上堆了很多书”这些基础结构。

除了定中结构，“的”还常用于构建狭义的“的”字结构，这也是讨论的热点，涉及名词化、指称、转喻等许多语义语用问题，这里从“指称”角度做简单说明。“指称”具有多层次的意义，其最高层属信息语用范畴，与“陈述”或“述谓”对立。

要指称一个事物，可以直接用它的名称（直指），如直指某物为“香蕉”，这是最明确的方式。也可以间接指称，根据上面的研究，间接指称也有多种方式。一种是“整体”方式，可称

“香蕉”为“水果”，甚至“东西”等等，不需要用“的”，在特定的语境中都是可以理解的。另一种方式是“分解”方式，也就是构建“的”字结构，如用“黄的”“猴子吃的”等等都可以用来指称“香蕉”，从认知角度看，就是用与整体相关的分解特征来指称（转指或转喻）。这种方式也需要特定的语境辅助，否则意义也不明确，如“猴子吃的”可能指其他水果或食物，不一定是“香蕉”。直接指称是常规的形式，间接指称是特殊语境的产物，常常是因为中心语事物不必、不便甚至不能直指出来，所以才要用与之有关系的概念表达出来。总的来看，间接指称是语境的产物，语用性很强，常通过转喻的认知方式达成。

这样，描写、限制，乃至修饰、细化、参照、凸现、转喻这些认知语用义，还有凸显、强调、述谓、指称这些信息语用义，它们作为语法意义有其特定的层次和价值，但都不能代替底层的、基础的认知语义。对“的”的意义和形式而言，明确标记静态分解关系，是其底层的认知语义，能否构建某种句法形式，还要受高层的认知语用义和信息语用义的制约。反过来说，我们要抽象出“的”底层认知语义，必须排除各种认知语用义和信息语用义，也不能用高层的意义代替低层的意义。

五、结语

本文讨论的名词性结构的认知语义和“的”的使用规律可如下表所示：

表 3 定中结构与“的”的关系

意义关系及其分类				基本结构	扩展或变换	语例
静态空间关系（名词性结构）	分解关系	一般定中结构（修饰、细化）	外在关系	X 的 Y	XV 的 Y VY 的 X	猴子(吃)的香蕉(限制性)
			内在关系	A 的 Y	Aa 的 Y	黄色的香蕉(限制性)
					AA 的 Y	黄黄的香蕉(描写性)
	整体关系	特殊定中结构	数量名	一个人		一个个的人/大个的人
			指示名	这人	Aa 的 Y	这样/里的人
		同位结构	首都北京	Y_2Y_1	Aa 的 Y	作为首都的北京
	分解与整体两可	分解关系（同一性定语）	性质范畴	A 的 a	都可变换为普通判断句	黄的颜色
			具体抽象关系	Y 的 y		开车的技术 开车是一种技术
		整体关系	性质范畴	A 这种 a		黄这种颜色
			具体抽象	Y 这种 y		开车这种技术 香蕉这种水果

朱德熙[32a]说，“语法研究的根本目的在于找出语法结构和语义之间的对应关系”。结构助词“的”的形式分布是多样的，表达的语法意义是复杂的，形义对应关系是错综的，但纷纭中又有规律。本文重点讨论了它在定中结构的语法表现，特别是根据能否用“的”的不同，深入研究了相关的语法问题。核心结论是，在认知语义层次，以定中结构为代表的多种句法结构都是表

达静态关系的，静态关系又可分为分解关系和整体关系，前者能用“的”，后者不能用，因此“的”是“静态分解关系”的显性标记。

这个深层的认知意义，是解释“的”复杂多样语法功能的“基因”。这种意义非常抽象，否则不足以概括如此深广的意义。如果把它扩展开来，静态（空间）与动态（过程），分解与整体，交错搭配，甚至能撑起汉语语法的大框架，这样来看，“的”就不只是一个撬起汉语语法研究的支点，自身就占据了“半壁江山”，这也是“的”成为最常用虚词的原因。

参考文献：

［1］陈琼瓒．修饰语和名词之间的“的”字的研究［J］．中国语文，1955（10）：22—27.

［2］陈玉洁．汉语形容词的限制性和非限制性与“的”字结构的省略规则［J］．世界汉语教学，2009（2）：177—190.

［3］丁声树等．现代汉语语法讲话［M］．北京：商务印书馆，1961.

［4］范继淹．形名组合间“的”字的语法作用［J］．中国语文，1958（5）：213—217.

［5］高名凯．汉语语法论［M］．北京：科学出版社，1957.

［6］郭锐．表述功能的转化和“的”字的作用［J］．当代语言学，2000（1）：37—52.

［7］a．何文彬．论语气助词“了”的主观性［J］．语言研究，2013（1）：10—18.

b．何文彬．现代汉语“是”字强调句研究［M］．北京：中国社会科学出版社，2012.

c．何文彬．现代汉语语气助词的主观性与主观化研究［M］．北京：

科学出版社，2018.

[8] 胡裕树，范晓. 试论语法研究的三个平面 [J]. 新疆师范大学学报，1985 (2)：7—15.

[9] 黄国营. “的”字的句法、语义功能 [J]. 语言研究，1982 (1)：118—120.

[10] 江蓝生. 处所词的领格用法与结构助词“底”的由来 [J]. 中国语文，1999 (2)：83—93.

[11] 李劲荣，陆丙甫. 论形容词重叠式的语法意义 [J]. 语言研究，2016 (4)：10—20.

[12] 李讷，安珊笛，张伯江. 从话语角度论证语气词“的” [J]. 中国语文，1998 (2)：93—102.

[13] 刘安春. “一个”的用法研究 [D]. 中国社会科学院研究生院博士学位论文，2003.

[14] a. 刘丹青. 汉语关系从句标记类型初探 [J]. 中国语文，2005 (1)：3—15.

b. 刘丹青. 汉语名词性短语的句法类型特征 [J]. 中国语文，2008 (1)：3—20.

[15] 刘宁生. 汉语偏正结构的认知基础及其在语序类型学上的意义 [J]. 中国语文，1995 (2)：81—89.

[16] 刘月华，潘文娱，故韡. 《实用现代汉语语法》(增订本)，北京：商务印书馆，2001.

[17] a. 陆丙甫. 从语义、语用看语法形式的实质 [J]. 中国语文，1998 (5)：3—5.

b. 陆丙甫. “的”的基本功能和派生功能 [J]. 世界汉语教学，2003 (1)：14—29.

[18] 陆烁. 汉语定中结构中“的”的句法语义功能 [J]. 中国语文，2017 (1)：53—62.

［19］a. 吕叔湘. 关于“语言单位的同一性”等等［J］. 中国语文，1962（11）.

b. 吕叔湘. 论底、地之辩及底字的由来，《汉语语法论文集》（增订本），北京：商务印书馆，1984 .

c. 吕叔湘. 中国文法要略［M］. 北京：商务印书馆，1956.

［20］杉村博文.“的”字结构、承指与分类［G］//江蓝生，侯精一主编. 汉语现状与历史的研究. 中国社会科学出版社，1999.

［21］a. 沈家煊. “有界”与“无界”［J］. 中国语文，1995（5）：367—380.

b. 沈家煊. 转指和转喻［J］. 当代语言学，1999（1）：3—5.

［22］沈家煊，王冬梅.“N 的 V”和“参照体—目标”构式［J］. 世界汉语教学，2000（4）：25—32.

［23］宋玉柱. 关于时间助词“的”和“来着”［J］. 中国语文，1981（4）：271—276.

［24］a. 完权. 超越区别与描写之争：“的”的认知入场作用［J］. 世界汉语教学，2012（2）：175—187.

b. 完权. 说“的”和“的”字结构［M］. 上海：学林出版社，2018.

［25］王力. 中国语法理论［M］. 北京：中华书局，2015.

［26］徐阳春，钱书新. 试论“的”字语用功能的同一性［J］. 世界汉语教学，2005（3）：45—55.

［27］a. 袁毓林. 从焦点理论看句尾“的”的句法语义功能［J］. 中国语文，2003（1）：3—16.

b. 袁毓林. 谓词隐含及其句法后果［J］. 中国语文，1995（4）：241—255.

［28］a. 张伯江. 功能语法与汉语研究［G］//刘丹青主编. 语言学前沿与汉语研究. 上海：上海教育出版社，2005.

b. 张伯江. 什么是句法学［M］. 上海：上海外语教育出版社，2013.

[29] 张伯江，方梅. 汉语功能语法研究 [M]. 南昌：江西教育出版社，1996.

[30] 张敏. 认知语言学与汉语名词短语 [M]. 北京：中国社会科学出版社，1998.

[31] 赵元任. 汉语口语语法 [M]. 北京：商务印书馆，1979.

[32] a. 朱德熙. 汉语句法里的歧义现象 [J]. 中国语文，1980 (2)：21—27.

b. 朱德熙. 说“的” [J]. 中国语文，1961 (1) (2).

c. 朱德熙. 现代汉语形容词研究 [J]. 语言研究，1956 (1).

d. 朱德熙. 语法讲义 [M]. 北京：商务印书馆版，1982.

e. 朱德熙. 转指和自指 [J]. 方言，1993 (1)：16—31.

[33] 周韧. “N 的 V” 结构就是 “N 的 N” 结构 [J]. 中国语文，2012 (5)：447—457.

[34] [瑞士]索绪尔. 普通语言学教程[M]. 北京：商务印书馆，1980.

[35] [美] LANGACKER W R. Foundations of Cognitive Grammar [M]. Vol. 1. Stanford：Stanford University Press，1987.

副词“都$_2$”语义语用研究综述

李宇凤　朱嘉诚[①]

摘　要　在现代汉语副词里，“都”是非常受关注的、具有多层次语义关联价值的研究单元。就目前来看，学界长期流行的做法是对几类“都”在语义和语用上做定性分析。我们通过对20世纪以来近七十篇研究表“甚至”的“都$_2$”的论文进行梳理，总结前人对“都$_2$”在形式语义、关联情况和主观性研究方面的相关成果，以期为“都$_2$”在补足形式语义研究分析、主观性及其标记范畴、类型学、“都$_2$”作为副词的类属再划分等问题进行研究提供一些思路。

关键词　“都$_2$”　形式语义　主观性

① 李宇凤，女，重庆人，四川大学文学与新闻学院副教授、博士，研究方向为现代汉语语法学、语用学。朱嘉诚，男，四川自贡人，四川大学文学与新闻学院在读硕士研究生，研究方向为现代汉语语法学、语用学。

一、引言

在副词领域，“都”是现代汉语学者讨论的热点话题。各类研究表明“都”字的语义非常复杂。吕叔湘（1980）[27]将“都”按照义项分为三类：“都$_1$”（表示总括）、“都$_2$”（表示“甚至”）、“都$_3$”（表示“已经”），我们对“都$_2$”的定性基本按照吕先生的界定展开。进入21世纪，表示“甚至”的“都$_2$”语义语用研究取得了积极进展。但迄今为止还有一些学者对“都$_2$”能否看作一个单独的义项存有争论。“都$_2$”语义独立性问题，从更大层面来说，是“都”究竟有几个义项的问题。到目前为止，这个问题还没有在学界取得一致意见。

在20世纪，吕叔湘（1980）等学者都支持“一个义项”；进入21世纪，朱德熙（1982）[53]等人也认为“都”只表示总括；蒋严（2011）[18]也赞同“都$_2$”本身不是“另立门户”实现一种新的语义，而是“都$_1$”在语用中产生的义项；徐以中（2005）[37]等人直接认为“都$_2$”“都$_3$”本身是“都$_1$”派生出来的结果。此后，詹卫东（2004）[48]、袁毓林（2007）[46]、张蕾（2012）[49]等人在“都”的义项数量、“都$_1$”与“都$_2$”关系等问题上达成了一些共识。

正因为“都”的几个义项关系十分紧密，所以我们认为在共性中寻找个性的价值是有必要的。我们通过此综述总结前人经验，发现此类研究中存在的局限，并结合“都$_2$”新近发展做补充，为将来更好研究“都$_2$”、进一步提高“都$_2$”在语义语用上的“话语权”提供一些新的角度。

二、“都$_2$”形式语义研究

（一）“都$_2$”全称量词观

“都$_1$”的全称量化研究比较充分。Gao（1994）[56]认为，“都$_2$”可以作宽域全称量词，和“都$_1$”有相似之处。Gao（1994）用来佐证这一观点的例子是：

（1）他（连）一本书都没有。

Gao认为例（1）使用“都$_2$”会造成宾语的移位，移至“都$_2$”前的宾语可以获得全称解读，这一观点理论上有一定说服力。我们认为，“连”字结构可以引出一个对比焦点作量化域，并实现全称解读。

按照“都”的左向量化观点，“都$_2$”左侧的宾语应该取得集体义，但这个“集体”中是否每个成员都应该具备VP的特征，这很难讲。试看（Gao，1994）：

（2）我都饿了。

从例句（2）来看，Gao认为“我都饿了”是“甚至连我都饿了”的意思，“都”应该作“都$_2$”解，这个全称解是从预设中“所有其他人也饿了”得到的。但我们从“都”的整个语义系统来看，我们并不能因为使用“都$_2$”就判定语境中的“其他人”是不是也被VP所赋值。按照“全称”的设想，只要能在成员中找到一个人具备“不饿”的特征，就可以说明“我都饿了”真值为假。

结合例句（1），关于“都$_2$”的实际语义问题还可以进一步讨论。我们改写例（1）得到如下句子：

(3) a. 他一本书没有。

b. 他一分钱没有。

c. 他一张纸没有。

例（3a—c）这三句话表达的意思与其对应的“连”字句有极大的相似。我们可以看到，含有“$都_2$”的“连”字句有了新的发展：从较早前介词“连”的缺位，到近来例句（3a—c）表现的“$都_2$”作为关键量化标记的遗失，我们是否可以设想“$都_2$”实际的语义价值有融入存在量词甚至普通名词的趋势？这些非典型“连”字句中“$都_2$”本身的价值又是什么呢？

（二）“$都_2$”梯级算子观

“全称量化”原本是很多学者研究“$都_1$”对量化域进行处理时采用的观点，Huang（1996）[57]和 Gao（1994）认为“都 VP”使得总括对象全体成员拥有 VP 的性质，这是显性的总括，但这并不能解释“$都_2$”隐性的总括问题。稍后，沈家煊(1999)[28]提出了“量级”概念，并从人的认知角度出发，来解析量化域的蕴含现象所形成的“$都_2$”算子义。这一概念为全称量化提供了更大的补充。

袁毓林（2006）通过分析“连”字句中的算子成分，认为“连”能引进一种类似于可能性“量级”的语用尺度，并指示 NP 所指的事物处于这个尺度上的最低点，构成预设。石慧敏、吴为善（2014）[30]在讨论“连”字句时也强调“$都_2$”的语义等级顺序，这与沈、袁的观点一脉相承。石、吴认为在“连”字句中，“$都_2$”处于一种包含事件发生可能性的“等级尺度”，并表述了这种可能性与“$都_2$”预设的关系。

具体来说，对于“$都_1$”而言，我们可以把量化域看作众多个体的集合，使得每个个体受到“都$_1$”的加工后带有 VP 的属性。但如果是“都$_2$”，它的加工对象又是什么？

罗晖（2007）[26]也同意“都$_2$”在预设中处于一种序列。罗认为在序列中，“都$_2$”的周遍义是由认知上的极项给定的，举的例子是：

(4) 挑这些篮球运动员，连 1 米 8 的都没剩下。

例句（4）用逻辑表达式表述为：DOU（x）［x∈篮球运动员］［h（x）∈篮球运动员身高］［h（x）≤1.8 米］＝［x 剩下］。罗晖（2007）认为，“1 米 8”是可能性最小的极项，表示“1 米 8”以下是不可能留下的，这是通过否定极小量（1 米 8）来否定全量。这也体现了梯级算子的作用。再看这句：

(5) 小张只考了五十分，连六十分都没到。

蒋严（2011）将“都$_2$”看作梯级算子。蒋指出，在说话人认知里存在一个梯级序列。具体操作如下：在例句（5）中，假设说话人信息结构里有“五十分”“六十分”“七十分”“八十分”四个序列，并且认为“六十分以下”是“不可接受”的，那么他的语用分级中就会出现从高分到低分的序列，构成隐性的量化域。说话人在这个量化域中设定一个“临界值”，或者说“可以被认为成绩不差的最小分数”，“都$_2$”可以将小张的分数与这些序列所构成集合进行全称量化。

除以上学者外，吴平、莫愁（2016）[43]也在蒋的基础上指出“都$_2$”拥有极量序列用法，可以有效关联对应的题元角色中隐含的序列。冯予力、潘海华（2018）[9]认为梯级序列可以造成超预期，这一点会在后面讨论。

（三）“都$_2$”最大化算子观

这一观点由 Xiang（2008）[61] 等人提出。Xiang（2008）认为，使用“都$_2$”可以使相关量化域取得最大化解集。Xiang（2008）举的例子是：

（6）a. 孩子们去了公园。

b. 孩子们都去了公园。

Xiang（2008）认为，例句（6b）相较于例句（6a）可以实现“无一例外”的语义，做到全体成员“去了公园”；而例句（6a）只能表明发生了“孩子们去公园”这件事，不能保证所有孩子们是否“无一遗漏地”去了公园。因此，Xiang（2008）认为，“都”可以使得量化对象获得最大解。

对于“都$_2$”，Xiang（2008）也使用了类似的解释：

（7）他哪本书都不想买。

这句话可以增写为“连”字句。Xiang（2008）认为该句中的“都$_2$”使得复数集“书”获得最大解。但我们认为实际可能多一种情况，依据在于：“书”获得最大解的来源还可能是表任指的“哪本”，不是表疑问的“哪本”。我们不能否认“哪本”对说话人所理解的“书”的内涵做了范围上的扩大，但这并没有扩大“书”的数量，只是在程度上做了扩展。我们认为“哪本”也可以使“书”获得最大解，而且确保这个解域处于“书”的范围内，而不是别的集合。“都$_2$”的作用，是使“哪本书”作为一个整体参与表义，言者的主观上不产生具体的量化域。

我们的观点是，任指就是最大化的体现。很多我们常见的任指词，如“所有”“全部”等，都有全称义，也就是 Xiang（2008）所说的最大化所在。我们的另一个发现是：在例句（7）中，如果没有“哪本”作修饰，解域可能出现不同的类型。我们举一个例子可以看得更清楚：

(8) 他书都不想买。

例（8）从语感上来说还未说完，后面还应该补充“更何况A/B/C……”。但（7）和（8）相比，（7）的解域限定在“书”里，而在（8）的解域范围中A、B、C可以不再是与“书”甚至是“买书”有关的事情，因此例句（8）可以做如下三解：

(9) a. 他书都不想买（，更不想看书。）

b. 他书都不想买（，更不想买报纸。）

c. 他书都不想买（，更不想吃东西。）

我们可以看到，句焦点不同，“$都_2$”量化的范围就不同，因此解域也就不同。所以我们发现，“书”的最大解可以发生变化，解域是所有书，还是别的什么动作的集合？

再看这句：

(10) 他哪本书不想买？

同例句（7）相比，例句（10）作反诘表示“所有书都想买”时“书”依然可以获得最大解。这说明“哪本”应该是“书”获得最大解的重要标记。同时我们发现，去掉“$都_2$”最直观的作用是句子的语气连同语义一道受到比较大的调整，这是否说明“$都_2$”在语气上的贡献更大？这个问题值得进一步探究。

我们认为，与其说“$都_2$”作最大解，不如说“$都_2$”“引出”一个主观大量，这样避免了需要重复使用相似概念域来解释同一类现象。其实说话人在讲“书”时，需要结合句法限定词或背景预设才能知道“书”有多少，或者在客观上处于一个多大的范围；

此时说“都$_2$”实现了“最大化”，所指也不很明确。至于“最大化”和“全称”这两个概念的界定，周韧（2019）[52]也表示，如果“最大化”的问题可以被“全称”所解释，是否不用引进一个新术语？

三、对“都$_2$”关联方向的讨论

（一）“都$_2$”的多重关联问题

在面临多个复数域时，“都$_2$”对关联对象是否有所选择？这也是一个无法回避的问题。学界对“都”是否可以多重关联也产生过争论。

先看多重关联的讨论：以吕叔湘（1980）、徐枢（1982）[36]、董秀芳（2002）[6]以及温宾利、乔政蔚（2002）[41]、詹卫东（2004）等一派认为“都”可以实现多重关联；以 Cheng（1991[54]、1995[55]）、Li（1997）[58]、Wu（1999）[60]、熊仲儒（2008）[34]等一派认为“都”不能实现多重关联。我们认为，“都”可以实现多重关联；“都$_2$”也同“都$_1$”一样，其表义可以是多个复数域共同作用的结果。对于“都”的操作，我们以转写董秀芳（2002）的例子来看：

（11）所有学生连这些书都没读过。

假定“所有学生”包括学生 A、学生 B、学生 C，“这些书”包括书 a、书 b、书 c，在只允许单向交互的情况下，实际组合有 $C_3^1 \cdot C_3^1 = 9$ 种：

表1 “所有学生连这些书都没读过”排列组合规律

书 学生	a	b	c
A	(A,a)	(A,b)	(A,c)
B	(B,a)	(B,b)	(B,c)
C	(C,a)	(C,b)	(C,c)

“都”要确保的是这9种组合均被赋予了“没VP”，整个句子的真值才为真。因此我们认为“都”是可以做多重关联的。但问题在于，多重关联时“都”是如何进行选择的？董秀芳（2002）对此做出回应。董文把“连”字句看作“特殊全称量化成分”，并使用“垄断力”来表示“都”对量化对象的先后吸引作用，但董文用百分数量化“垄断力”本身就具有假定性。我们赞同董文认为的特殊全称量化成分要比“所有NP”更靠近“都”字，即例句（1）中的“这些书”首先获得全称解。詹卫东（2004）对此也有论述：越靠近“都”的成分，越可能成为“都”的指向对象，请看：

（12）请问电视台难道为了钱什么都不顾了吗？

按照詹卫东（2004）的意思，我们认为例句（12）中是“什么”获得了全称解，“都”应该是“都$_2$”。我们讨论“都$_2$”，必然要弄清“都$_1$”和“都$_2$”在这样量化域不止一个的情况下是如何分工的。大部分学者用一个“都”统摄多个量化域，不存在分别解释的麻烦。我们认为例句（11）中“都”兼有“都$_1$”“都$_2$”两种身份，“都$_2$”先使得较近的量化域获得全称解，再通过“都$_1$”使得较远的量化域获得全称解。像“这些书” “什么”这样的移位成分作为话题焦点，应该首先获得“$都_2$”的关注。

（二）“$都_2$”的关联方向问题

到目前为止，对“都”的关联方向的认识大致有两种：左向关联和右向关联。很多学者对“都”的左向量化持积极态度，董秀芳（2002）、詹卫东（2004）、李文浩（2013）[21]、蒋静忠、潘海华（2013）[16]都做出了解释，我们在对“$都_2$”的形式语义讨论中也已提及“$都_2$”的左向关联问题。Li（1995）认为“都”可以激发它左侧的复数 NP 的全称量化。张蕾、李宝伦、潘海华（2012）[49]认为“$都_2$”可以实现左向关联：

（13）张三都捐了五百块钱。

张蕾等人对此的分析是：当“张三”为焦点时，例（13）会引出一个候选项集合充当“$都_2$”的量化域，且“$都_2$”约束该焦点变量，因此该句有合法性；但如果“张三”不是焦点，那么不会有一个焦点变量，因此不会有一个由项组成的集合，“$都_2$”左边没有可以满足它的量化要求的成分，该句不合语法。再如：

（14）老张连一双袜子都舍不得买（，更别说貂皮大衣了。）

例（14）中对比焦点“一双袜子”会引出一个由焦点变量的各种可能的取值组成的集合，这个集合可以由预设中的“一双袜子”“呢子上衣”和“貂皮大衣”等组成，“都”对这个候选集进行左向量化。

蒋静忠、潘海华（2013）认为“$都_2$”在左向量化时其域内成员应该被看作是有等级差别的。蒋、潘的例子改写后为：

（15）你都搬不动，我也不行了，更何况他。

例（15）中构成“$都_2$”量化域的集合可以用“力量值”形

容其等级差异，“你”应该是力量值最大的，却造成了“搬不动”的结果，力量值更小的“我”和“他”显然更不可能搬动。

“都”的右向关联很早就受到了学界的注意：Li（1995）、蒋严（1998[17]，2011）、潘海华（2006）、袁毓林（2007）、熊仲儒（2008）、蒋静忠、潘海华（2013）、沈家煊（2015）[29]海华（2018）等对此有过评述。

那么“都”由于关联方向不同会不会造成“都”的分属问题？会不会改变“都$_2$”的性质？我们来看 Li（1995）的例子。Li（1995）认为“都”进行左向关联时要满足复数性、分配性、穷尽性三个性质，这是“都”进行左向关联的一般特征。需要指出的是，在右向关联中，Li 认为单数宾语无法被分配，这一点在后来被其他学者重新解释了。我们根据 Li 的例子改写的是：

（16）a. 都谁吃掉了那个苹果？

b. 都有谁吃掉了那个苹果？

Li 认为（16a）不合法，认为“那个苹果”是不可分配的。但我们举的（16b）是可说的，加入存现标记“有”使得“谁”获得复数解，“有 X”实际上就是“范围内存在量”，是一个存在性命题，这个存在量可以是单数也可以是复数，从这个问句的回答（16c）来看也是如此：

（16）c.“都有谁吃掉了那个苹果？”“我/我们几个。”

我们认为（16a）和（16b）在结构和语义上近似，不过（16a）语感上稍差些，但不影响基本判断，不影响“谁”在“都”中获得复数解和分配义。从这个“都”的性质来看，此时的“都”依然是左向量化的“都”，两者具有同一性。

我们认为，“都$_2$”的关联方向主要还是来自“都$_2$”字句码化的“连”字结构：“‘连’+量化域+‘都$_2$’+VP”，从这个结构来看仍然是左向的关联，学界的讨论主要聚焦在量化域和焦点冲突的处理上，并没有改变“都$_2$”左向关联的性质。

四、“都$_2$”主观性研究

语言中的主观性表达和客观性表达这两个概念较早由 Lyons (1977)[59]引进。学界已经普遍意识到，“都$_2$”在表达言者语气和主观认识方面有比较特殊的功能，因此我们有必要对“都$_2$”主观性研究进行回顾。

（一）“都”具有主观性

崔希亮（1990）[2]在对“连”字句进行讨论时列举了该句式所标示的语言信息，如强调、比较、标举极端项等，当时未以“主观性”提出；王红（2001）[39]等认为“都”有两个语法意义，其中一个为主观性的语气副词。这说明了已经有学者注意到了“都$_2$”的主观性。徐以中、杨亦鸣（2005）[37]对“都”的语用主观性进行了系统研究，阐释了“都”的各个义项之间的关系。徐烈炯（2014）[35]撰文对“都”的全称地位提出挑战，指出了一些“都”作算子时所不能解释的盲区，进一步揭示了“都$_2$”转向主观性研究的必要性。

近来对于“都”的主观性研究，现实的考虑是要解决受非全量定语修饰后“都”的量化机制是否还得以正常运转的问题，其中有些还涉及“都”的义项分合等根本性问题。张谊生（2003）、徐烈炯（2004）、黄瓒辉（2006）[13]、李文山（2013）[23]等对“主观性”做出了说明。请看我们根据张、徐等学者所举的语言事实改写的例子：

（17）a. 所有同学都通过了考试。

b. 百分之八十的同学都通过了考试。

c. 百分之二十的同学都通过了考试。

按早前的研究来说，“都”的量化对象是复数成员，但随着定语的限定范围从“全量”“多量”到“少量”，句义可接受度应该也在降低。张谊生（2003）对此持不同意见，认为此时的“量”并非客观的数量，而是基于说话人主观认知和判断。

我们注意到，例句（17b—c）在存现句（18a—b）中可以成立，且语感较为准确，可接受度明显提高：

（18）a. 有百分之八十的同学都通过了考试。

b. 有百分之二十的同学都通过了考试。

在存现句中，即使量有了递减，整句还是有了显著的接受度。从下面例句（19）中可以看到，即使从“少量”到“微量”，“都”的使用也是合理的：

（19）有百分之一的同学都通过了考试。

我们认为，“都”可以实现其量化域中的“小量”主观放大的功能，使得“都”获得超预期的主观大量。徐烈炯（2014）持类似观点，徐先生认为量化域所表示的程度不代表客观的“多”或“少”，即使少量成分也能关联“都”，而这个程度可以由预设给出。

（二）“都$_2$”作强调

史锡尧（1990）[31]认为“都$_2$”的语义除了表示总括以外还表示强调：

(20) a. 都三天了，还没有消息。

b. 都快下雨了，还磨蹭什么。

他根据整句的语义把“都”放在一个时间系统上，并将“都$_2$”分为两类：表示已然和表示未然。在（20a）中，“都$_2$”表示已然事件的强调；在（20b）中，表示对未然事件的强调。武钦青（2018）[44]根据意象图式解释“都$_2$”时指出，“都$_2$”的强调没有时体限制，但可以与表示即将发生的“要”“快”和已经发生的“了”等时体标记组合在一起，构成对所发生事件的主观性说明。

周利芳（1993）[51]认为“都$_2$”是在对焦点的强调中自然地对蕴含也进行强调。通过对同类副词的比较，周文同时也发现，“都$_2$”表示强调的义项是作为“都$_1$”的虚用。

(21) 在它的面前，金子都失去光泽，珍珠都显得渺小，玛瑙也微不足道。

周认为例句（21）这两个“都”应该是表示强调的“都$_2$”，而不是右向量化的“都$_1$”。除此之外，蒋静（2003）[15]、张谊生（2005）[50]从语法化的角度认为“都$_3$”实际上是“都$_2$”强调方式和强化范围的扩展，这也对“都$_2$”表示强调义提供了一些论据。

（三）“都$_2$”作比较

“都$_2$”表比较是近年来有学者关注的一个角度。崔希亮（1990）、史锡尧（1990）等发现了“都$_2$”在比较义上的自足性，认为“都$_2$”本身含比较义。但问题在于，史文进而认为“都$_2$”具有说明某事物比某事物“更甚”的意思，这还有待商榷。他通过例句“小李比小王都高”来推断这个句子中的

“都$_2$”的语义是“更甚”。我们认为在差比句中，能否实现“比较”语义往往不是由一个词来承担，而是在于这个句义系统是否真正能实现“比较”的功能。

试看下面一组句子：

(22) a. 小王比小李高。

b. 小王比小李都高。

c. 小王比小李都还高。

d. 小王没小李高。

e. *小王没小李都高。

f. *小王不比小李都高。

通过观察（22a—c）可以发现在肯定语境中有无“都$_2$”，这个句子都表示差比；观察（22c），“还”自身可以表示在程度上更进一步；观察（22d）可以得知，在否定语境中无“都$_2$”，句子依然成立并表示差比；但我们一般不说（22e—f），这表明“都$_2$”是无法独立承担“更甚”含义的。我们可以观察到无论“都$_2$”处于什么位置，扮演什么语义角色，实际承担差比句中“更甚”语义的是“比”“还”，而不是“都$_2$”。“都$_2$”因为在语用中被赋予了“比较”义，但这并不能说明“都$_2$”本身表示“更甚”。

（四）“都$_2$”作超/反预期

崔希亮（1990）、刘丹青（2005）[25]等人对此设定的基调是：“连”字句含有说话人的主观判断。胡建刚（2007）[11]进一步认为“都”的“非同寻常”是因“主观超量”所致，这对我们有一定启发。胡文把“都$_2$”的作用命名为“主观超量”。试看：

(23) “他还有几天过生日，三十岁。” “是吗？他都三十了！”

例 (23) 可以得出的结论是：按上下文来看，“都”不是表“已经”的“都$_3$”，因为无论从客观上还是主观认识上都不存在“已经超量”，而实际的语义是“他的年龄超过了我的预期”，我们认为应该解释为“都$_2$”，是“超主观量”形成的超预期。

前面提到冯予力、潘海华 (2018) 认为梯级序列可以造成超预期，但他们否认这个超预期现象是“都$_2$”固有的，而是梯级选项给出的“最不可能事件”与预期相互作用造成的反差。

再看反预期。徐烈炯 (2004) 提出了“都”具有反预期意义；袁毓林 (2006) 从话题角度指出“连”字句能传达一种出乎人们意料的新情况，虽然袁先生未将这种反预期落在“都$_2$”的作用上。吴福祥 (2004)[42] 提出过三种反预期情形。根据吴福祥的提法，武钦青 (2018) 将“都$_2$”发展为增量副词和反预期标记，这与几位学者对“主观性”的认识比较吻合，武钦青 (2018) 举的例子是：

(24) 中核太白股价都不到一美元？此时不买更待何时。

武提到这里的“都$_2$”反映了说话人的主观预期与客观事实的比较，说话人认为股价的应然状态是高于一美元的，但实际却超过了自己的预期，构成反预期叙述，因此使用“都$_2$”来表示程度上出乎意料。我们认为这个观点是可靠的，这个解释进一步串联了“都$_2$”在语境中“增量—极值—反预期”的语义逻辑。例 (25) 也如此：

(25) 连个电话都没打，还说回来接我呢，没良心的！

武还认为，“都$_2$”表示反预期已经不限于在“连”字句中体现，如例句（26—27）：

(26) 这棵树都没到一年就死了。

(27) 啊？我都不知道这事。

我们认为，例句（27）从语感上看，说话人本以为“我”是知道事件的。“都$_2$”在此句中构成反预期。反预期是“都$_2$”的标志性语用效果，学界也多注意到了“都$_2$”字句的反预期意味。

四、小结

20世纪以来，研究“都”的成果很多。综合其他研究，我们也认为“都$_2$”无论从句式、语义还是语用上来说，其副词地位都是比较稳固的。21世纪以前“都”的研究主要聚焦结构主义和形式语法，21世纪以来部分研究转向了主观性。主观性研究为“都$_2$”的立足提供了更多有力的证据。

我们通过综述前人成果也发现，一些研究也有进一步考察的空间：一是“都”的义项分合问题到目前还悬而未决。由于“都$_1$”和“都$_2$”“都$_3$”在逻辑上的同一性（崔永华1984[3]），以及“都$_2$”“都$_3$”的语义主观性都较强，有时常常把三者混为一谈；二是“都$_2$”的语义性质在描写中对例外的解释力还不够，某些解释还有继续完善的可能；三是“都$_2$”在认知和语用方面的研究还有待加强，这可以为“都$_2$”独立性提供合理依据。

针对20世纪以来“都$_2$”的研究我们可以发现，对“都”的认识已经从义项数量这个“重大分歧”深入到“普遍的义项联系观”。这无疑是一个积极的信号：一是“都”的确在语义自身发展和话语实践中不断演进；二是越来越多的学者已经注意到了“都$_2$”与“都$_1$”有着更为明显的差异，尤其是主观性问题。

对于“都$_2$”，我们认为还有一些值得深入的地方：

第一是在“都$_2$”语义性质方面要进一步弥补形式语义分析的不足，如例（1）所说的“都”对几个量化对象进行多重关联时“都$_2$”是怎么运作的？在例（5）所指出的“都$_2$”缺位时其句中成分如何对“都$_2$”语义进行转移和分割？存现句是如何改变“小量”无法量化的？等等。

第二是既然“都$_2$”的主观性是可以证实的，那么“算子观”和“主观性”是什么关系？“都$_2$”和“都$_3$”有什么共性？什么情况下可分？

第三是“都$_2$”作各类话语标记，如强调标记、比较标记、反预期标记等，还可以有更深入的讨论，比如是否可以解释在双反预期下某些量化规律的不足？因为说话人在双反情形下判断“都$_2$”的量化域时其本身就是一个主观行为，判断结果有时也不一定都客观。在“都$_2$”的很多语义中，我们把它分析为一个主观表达的标记可能更符合说话人的认识情态。

第四是与类型学研究结合，如“都$_2$”和“even”有何异同？在其他语言中是否普遍存在像“都$_2$”一样的标记？有没有可能从这个角度进行跨语言比较？等等。

第五是带有根本性：“都$_2$”，或者说“都”，究竟是一个什么副词？从主观性研究来看，我们是否可以认为“都$_2$”正在演变为程度副词？以及这种变化给研究“都”的全貌带来什么影响？这些问题有待进一步解决。

参考文献：

[1] 曹秀玲. 再议“连……都/也……”句式［J］. 语文研究，2005（01）：17—20.

[2] 崔希亮. 试论关联形式“连…也/都…”的多重语言信息［J］. 世界汉语教学，1990（03）：139—144+147.

[3] 崔永华. “连……也/都……”句式试析［J］. 语言教学与研究，1984（04）：30—44.

[4] 陈小荷. 主观量问题初探——兼谈副词“就”“才”“都”［J］. 世界汉语教学，1994（04）：18—24.

[5] 陈子骄. “都”的语义指向［J］. 汉语学习，1996（06）：54—56.

[6] 董秀芳. “都”的指向目标及相关问题［J］. 中国语文，2002（06）：495—507+574.

[7] 董秀芳. “都”与其他成分的语序及相关问题［J］. 世界汉语教学，2003（01）：40—47+3.

[8] 方梅. 汉语对比焦点的句法表现手段［J］. 中国语文，1995（04）：279—288.

[9] 冯予力，潘海华. 再论“都”的语义——从穷尽性和排他性谈起［J］. 中国语文，2018（02）：177—194+255.

[10] 傅力. 浅说“基本上”和“都”的连用［J］. 汉语学习，1986（03）：41—43.

[11] 胡建刚. 主观量度和“才”“都”“了$_2$”的句法匹配模式分析［J］. 世界汉语教学，2007（01）：72—81+3.

[12] 黄文枫. “都”量化时间副词现象研究［J］. 世界汉语教学，2010，24（03）：373—382.

[13] 黄瓒辉. 语法研究和探索［M］. 商务印书馆，2006.

[14] 黄瓒辉，石定栩. “都”字关系结构中中心语的宽域解读及相关问题［J］. 当代语言学，2011，13（04）：304—320+379.

［15］蒋静. “都”总括全量手段的演变及其分类［J］. 汉语学习，2003（04）：72—76.

［16］蒋静忠，潘海华. “都”的语义分合及解释规则［J］. 中国语文，2013（01）：38—50+96.

［17］蒋严. 语用推理与“都”的句法/语义特征［J］. 现代外语，1998（01）：11+10+12—24.

［18］蒋严. 走进形式语用学［M］. 上海教育出版社，2011.

［19］兰宾汉. 副词“都”的语义及其对后面动词的限制作用［J］. 语言教学与研究，1988（02）：46—51.

［20］李强，袁毓林. “都”和“只”的意义和用法同异之辨［J］. 中国语文，2018（01）：67—84+127—128.

［21］李文浩. “都”的指向识别及相关“都”字句的表达策略［J］. 汉语学报，2013（01）：31—39+95.

［22］李文浩. 作为构式的“都XP了”及其形成机制［J］. 语言教学与研究，2010（05）：57—63.

［23］李文山. 也论“都”的语义复杂性及其统一刻画［J］. 世界汉语教学，2013，27（03）：319—330.

［24］刘丹青，徐烈炯. 焦点与背景、话题及汉语“连”字句［J］. 中国语文，1998（04）：243—252.

［25］刘丹青. 作为典型构式句的非典型“连”字句［J］. 语言教学与研究，2005（04）：1—12.

［26］罗晖. 论“连”字句的梯级逻辑［J］. 修辞学习，2007（01）：79—81.

［27］吕叔湘. 现代汉语八百词［M］. 商务印书馆，1980.

［28］沈家煊，不对称和标记论［M］. 江西教育出版社，1999.

［29］沈家煊. 走出“都”的量化迷途：向右不向左［J］. 中国语文，2015（01）：3—17+95.

［30］石慧敏，吴为善. 隐性语义等级序列的激活机制及其语篇整合效应［J］. 世界汉语教学，2014，28（04）：449—460.

［31］史锡尧. 副词“都”语义语用综合考察［J］. 汉语学习，1990（04）：6—10.

［32］谭敬训. “都”字前后相关成分的语义特性［J］. 世界汉语教学，1991（02）：92—95.

［33］谢晓明，赵丽丽. “无论P，甚至Q，都T”句式辨察［J］. 语文研究，2016（04）：53—57.

［34］熊仲儒. “都”的右向语义关联［J］. 现代外语，2008（01）：13—25+108.

［35］徐烈炯. “都”是全称量词吗？［J］. 中国语文，2014（06）：498—507+575.

［36］徐枢. 略论总括副词“都”［J］. 语文研究，1982（01）：69—77.

［37］徐以中，杨亦鸣. 副词“都”的主观性、客观性及语用歧义［J］. 语言研究，2005（03）：24—29.

［38］薛小英，韩景泉. “都”的语义关联及其句法实现［J］. 现代外语，2009，32（02）：127—136+218.

［39］王红. 语气副词“都”的语义、语用分析［J］. 暨南大学华文学院学报，2001（02）：41—45.

［40］王还. 再谈谈“都”［J］. 世界汉语教学，1988（02）：93—94.

［41］温宾利，乔政蔚. “都”量化的多标志语分析［J］. 外语学刊，2002（04）：70—75+112.

［42］吴福祥. 试说“X不比Y·Z”的语用功能［J］. 中国语文，2004（03）：222—231+287.

［43］吴平，莫愁. “都”的语义与语用解释［J］. 世界汉语教学，2016，30（01）：29—41.

［44］武钦青. 连字句中“还”与“都”的差异及中和［J］. 华文教

学与研究，2018（01）：79—87.

[45] 袁毓林. "都"的语义功能和关联方向新解［J］. 中国语文，2005（02）：99—109 + 191.

[46] 袁毓林. 论"都"的隐性否定和极项允准功能［J］. 中国语文，2007（04）：306—320 + 383.

[47] 袁毓林. 试析"连"字句的信息结构特点［J］. 语言科学，2006（02）：14—28.

[48] 詹卫东. 范围副词"都"的语义指向分析［J］. 汉语学报，2004（01）：74—84.

[49] 张蕾，李宝伦，潘海华."都"的语义要求和特征——从它的右向关联谈起［J］. 语言研究，2012，32（02）：63—71.

[50] 张谊生. 副词"都"的语法化与主观化——兼论"都"的表达功用和内部分类［J］. 徐州师范大学学报，2005（01）：56—62.

[51] 周利芳. "都"表总括与表强调之间的内部联系［J］. 语文学刊，1993（05）：38—41.

[52] 周韧."都"字的句法、语义和语用研究［M］. 学林出版社，2019.

[53] 朱德熙. 语法讲义［M］. 商务印书馆，1982.

[54] Cheng LS. On the typology of wh-questions [D]. Ph. D. dissertation, MIT, 1991.

[55] Cheng LS. On dou-quantification [J]. Journal of East Asian Linguistics, 1995, 4 (3): 197—234.

[56] Gao, Mobo C F. Dou as a wide scope universal quantifier [J]. Australian Journal of Linguistics , 1994, 14 (1): 39—62.

[57] Huang Shizhe. Quantification and prediction in Mandarin Chinese: A case study of Dou [D]. Ph. D. dissertation, University of Pennsylvania, 1996.

[58] Li Jie. Dou and wh-questions in Mandarin Chinese [J]. Journal of East Asian Linguistics , 1995, 4 (4): 313—323.

[59] Lyons. Semantics [M], vol 2. Cambridge University Press, 1977.

[60] WuJianxin. A Minimal analysis of Dou-quantification [D]. Ph. D. dissertation, University of Maryland, 1999.

[61] Xiang Ming. Plurality, maximalityand scalar inference: A case study of Mandarin dou [J]. Journal of East Asian Linguist , 2008, 17 (3): 227—245.

汉英复合词构造类型对比

——基于封闭材料的穷尽研究[①]

王远杰[②]

摘　要　现有关于汉英复合词构造类型的对比研究存在两方面的问题：第一，缺乏统一的汉英复合词分析框架；第二，大多是举例式的研究。利用《现代汉语词典》和《牛津高阶英汉双解词典》的封闭材料，在统一的复合词分析框架下，可对汉英复合词构造类型异同做穷尽性的对比研究。本文的研究结论较以往研究更具说服力，有利于更进一步深入认识汉语和英语在构词造句方面的异同之处。

① 本文为重庆市社会科学规划一般项目“汉语韵律——语法界面的单双音节问题研究”（2018YBYY136）和国家社会科学基金一般项目“汉语个性探索背景下的单双音节语法问题多维度研究”（19BYY020）的阶段性成果。

② 王远杰，西南大学汉语言文献研究所副教授，研究方向为现代汉语语法。

关键词 汉英对比 构词法 复合词

一、引言

现代汉语构词以复合为主，英语构词以派生为主，但英语仍有相当数量的复合词。汉语和英语在复合词构造方面有同有异，某些论著在这方面已有初步讨论[3][10][15]。现有关于汉英复合词构造类型的对比研究存在两个方面的问题：第一，缺乏统一的汉英复合词分析框架。例如有些论著将英语“hovercraft”“call boy”等归为主谓式，但汉语类似的“飞机”“侍女”等通常都归为定中式。第二，大多是举例式的研究，缺乏对大规模封闭材料的穷尽考察。本文利用《现代汉语词典》和《牛津高阶英汉双解词典》的封闭材料，在统一的复合词分析框架下，对汉英复合词构造类型异同做穷尽性的对比研究。

由于汉英两种语言复合词的构造类型都跟句子或短语的构造类型基本一致[26]32,[30]227,[38]1570①，所以就可以用描写句子或短语的句法结构框架（如主谓、定中等句法成分组合类型）来分析和比较汉英复合词的构造类型。用句法结构框架来分析复合词，这是汉语学界的通常做法，本文就按照这种框架来统一地分析和比较汉英复合词的构造类型。

本文对汉语复合词的分析主要依据以下材料：第一，考察了《现代汉语词典》1978 年第 1 版所收词条中全部 32346 个双音复

① 关于构词规则和构造句子或短语的规则之间的异同，英汉两种语言的研究中都存在不同看法，可参《英汉构词法的认知研究》（周启强 2007）、*A closer look at the interface between syntax and morphology*（Suson O 2001）。

合词的构造类型[23]。第二，考察了《现代汉语词典》2012 年第 6 版所收词条中全部 37663 个双音复合词的构造类型[9]。第三，根据清华大学的汉语语素数据库，对数据库中二字词（即双音合成词，包括复合词和派生词）内部名动形三类词的构词类型做了分析统计，其中属于复合词的名动形共计 40819 个[19]。第四，分别对《现代汉语词典》2005 年第 5 版所收词条中合成词（包括复合词和派生词）内部的名词、动词、形容词的构词类型做了分析统计，其中属于复合词的名动形共计 50601 个[7][22][5]。

英语复合词的构造类型，尚未见到基于大规模词汇的穷尽统计分析①，但是部分论著已对英语复合词构造类型做了不同详细程度的描写[31][35][27][38]1515—1585,[28][29][37][33][34]。本文首先依据这些论著对汉英复合词构造类型异同做宏观对比②，然后选取《牛津高阶英汉双解词典》第 7 版字母 A 起首的共计 455 个英语复合词进行实例分析比较。

二、现代汉语复合词的构造情况

（一）总体情况

现代汉语里，语素以单音节为主，词以双音节为主，同时语素构词的主要方式是复合而不是派生，因此现代汉语的词大部分

① 有两个数据库涉及英语复合词分析，一个数据库是美国宾夕法尼亚大学的 CELEX，网址为 https：//catalog. ldc. upenn. edu/LDC96L14；另一个是美国圣路易斯华盛顿大学的 English Lexicon Project，网址为 http：//elexicon. wustl. edu/default. asp。

② 后文第三节作宏观对比时，所涉英语复合词的相关事实和具体用例，若未特别说明，均来自这些论著。

是双音复合词[23]①。本文考察了《现代汉语词典》第1版所收词条中的全部双音复合词的构造类型[9]，考察了《现代汉语词典》第6版所收词条中的全部双音复合词的构造类型。下面表1和表2是在《复合词词素间的意义结构关系》《“动+名”偏正式双音复合词的结构义及其释义研究》两文考察结果的基础上整理而成。

表1　《现代汉语词典》第1版双音复合词构词类型[23]

类型	定中	并列	支配	状中	递续	陈述	补充	重叠	其他	合计
词数	13915	8310	5030	2496	547	380	300	259	1109	32346
百分比	43.0	25.7	15.6	7.7	1.7	1.2	0.9	0.8	3.4	100.0

表2　《现代汉语词典》第6版双音复合词构词类型[9]7

类型	偏正	联合	动宾	补充	主谓	其他	合计
词数	19412	9330	6527	599	398	1397	37663
百分比	51.5	24.8	17.3	1.6	1.1	3.7	100.0

表1和表2中构造类型的“其他”类是两文认为不易明确

---

① 关于现代汉语语素和音节对应关系的统计数据，可参《汉语语素的定量研究》（345－346页）、《基于语素数据库的汉语语素及构词研究》（8页）。关于现代汉语词和音节对应关系的统计数据，可参《汉语词汇的统计分析》（1079页）、《现代汉语频率词典》（1489页）、《现代汉语常用词表》（2页）、《汉语构词基本字的统计分析》（46页）。关于现代汉语复合词和派生词的统计数据，可参《〈现代汉语词典〉偏正式合成名词释义元语言的句法语义规则研究》（19页）、《〈现代汉语词典〉动宾式动词释义元语言的句法语义规则研究》（13页）、《〈现代汉语词典〉联合型形容词释义元语言的句法语义规则研究》（9页）、《基于语素数据库的汉语语素及构词研究》（9页）。

归类的。尽管不同人对复合词的分类体系和具体词的归类都可能有所不同，但比较表1和表2仍可发现，对复合词各个次类百分比的统计结果是很一致的。比如两文统计结果里，偏正类（表1细分为定中和状中两类）都占百分之五十几，并列（联合）类都占百分之二十几，动宾（支配）类都占百分之十几。基于表1和表2的数据，可以得出以下关于现代汉语复合词构造类型总体情况的结论：

从总体上看，现代汉语复合词占优势的构造类型依次为定中、并列、动宾、状中四类。就表1的数据来说，定中占43.0%，并列占25.7%，动宾（支配）占15.6%，状中占7.7%，四者合计占92.0%。

（二）名动形三类词的情况

以上结论是就现代汉语复合词的总体而言的。现代汉语复合词中占绝大多数的是名动形三类词①，如果将复合词中名动形三类词分开来看，则它们内部各自的情况又会有所不同[19]9。有学者根据清华大学的汉语语素数据库，对数据库中双音合成词内部的名词、动词、形容词的构词类型做了统计[7]19,[22]13,[5]9；分别对《现代汉语词典》第5版所收词条中合成词内部的名词、动词、形容词的构词类型做了统计。下面表3和表4是基于他们的统计数据整理的，这两个表能反映现代汉语复合式名动形各自内部的构造情况②。

---

① 可参《基于语素数据库的汉语语素及构词研究》（9页）的统计数据。

② 如果将表3和表4名动形三类词的数据综合起来统计，也能基本反映出现代汉语复合词构词类型的总体情况，其中各种构词类型的比例跟前文表1和表2仍基本一致。

表 3　清华大学汉语语素数据库双音复合名动形构词类型[19]9

类型	名词		动词		形容词	
	词数	百分比	词数	百分比	词数	百分比
联　合	2357	11. 1	4257	25. 9	2056	65. 3
定　中	17752	83. 7	0	0. 0	164	5. 2
状　中	242	1. 1	3647	22. 1	460	14. 6
述　补	11	0. 1	927	5. 6	25	0. 8
量　补	34	0. 2	0	0. 0	0	0. 0
述　宾	290	1. 4	7134	43. 3	165	5. 2
主　谓	74	0. 3	243	1. 5	93	3. 0
述　介	0	0. 0	23	0. 1	4	0. 1
重　叠	54	0. 3	13	0. 1	126	4. 0
简　称	29	0. 1	13	0. 1	0	0. 0
数词略语	8	0. 0	0	0. 0	0	0. 0
固定词组	230	1. 1	38	0. 2	41	1. 3
未注标记	121	0. 6	172	1. 0	16	0. 5
合　计	21202	100. 0	16467	100. 0	3150	100. 0

表4 《现代汉语词典》第5版复合名动形构词类型[7]19、[22]13、[5]9

类型	名词		动词		形容词	
	词数	百分比	词数	百分比	词数	百分比
联合	2230	7.4	4411	27.2	2556	57.7
偏正	26848	89.6	3996	24.6	952	21.5
补充	– – *	– –	649	4.0	35	0.8
动宾	159	0.5	6567	40.5	496	11.2
主谓	35	0.1	220	1.4	176	4.0
连动	– –	– –	268	1.7	– –	– –
兼语	– –	– –	91	0.6	– –	– –
重叠	80	0.3	10	0.1	199	4.5
其他	606	2.0	5	0.0	12	0.3
合计	29958	100.0	16217	100.0	4426	100.0

* 加"– –"者表示原文没有分出相应的类别。

比较表3和表4，可以得出以下关于现代汉语复合词中名动形各自内部构造类型的结论：

第一，现代汉语复合名词占优势的构造类型依次为定中、并列两类，就表3的数据来说，定中占83.7%，并列（联合）占11.1%，两者合计占94.8%。

第二，现代汉语复合动词占优势的构造类型依次为动宾、并列、状中三类，就表3的数据来说，动宾（述宾）占43.3%，并列占25.9%，状中占22.1%，三者合计占91.3%。

第三，现代汉语复合形容词占优势的构造类型依次为并列、状中、动宾、定中四类，就表 3 的数据来说，并列占 65.3%，状中占 14.6%，动宾占 5.2%，定中占 5.2%，四者合计占 90.3%。

三、汉英复合词构造类型的宏观对比

跟现代汉语一样，英语多数复合词也只含有两个词根语素[38]1567，英语复合词也是以名动形三类词为主[28]212。就名动形之间的数量比例来看，现代汉语复合词中名词最多，其次是动词，形容词最少（参前文表 3 和表 4）；而英语复合词中名词最多，其次是形容词，动词最少[28]202、208，[29]1646、1660。

如果以《复合词词素间的意义结构关系》一文中八类复合词的分类框架来分析英语复合词，可以发现英语也有这八类复合词：定中（如 bottleneck，playboy，blackboard）、并列（如 courtyard，bitter-sweet，pass-fail）、动宾（称为支配，如 pickpocket）、状中（如 backtrack，evergreen）、连动（称为递续，如 cook-chill）、主谓（称为陈述，如 sunset，heartsick）、动补（称为补充，如 standstill）、重叠（如 goody-goody）。跟汉语不同的是，英语复合词里词根带附缀的情况远远多于汉语，如英语定中式复合名词 shoplifting 和 playgoer 分别带有附缀-ing 和-er，定中式复合形容词 absent-minded 带有附缀-ed；而汉语"身子骨儿""挨个儿"这类带"子""儿"等附缀的复合词则很少。这种情况跟句法上形态成分英语多汉语少是一致的。

英语这八类复合词的数量比例，虽然没有大规模的数据统计，但有些讨论英语复合词的论著在分类描写时也同时对某些小类的数量多寡做了附带说明，据此可以归纳出英语各类复合词数量对比的大致面貌。前面讨论现代汉语复合词时已看到，《复合词词素间的意义结构关系》一文中划分的八类复合词，在现代汉语中占优势的是定中、并列、动宾、状中四类，而连动、主谓、动补、重叠这四类的数量则较少。英语这八类复合词的数量比例跟汉语有同有异，具体情况如下。

（一）相同处之一

连动、主谓、动补、重叠四类复合词在英语中数量较少，这跟现代汉语相同。

英语连动式复合词很少[28]205、208、211，Lieber、Rochelle[33]378也已谈及。

英语主谓式复合词也很少[28]205，*Lexical word-formation* 一文的分类中只有其复合名词的“名+动”式有一部分可归入主谓式，如其所举的 nosebleed、sunshine[29]。该文指出这一格式不能产，而“名+动”里动词性语素通常也可分析为名词性语素（按本文的分类体系，这类格式就可分析为定中式，如 sunshine）。

动补式复合词在英语里可能的来源有“动+动”“动+形”“动+小品词”三类。英语“动+动”很少，前面已谈到。Plag Ingo 已指出“动+形”也很少[37]143。因此英语动补式复合词主要是 handout 这类“动+小品词”形式，这类形式虽有一定的能产性[28]206、212，但小品词属于封闭类，因此这类形式在英语复合词中的数量比例应该不会很高。

英语重叠式复合词，*A Mordern English Grammar on Historical Principles* 一书有专章讨论。虽然作者认为英语重叠复合词很常见[31]174，但从其论述可以看出，英语重叠式复合词在使用上其实要受很多限制：第一，多是拟声词；第二，构词成分独立成词的少；第三，多具非正式性，多用于儿语[31]174、177、180，[38]1579。因此重叠式复合词在英语复合词中的数量比例也应不会很高。

（二）相同处之二

定中、状中两类复合词在英语中数量较多，这跟现代汉语相同。

在汉英复合词中定中类都是数量最多的，而在定中复合词内部都是“名＋名”最多。现代汉语定中类复合词的数量比例前面已讨论。现代汉语定中复合词内部“名＋名”的数量比例，已有相关数据[23][19][9]，例如统计的22016个双音合成名词中，“名＋名”有12583个，占57.2%[19]10；统计的19412个偏正式双音复合词中，“名＋名”有9621个，占49.6%[9]。许多学者都指出英语复合词中，“名＋名”的定中类是数量最多、能产性最高的格式[31]143、[28]202、[29]1647、[37]145、[33]378。除“名＋名”外，英语定中复合词里的“动＋名”“形＋名”“小品词＋名”也都很能产（如playboy，blackboard，background等）[28]205、206、212，[29]1649，[33]378。

英语状中复合词里“名＋形”（如sky-blue）、“形＋形”（如bluish-green）都是能产的格式，其中“名＋形”式是英语复合形容词里能产性最高的格式[28]209、[33]378。

（三）不同处之一

动宾复合词在英语中数量较少，这跟现代汉语不同。英语动宾式复合词总体上能产性低[28]205、208、211，[33]378，[37]146。动宾式复合名词只用于表转指意义（如pickpocket）①；动宾式复合动词只发

① 现代汉语的动宾式复合名词也很少，而且绝大部分用于表转指意义，可参《〈现代汉语词典〉（第6版）动宾结构名词释义研究》。

现 shunpike 这一例[28]208；动宾式复合形容词的能产性要稍高一点，举例有 break-bulk，roll-neck，turn-key 等[28]211①。

（四）不同处之二

并列复合词在英语中数量较少，这跟现代汉语不同。英语并列式复合词不常见，许多学者都已指出[31]165,[27]68、95,[28]203、210。英语名词的并列复合式要稍多一点，但在使用上还是很受限制[36]295—302,[27]68,[31]147,[29]1648：内嵌于定中结构里作定语的并列式复合名词，构成成分之间在语义上具有表示“between”之类的相互关系，如 Tennessee-Arkansas game；独立作主宾语的并列式复合名词，在语义上主要指有某种职业的人，表示一人身兼多职的情况，而且最末成分经常在语义上最突显，也即在类型上接近定中式，如 bartender-psychologist。从各论著所列举的英语并列复合词用例看，这些例词的词汇化程度都不高，它们的词义都是构词成分意义的加合，而汉语并列式复合词可以有专门化的词义，如“领袖”。

英语并列复合词少，而其中的同义并列式就更为罕见。Jesperson 指出，英语里类似于汉语那样的同义并列复合词该文能想到的只有 courtyard 这一例[32]334。Adams V 列举了 courtyard，pathway 等几个同义并列的例子，但同时指出这些词内部第一个构词成分的意义要比第二个更具体一些，也即这些复合词有定中式的性质[27]69。从其论述看，英语文学作品中有时会出现少数同

① 英语 book-binding 这类去动词化的复合词，本文分析为定中式，但有些研究者分析为动宾式[27]67—68。英语这类复合词在语法性质上跟汉语“书籍装订”这类双音名词加双音动词的组合相当[33]375—383、[25]77—128。英语少见的是对应汉语“出版”这类单音动词性语素加单音名词性语素的动宾式动词。

义并列式复合词，但这些都只是临时用法，如莎士比亚作品中的 harsh-rude，stubborn-hard 等[27]68、95。

跟英语不同，汉语并列复合词内部的同义并列式则很常见。按照内部构成成分之间的语义关系，通常把汉语并列复合词分为同义、类义、反义三类，例如“语言”属同义类，“质量”属类义类，“多少”属反义类[17]105—112。学者们对《现代汉语词典》第 5 版中这三类并列复合词做了某些方面的统计[14][13][20][6]，尽管他们的统计结果有不同程度的差异，但把这些结果综合起来加以比较，仍可看出以下大致情况：《现代汉语词典》第 5 版共有 9000 多个并列复合词，其中同义类有 3000 多，类义类有 5000 多，反义类有 200 多。由此可见，现代汉语词汇系统中的并列复合词，反义类很少，占绝大多数的是同义类和类义类，而同义类少于类义类①。

四、汉英复合词构造类型的具体实例对比

（一）牛津词典 455 例词的总体情况

下面选取《牛津高阶英汉双解词典》第 7 版 A 起首的英语复合词进行实例分析比较。本文穷尽收集该词典字母 A 起首的复合词，收词时遵循以下标准：第一，只收作为单独词目列出的复合词。第二，不收借词，如来自法语的借词 aide-memoire 就不

① 我初步查阅比较了一些关于汉语史上各时期并列复合词同义、类义、反义数量比例统计数据的参考文献，从中可以看到，汉语历史上各个时期，并列复合词中的反义类始终只占极少数，但同义类有时却多于类义类。大致情况是先秦文献中并列复合词同义类多于类义类，先秦以后有些文献同义类多，有些则类义类多。

收。第三，对于该词典标出的组合形式（combining form），它们在第一层作为直接成分构成的复合词不收。如该词典将 all-标为组合形式，所以本文不收 all-purpose，因为其中 all-为直接成分；但 all-purpose flour 则收录，因为 all-不是整个复合词第一层的直接成分①。

对收录的复合词从以下三方面分类：第一，该词典标注的词性。第二，句法成分组合类型，如定中、状中等。第三，词性成分组合类型，如“名+名”“形+名”等。句法成分组合类型和词性成分组合类型都只考虑整个复合词第一层的组合情况，不考虑其他层次，如 Abominable Snowman 不考虑其下属 Snowman 内部的组合情况，只按第一层的组合情况分析为句法成分组合类型为定中，词性成分组合类型为“形+复名”（形容词+复合名词）。但如果 Snowman 单独作为复合词，则为句法成分组合类型为定中，词性成分组合类型为“名+名”。

按以上方法，本文最终收集的《牛津高阶英汉双解词典》第 7 版 A 起首的英语复合词词目数为 455 个（详见文末附录），其中含有两个词根语素的复合词有 421 个，如 airbase；含有三个词根语素的有 33 个，如 Abominable Snowman；含有四个词根语素的只有 attention deficit hyperactivity disorder 这一个。这 455 个复合词可分为下面表 5 的八种句法成分组合类型。

---

① 英语里由组合形式构成的复合词通常称为新古典复合词（neo-classical compound），组合形式的语法性质介于词根和词缀之间，跟汉语里构词时位置不固定的不成词语素（如“语法”“外语”里的“语”）大致相当。英语新古典复合词可以作为该语言复合词的一个特殊次类来研究，可参 *An Introduction to Modern English Word-formation*（128—134 页）、*English Word formation*（213—216 页）。

表 5 《牛津高阶英汉双解词典》第 7 版 A 起首复合词的句法成分组合类型

类型	定中	中定	状中	中状	并列	介宾	动补	同位	合计
词数	393	17	27	1	9	5	2	1	455
百分比	86. 4	3. 7	5. 9	0. 2	2. 0	1. 1	0. 4	0. 2	100. 0

从表 5 可以看出：第一，定中式在这 455 个复合词里占绝对优势，如果把定中倒序的中定式也算在内①，则整个广义的定中式占到 90. 1%。第二，状中式也有一定的数量，广义的状中式（包括状中倒序的中状式）占 6. 1%。第三，其他构造类型或者数量很少（如并列、动补、介宾、同位等），或者没有出现（如动宾、连动、主谓、重叠等）。

（二）词性成分组合类型

下面具体说明这八种句法成分组合类型各自含有的词性成分组合类型。

1. 定中式的词性成分组合类型

定中式复合词共 393 个，其内部的词性成分组合类型如下面表 6②。从表 6 可以看出：这 393 个词中，最占优势的词性成分组合类型为“名 + 名”，其次为“形 + 名”。狭义的“名 + 名”（不带 the，'s 等附加成分而且只含两个词根语素，表 6 第 1 类）占 51. 9%，广义的“名 + 名”（表 6 的 1—7 类）占 58. 8%。狭义的“形 + 名”（表 6 第 8 类）占 25. 7%，广义的“形 + 名”

① 现代汉语也存在少数倒序的定中复合词，如“韭黄”，见参考文献《复合词词素间的意义结构关系》(50 页)。

② 表 6 及以下各表的词性成分组合类型中，“复名”指复合名词；“小”指小品词；“动-ed”指动词的过去分词，包括不规则形式，如 aforesaid 中的 said。

（表6 的8—11 类）占30.7%。

表6 393 个定中式的词性成分组合类型

词性成分组合类型	词数	百分比	例　词
1）名+名	204	51.9	airbase
2）the+名+名	2	0.5	the Audit Commission
3）名-'s+名	4	1.0	Adams's apple
4）the+名-'s+名	1	0.3	the Admiral's Cup
5）名+复名	6	1.5	absentee landlord
6）复名+名	13	3.3	aircraft carrier
7）the+复名+名	1	0.3	the Arts and Crafts Movement
8）形+名	101	25.7	airy-fairy
9）the+形+名	8	2.0	the American dream
10）形+名-ed	2	0.5	absent-minded
11）形+复名	10	2.5	able seaman
12）动-ing+名	3	0.8	answering machine
13）动-ing+复名	1	0.3	airing cupboard
14）动-ed+名	5	1.3	acquired character
15）动-ed+复名	1	0.3	automated teller machine
16）代+名	5	1.3	anybody
17）the+代+名	1	0.3	the All Blacks
18）代+代	1	0.3	anyone
19）小+名	18	4.6	afterbirth
20）名+动-ing	6	1.5	award-winning
合计	393	100.0	

（2）中定式的词性成分组合类型

中定式复合词在数量上远低于定中式，只有 17 例，其内部的词性成分组合类型如下面表 7。从表 7 可以看出：第一，中定式里最占优势的词性成分组合类型为狭义的“名 + 形”，占 47.1%。第二，17 例中定式中，由 of，at，in 等介词连接词根语素的复合词有 7 例，而表 6 定中式没有这一类型。

表 7　17 例中定式的词性成分组合类型

词性成分组合类型	词数	百分比	例　　词
1）名 + 形	8	47.1	accounts payable
2）名 + 名	1	5.9	Agent Orange
3）名 + of + 名	3	17.6	age of consent
4）名 + of + the + 名	1	5.9	Admiral of the Fleet
5）名 + at + 名	1	5.9	ambassador-at-large
6）名 + in + 复名	1	5.9	Alice in Wonderland
7）复名 + 数	1	5.9	Air Force One
8）代 + in + 数	1	5.9	all-in-one
合计	17	100.0	

3. 状中式的词性成分组合类型

状中式复合词共 27 例，其内部的词性成分组合类型如下面表 8。从表 8 可以看出：中心成分为动词的过去分词或形容词的是状中式里占优势的词性成分组合类型。中心成分为动词的过去分词时有“名+动-ed”“小+动-ed”两小类，分别占18.5%、14.8%，共占33.3%。中心成分为形容词时有“名+形”“形+形”“副+形”三小类，分别占25.9%、3.7%、3.7%，共有33.3%。

表8 27例状中式的词性成分组合类型

词性成分组合类型	词数	百分比	例 词
1）名+形	7	25.9	accident-prone
2）名+动-ed	5	18.5	action-packed
3）小+动-ed	4	14.8	above-mentioned
4）名+动	2	7.4	air-dry
5）形+形	1	3.7	anal-retentive
6）副+形	1	3.7	all right
7）副+副	3	11.1	Anywhere
8）副+介	3	11.1	ahead of
9）动-ing+介	1	3.7	according to
合计	27	100.0	

4. 中状式的词性成分组合类型

中状式只有aftermost这一例，词性成分组合类型为“小+副”，其构词成分小品词和副词都属封闭词类。

5. 并列式的词性成分组合类型

并列式复合词共9例，其内部的词性成分组合类型如下表

9。这9例中有8例是两个名词成分的并列，有1例是两个代词成分的并列，没有其他词类成分并列的形式。9例并列式复合词中，有7例含有and，to，or等连接成分，如arts and crafts；不含连接成分的只有actor-manager，Amerasian两例，这两例都用于指同时兼具多重身份的人。

表9　9例并列式的词性成分组合类型

词性成分组合类型	词数	百分比	例　　词
1）名 + and + 名	3	33.3	arts and crafts
2）名 + to + 名	3	33.3	air-to-air
3）名 + 名	2	22.2	actor-manager
4）代 + or + 代	1	11.1	all-or-nothing
合　计	9	100.0	

6. 介宾式的词性成分组合类型

介宾式复合词共5例，包括4例“介 + 名”(alongside，amidships，at-home，at-risk)和1例“介 + the + 名”(around-the-clock)。

7. 动补式的词性成分组合类型

动补式复合词只有add-in和add-on两例，词性成分组合类型都为“动 + 小”，其构词成分中的小品词属封闭词类。

8. 同位式的词性成分组合类型

同位式复合词只有Aunt Sally这一例，词性成分组合类型为“名 + 名”。

（三）名动形三类词的情况

表10是这455个复合词在各个词类中的分布情况。从总体

上看，这455个复合词中不存在兼类的有：名词400个，形容词29个，动词2个，副词6个，介词5个，代词4个；兼类的有：名词、形容词兼类5个，名词、动词兼类2个，形容词、副词兼类1个，形容词、副词、叹词兼类1个。

表10　455个复合词的词类分布

词类	名	形	动	副	介	代	名/形	名/动	形/副	形/副/叹	合计
词数	400	29	2	6	5	4	5	2	1	1	455
百分比	87.9	6.4	0.4	1.3	1.1	0.9	1.1	0.4	0.2	0.2	100.0

表11是这455个复合词中名动形三类词的句法成分组合类型。

表11　复合名动形的句法成分组合类型

类型	名词		动词		形容词	
	词数	百分比	词数	百分比	词数	百分比
定中	380	93.4	2	50.0	9	25.0
中定	16	3.9	0		1	2.8
状中	2	0.5	2	50.0	17	47.2
中状	0		0		1	2.8
并列	5	1.2	0		5	13.9
介宾	1	0.2	0		3	8.3
动补	2	0.5	0		0	
同位	1	0.2	0		0	
合计	407	100.0	4	100.0	36	100.0

从表 11 可以看出：

第一，包括兼类的情况在内，名词共有 407 个，动词共有 4 个，形容词共有 36 个。名动形三类词总计 447 个，其中名词占 91%，动词占 0.9%，形容词占 8.1%。表 3 和表 4 统计了现代汉语复合名动形的数量，表 3 复合名动形共有 40819 个，其中名词占 51.9%，动词占 40.3%，形容词占 7.7%。表 4 复合名动形共有 50601 个，其中名词占 59.2%，动词占 32.0%，形容词占 8.7%。比较这些数据可以发现：英语复合名动形的数量比例为名词 > 形容词 > 动词，现代汉语复合名动形的数量比例为名词 > 动词 > 形容词；同时英语复合名词在复合名动形中所占的比例（百分之九十几）远远高于汉语（百分之五十几）。

第二，表 11 可见 407 个复合名词中占优势的句法成分组合类型为定中式，狭义的定中式有 93.4%，定中倒序的中定式有 3.9%，两者共有 97.3%。

第三，复合动词只有 4 例，非兼类的有 air-dash 和 air-dry 两例，应分析为“名 + 动”的状中式。兼类的是属于名兼动的 airbrush 和 airlift 两例，本文在统计时是把它们分析为“名 + 名”的定中式。但也可以有另外一种分析方法，即把它们作名词时分析为“名 + 名”的定中式，作动词时就分析为“名 + 动”的状中式①。如果采取后一种分析方法，则表 11 的 4 例复合动词都为状中式，因此就可以认为表 11 复合动词的句法成分组合类型全为状中式。

---

① 关于英语复合动词的内部结构分析，可参 *An Introduction to Modern English Word-formation*（105—106 页）、*English Word formation*（207—208 页）。

第四，表11的36个复合形容词中最占优势的句法成分组合类型为状中式，狭义状中式占47.2%，状中倒序的中状式占2.8%，两者共有50%。处于第二位的为定中式，狭义定中式占25.0%，定中倒序的中定式占2.8%，两者共有27.8%。处于第三位的为并列式，占13.9%；但前文已指出，跟汉语相比，英语并列式构词很受限制。

五、值得重视并有待深入研究的两个现象

以上汉英复合词的对比结果中，有两个现象值得特别注意，因为这两个现象可能跟汉英两种语言在词法和句法方面的根本差异有关。

第一，汉英复合名动形的数量比例差别。

英语复合名动形的数量比例为名词 > 形容词 > 动词，现代汉语复合名动形的数量比例为名词 > 动词 > 形容词，同时英语复合名词在复合名动形中所占的比例远远高于汉语。汉语和英语的构词法，从历史上到现在，复合构词的比例都逐渐增加[8]、[24]141-146。包括英语在内的印欧语系，其形容词具有体词性，语法性质跟名词接近；而古代汉语和现代汉语，其形容词具有谓词性，语法性质跟动词接近。例如英语形容词跟名词一样，通常不能直接作谓语；而汉语形容词跟动词一样，通常能直接作谓语。综合汉英对比的这些事实，可以对复合构词在一个语言中从无到有、从少到多的发展过程做出以下假设：复合构词在一个语言中的发展过程是，先出现于体词，然后出现于谓词；在体词和谓词中，都先出现于典型成员，然后再出现于边缘成员。

如下图 1 所示，复合构词在汉语中先出现于体词中的名词，然后发展到谓词中的典型成员动词，最后发展到谓词中的边缘成员形容词。复合构词在英语中先出现于体词中的典型成员名词，然后发展到体词中的边缘成员形容词，最后发展到谓词中的动词。由于存在这种发展过程的差异，就导致前面对比中看到的汉英复合名动形数量比例的差异。这一关于复合构词发展过程的假设，还需要深入具体地比较更多语言的相关事实来加以验证。

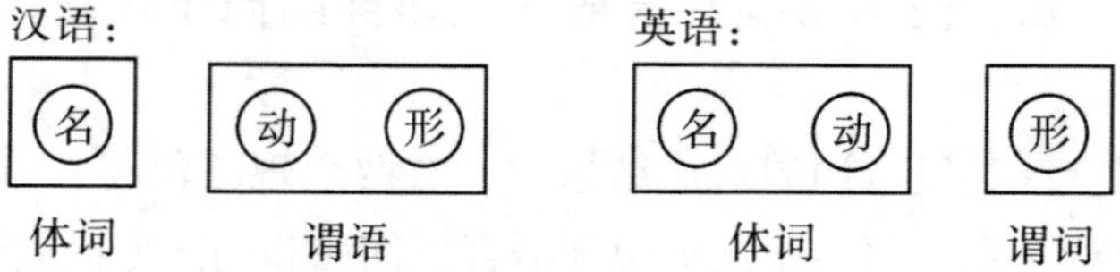

图 1　汉英复合构词发展过程

第二，并列复合词尤其是同义并列复合词，汉语特别多英语特别少。

前面已看到，动宾式和并列式这两类复合词现代汉语多，英语少，这是两种语言复合词构造类型上的重要不同之处。就名动形三类词而言，动宾式在现代汉语中绝大部分为动词，名词和形容词很少，表 3 中汉语动宾式复合名动形共有 7589 个，其中动词有 7134 个，占 94.0%；表 4 汉语动宾式复合名动形共有 7222 个，其中动词有 6567 个，占 90.9%。因此可以推测英语动宾式复合词少的一个原因可能是英语复合动词少。但是汉英并列式构词的差异就不能这样解释。英语复合形容词虽然少于复合名词，但仍有一定数量。表 11 英语复合形容词句法成分组合类型中，并列式仅占 13.9%，低于状中式和定中式；而表 3 汉语复合形容词句法成分组合类型中，并列式所占比例最高，为 65.3%。

而且英语并列式复合词中同义并列式极为少见，不像汉语那样大量存在。因此汉英语在并列式复合构词方面的差异，就必然另有原因。这个原因可能是：汉语造句讲求对称整齐，英语造句讲求分散错落，这一造句法的差异导致汉英构词法相应的差异①。

参考文献：

[1] 北京语言学院语言教学研究所. 汉语词汇的统计与分析 [M]. 北京：外语教学与研究出版社，1985.

[2] 北京语言学院语言教学研究所. 现代汉语频率词典 [M]. 北京：北京语言学院出版社，1986.

[3] 陈治安. 英汉复合词比较 [J]. 西南师范大学学报（哲学社会科学版），1990（4）.

[4] 储婷.《现代汉语词典》（第6版）动宾结构名词释义研究 [D]. 石家庄：河北师范大学硕士论文，2013.

[5] 冯文博.《现代汉语词典》联合型形容词释义元语言的句法语义规则研究 [D]. 石家庄：河北师范大学硕士论文，2008.

[6] 韩丽丽. 非偏义反义复合词的语义变异特征及教学难点解析 [D]. 呼和浩特：内蒙古师范大学硕士论文，2008.

[7] 胡云凤.《现代汉语词典》偏正式合成名词释义元语言的句法语义规则研究 [D]. 石家庄：河北师范大学硕士论文，2008.

[8] 李仕春. 汉语构词法和造词法研究 [M]. 北京：语文出版社，2011.

[9] 马英新. “动+名”偏正式双音复合词的结构义及其释义研究 [D]. 石家庄：河北师范大学博士论文，2013.

① 关于汉英造句法的差异，可参《超越主谓结构》和《汉语大语法五论》的最新讨论。

［10］潘文国. 汉英构词法对比研究［C］//汉语论丛. 上海：华东师范大学出版社，1990.

［11］沈家煊. 超越主谓结构［M］. 北京：商务印书馆，2019.

［12］沈家煊. 汉语大语法五论［M］. 上海：学林出版社，2020.

［13］檀晶晶. 面向对外汉语教学的现代汉语同义复合词研究［D］. 哈尔滨：黑龙江大学硕士论文，2008.

［14］王亚斌. 现代汉语并列式双音复合词研究［D］. 桂林：广西师范大学硕士论文，2008.

［15］王一茗. 英汉复合名词对比研究［D］. 延吉：延边大学硕士论文，2008.

［16］现代汉语常用词表课题组. 现代汉语常用词表（草案）［M］. 北京：商务印书馆，2008.

［17］颜红菊. 现代汉语复合词语义结构研究［D］. 北京：首都师范大学博士论文，2007.

［18］尹斌庸. 汉语语素的定量研究［J］. 中国语文，1984（5）.

［19］苑春法，黄昌宁. 基于语素数据库的汉语语素及构词研究［J］. 世界汉语教学，1998（2）.

［20］曾丹. 反义复合词形成演变的认知研究［D］. 杭州：浙江大学博士论文，2007.

［21］张凯. 汉语构词基本字的统计分析［J］. 语言教学与研究，1997（1）.

［22］张丽娟.《现代汉语词典》动宾式动词释义元语言的句法语义规则研究［D］. 石家庄：河北师范大学硕士论文，2008.

［23］周荐. 复合词词素间的意义结构关系［C］. 天津：语言研究论丛，1991（6）.

［24］周启强. 英汉构词法的认知研究［D］. 长沙：湖南师范大学博士论文，2007.

[25] 周韧. 现代汉语韵律与语法的互动关系研究 [M]. 北京：商务印书馆，2011.

[26] 朱德熙. 语法讲义 [M]. 北京：商务印书馆，1982.

[27] Adams V. An Introduction to Modern English Word-formation [M]. London: Longman, 1973.

[28] Bauer L. English Word-formation [M]. Cambridge: Cambridge University Press, 1983.

[29] Bauer L, Rodney H. Lexical word-formation [C] // Rodney H, Geoffrey K P Eds. The Cambridge Grammar of the English Language. Cambridge: Cambridge University Press, 2002.

[30] Bloomfield L. Language [M]. London: George Allen and Unwin Ltd., 1933/1973.

[31] Jespersen O. A Modern English Grammar on Historical Principles. Part VI. Morphology [M]. Copenhagen: Ejnar Munksgaard, 1942.

[32] Jespersen O. Monosyllabism in English [C] // Jespersen O. Selected Writings of Otto Jespersen. Abingdon, Oxon: Routledge, 2010.

[33] Lieber, Rochelle. English word-formation processes [C] //Pavol Š and Rochelle L Eds. Handbook of Word-formation. Dordrecht: Springer, 2005.

[34] Lieber R. IE, Germanic: English [C] // Rochelle L and Pavol Š Eds. The Oxford Handbook of Compounding. Oxford: Oxford University Press, 2009.

[35] Marchand H. The Categories and Types of Present-day English Word-formation (2nd edition) [M]. Munich: Beck, 1969.

[36] Susan O. Copulative compounds: A closer look at the interface between syntax and morphology [C] // Geert B and Jaap V M Eds. Yearbook of Morphology 2000. Dordrecht: Springer Science + Business Media, 2001.

[37] Plag Ingo. Word-formation in English [M]. Cambridge: Cambridge

University Press, 2003.

[38] Quirk R, Sidney G, Geoffrey L and Jan S. A Comprehensive Grammar of the English Language [M]. London: Longman, 1985.

[39] Štekauer P. English Word-formation: A History of Research (1960 - 1995) [M]. Tübingen: Narr, 2000.

附录：《牛津高阶英汉双解词典》第7版字母A起首复合词（共455个）

本附录按所收词目的词性、句法成分组合类型、词性成分组合类型分类排列，每个小类后面方括号内的数字是该类的词目数，如“1.1.1 名词 [400] /定中 [376] /名+名 [200]”表示本部分所收词是词性成分组合类型为“名+名”的200例，是属于376例句法成分组合类型为定中式的一个次类，而后者又是400例词性为名词的一个次类。

1.1.1 名词 [400] /定中 [376] /名 + 名 [200] absentee ballot, Academy Award, accelerator board, accelerator card, access course, access road, access time, account executive, Achilles heel, Achilles tendon, acid house, acid jazz, acquaintance rape, action figure, action film, action group, Action Man, action movie, action painting, action point, action replay, action research, action stations, addition reaction, address book, adman, Advent calendar, Advent Sunday, adventure game, advice column, advice columnist, affinity card, affinity group, A-frame house, A-frame tent, age group, age limit, agent noun, agent provocateur, age-set, agony aunt, agony column, agony uncle, aid climbing, air bed, air brake, air bridge, air commodore, air conditioner, air conditioning, air corridor, air cover, air force, air freshener, air guitar, air gun, air hostess, air kiss, air lane, air letter, air marshal, air mattress, Air Miles, air officer, air pistol, air plant, air pocket, air power, air pump, air quality, air quotes, air raid, air rifle, air show, air strike, air support, air terminal, air vice-marshal, airbag, airbase, Airbus, aircraft, aircrew, airdrop, airfare, airfield, airflow, airfoil, airfreight, airhead, airline, airliner, airlock, airmail, airman, airmiss, airplane, airplay, airport, airship, airspace, airspeed, airstream, airstrip, airtime, airwaves, airway, airwoman, alarm call, alarm clock, alehouse, Alexander technique, Alice band, Allen key, Allen screw, Allen wrench, alley cat, alligator clip, alligator pear, almshouse, aloha shirt, alphabet soup, alphorn, altar boy, altarpiece, altitude dickness, amber fluid, amber liquid, ambergris, ambulance chaser, ambulance worker, amusement arcade, amusement park, anchorman, anchorwoman, angel dust, angel hair, angelfish, angle bracket, angle grinder, animal husbandry, animal rights, ankle sock, ankle-biter, answerphone, ant lion, anteater, aparthotel, apartment block, apartment hotel, apartment house, appeal court, apple cart, apple pie, applejack, April Fool, arc lamp, area code, arm candy, armband, armhole, armlock, armpit, armrest, arms control, arms race, army surplus, aromatherapy, arrowhead, arrowroot, arse-licker, art director, art form, art gallery, art history, art therapy, artilleryman, artwork, Ascension Day, ash tray, Ash Wednesday, assault course, assembly language, assembly line, assembly room, assemblyman, assemblywoman, asylum seeker, Atkins Diet, atom bomb, attendance allowance, attendance centre, auction house, auction room, audit trail, Australia Day, auto racing, automaker, aversion therapy, axeman

1.1.2 名词［400］/定中［376］/the + 名 + 名［2］the Addams Family, the Audit Commission

1.1.3 名词［400］/定中［376］/复名 + 名［13］after-sales service, aircraft carrier, aircraft man, aircraft woman, airport fiction, air-sea rescue, All Saints' Day, All Souls' Day, angel food cake, apple-pie bed, apple-pie order, attention deficit disorder, attention deficit hyperactivity disorder

1.1.4 名词［400］/定中［376］/the + 复名 + 名［1］the Arts and

Crafts Movement

1.1.5 名词［400］/定中［376］/名 + 复名［6］absentee landlord，adventure playground，air chief marshal，air traffic control，air traffic controller，Association Football

1.1.6 名词［400］/定中［376］/名 –’s + 名［6］Adams's apple，Aladdin's cave，Alzheimer's disease，athlete's foot

1.1.7 名词［400］/定中［376］/ the + 名 –’s + 名［1］the Admiral's Cup

1.1.8 名词［400］/定中［376］/ the + 代 + 名［1］the All Blacks

1.1.9 名词［400］/定中［376］/名 + 动-ing［4］arm-twisting，arm-wrestling，arse-licking，asset-stripping

1.1.10 名词［400］/定中［376］/形 + 名［99］absolute alcohol，absolute magnitude，absolute majority，absolute temperature，absolute zero，absorbent cotton，abstract expressionism，abstract noun，academic year，accute accent，accute angle，acid drop，acid rain，acid salt，acid test，active citizen，active duty，active list，active service，adjacent angle，adjustable spanner，adrenal gland，adult education，advance guard，advance man，advanced guard，advanced level，advanced placement，adverbial particle，affirmative action，Afghan coat，Afghan hound，African American，African Canadian，African renaissance，African violet，agrarian revolution，alimentary canal，all-in wrestling，all-points bulletin，all-purpose flour，all-star game，all-terrain vehicle，all-wheel drive，Alpine skiing，alternate angles，alternative fuel，alternative medicine，amateur dramatics，American breakfast，American cheese，American Indian，American plan，AmeriCorps，Amerindian，amoebic dysentery，apparent magnitude，appellate court，applied linguistics，aqueous humour，Arabic numeral，Arctic tern，arithmetic mean，arithmetic progression，arithmetic series，arrestable offence，artesian well，artificial insemination， artificial intelligence, artificial language, artificial life, artificial respiration, artificial ventilation, artistic director, ascorbic acid, assistant professor, associate professor, Associated Press, assumed name, astronomical unit, asymmetric bars, athletic shoe, athletic supporter, atomic clock, atomic mass, atomic number, atomic spectrum, atomic theory, atomic weight, Augean stable, Australian blind, Australian Rules, autogenic training, automatic pilot, automatic transmission, automatic writing, auxiliary language, avian flu, Ayurvedic medicine

1.1.11 名词［400］/定中［376］/the + 形 + 名［8］the Aesthetic Movement, the American dream, the American eagle, the American League, the Antarctic Circle, the Arctic Circle, the armed forces, the armed services

1.1.12 名词［400］/定中［376］/形 + 复名［10］able seaman, Abominable Snowman, acting pilot officer, actual bodily harm, American football, angry young man, armoured personnel carrier, Atlantic Daylight Time, Atlantic Standard Time, autonomic nervous system

1.1.13 名词［400］/定中［376］/动-ed + 名［5］acquired character, approved school, arranged marriage, assisted area, assisted suicide

1.1.14 名词［400］/定中［376］/动-ed + 复名［1］automated teller machine

1.1.15 名词［400］/定中［376］/动-ing + 名［3］alternating current, answering machine, asking price

1.1.16 名词［400］/定中［376］/动-ing + 复名［1］airing cupboard

1.1.17 名词［400］/定中［376］/小 + 名［17］about-face, about-turn, afterbirth, afterburner, aftercare, after-effect, afterglow, after-image, afterlife, aftermath, afternoon, aftershave, aftershock, aftersun, aftertaste, afterthought, afterword

1.2.1 名词［400］/中定［16］/名 + 形［8］accounts payable,

accounts receivable, Adjutant General, agent-general, Alcoholics Anonymous, Amnesty International, Asia Minor, Attorney General

1.2.2 名词［400］/中定［16］/复名+数［1］Air Force One

1.2.3 名词［400］/中定［16］/名+名［1］Agent Orange

1.2.4 名词［400］/中定［16］/名+of+名［3］age of consent, article of faith, Assemblies of God

1.2.5 名词［400］/中定［16］/名+of+the+名［1］Admiral of the Fleet

1.2.6 名词［400］/中定［16］/名+at+名［1］ambassador-at-large

1.2.7 名词［400］/中定［16］/名+in+复名［1］Alice in Wonderland

1.3.1 名词［400］/并列［4］/名+名［1］actor-manager

1.3.2 名词［400］/并列［4］/名+and+名［3］accident and emergency, arts and crafts, assault and battery

1.4.1 名词［400］/动补［2］/动+小［2］add-in, add-on

1.5.1 名词［400］/状中［1］/形+形［1］anal-retentive

1.6.1 名词［400］/同位［1］/名+名［1］Aunt Sally

2.1.1 形容词［29］/状中［15］/名+形［6］accedent-prone, age-long, age-old, air tight, airsick, airworthy

2.1.2 形容词［29］/状中［15］/名+动-ed［5］action-packed, airborne, air-cooled, armour-plated, awestruck

2.1.3 形容词［29］/状中［15］/小+动-ed［4］above-mentioned, aforementioned, aforesaid, aforethought

2.2.1 形容词［29］/定中［6］/形+名-ed［2］able-bodied, absent-minded

2.2.2 形容词［29］/定中［6］/名+动-ing［2］award-winning, awe-inspiring

2.2.3 形容词［29］/定中［6］/名+名［1］art-house

2.2.4 形容词［29］/定中［6］/形+名［1］airy-fairy

2.3.1 形容词［29］/并列［4］/名+to+名［3］air-to-air, air-to-ground, air-to-surface

2.3.2 形容词［29］/并列［4］/代+or+代［1］all-or-nothing

2.4.1 形容词［29］/介宾［2］/介+名［1］at-risk

2.4.2 形容词［29］/介宾［2］/介+the+名［1］around-the-clock

2.5.1 形容词［29］/中定［1］/代+in+数［1］all-in-one

2.6.1 形容词［29］/中状［1］/小+副［1］aftermost

3.1.1 动词［2］/状中［2］/名+动［2］air-dash, air-dry

4.1.1 副词［6］/状中［3］/副+副［3］anyhow, anymore, anywhere

4.2.1 副词［6］/定中［2］/代+名［2］anytime, anyway

4.3.1 副词［6］/介宾［1］/介+名［1］amidships

5.1.1 介词［5］/状中［4］/副+介［3］ahead of, apart from, aside from

5.1.2 介词［5］/状中［4］/动-ing+介［1］according to

5.2.1 介词［5］/介宾［1］/介+名［1］alongside

6.1.1 代词［4］/定中［4］/代+名［3］anybody, anyplace, anything

6.1.2 代词［4］/定中［4］/代+代［1］anyone

7.1.1 名兼形［5］/定中［2］/名+名［1］armchair

7.1.2 名兼形［5］/定中［2］/形+名［1］Asian American

7.2.1 名兼形［5］/并列［1］/名+名［1］Amerasian

7.3.1 名兼形［5］/状中［1］/名+形［1］ash blonde

7.4.1 名兼形［5］/介宾［1］/介+名［1］at-home

8.1.1 名兼动［2］/定中［2］/名+名［2］airbrush, airlift

9.1.1 形兼副［1］/定中［1］/小+名［1］above board

10.1.1 形兼副叹［1］/状中［1］/副+形［1］all right

当代儿童小说中人称代词的交互主观性

——以《漂亮老师和坏小子》为例

林忠　秦豆①

摘　要　本文以小说《漂亮老师和坏小子》② 为语料，用话语分析方法讨论小说中人称代词的选择和运用怎样体现语言的交互主观性特征。研究发现，无论说话人的身份是什么，在发出话语时通常都会考虑对方对自己话语内容的接受度以及对方的面子和身份而采用有利于当时交际的人称代词来称呼对方或者自己，交谈双方

---

① 林忠（1973－），男，四川平昌人，长安大学外国语学院教授、博士，研究方向为功能语法、汉英对比以及二语习得。秦豆（1994－），女，山西偏关人，长安大学外国语学院外国语言学及应用语言学专业硕士研究生，研究方向为篇章语法，二语习得。

② 小说《漂亮老师和坏小子》，杨红樱著，作家出版社，2010年。

对人称代词的这种使用选择就体现了人称代词的交互主观性。具体地说，体现交互主观性的人称代词多为“我们”转指“我”、“你们”转指“你”以及“你”的任指，所以第一人称代词复数形式和第二人称代词是交互主观性的话语标记。

关键词 交互主观性 人称代词 话语分析

一、引言

汉语人称代词的转指历来备受学者关注。吕叔湘[13]讨论了第一、二人称代词之间的转指，如“我们”转指“我”和“你们”、“你”转指“我”等。早期的传统语法研究多着重于对人称代词转指的个案讨论，主要考察语法和语义方面的人称转指（如张炼强[24]、沈志刚[16]）。这些研究发现了人称转指所具有的独特的修辞效果，但没有深入研究人称转指的语境条件。功能语言学认为语言功能的实现离不开具体的语境，国内也有一些学者从人际功能理论视角考察了人称代词转指（如陈治安、彭宣维[9]以及李站子[11]等）。这些研究推进了人称代词的语义和功能研究，但仍处于对人称转指的单一的描写层面，鲜有研究解释人称转指的认知机制。

近年来，随着认知语言学的发展，很多学者尝试运用认知语言学理论解释人称代词转指背后的动因，其中主观性和主观化备受学者青睐（如王义娜[19]，刘正光、李雨晨[12]，杨佑文、管琼[21]）。沈家煊[15]就指出人称代词转指用法的动因源于发话人的视角、情感以及认识主观性。

综合前人研究，人称代词的既有研究成果丰富，系统研究了人称转指的认知机制，并运用不同的理论视角扩展了人称的研究范围，为后人研究提供了坚实基础，但现有研究运用的理论仍较为单一，囊括的现象也不全面。虽有学者研究了人称代词的主观性，但鲜有研究从派生于主观性的交互主观性（intersubjectivity）①角度深入考察人称代词的转指。

本文基于杨红樱儿童小说《漂亮老师和坏小子》中人称代词转指语料自建的封闭语料库，以话语分析方法研究人称转指的交互主观性。该小说语言词汇简单，叙事线索清晰且人物之间对话互动较多，接近口语，适合用来考察人称代词的交互主观性，而且只探析一个文本也保证了语料的同质性。我们试图回答语言的交互主观性特征如何在人称代词的选择和运用上得到体现，以及这种体现有何特征。

二、交互主观性与一身代词

（一）第一人称复数“我们”转指第一人称单数“我”

陈治安、彭宣维[9]29指出说话人在交际中使用“我们”转指“我”是为了从权势或主体地位向平等关系方向移动，表现出自己谦虚的态度以及与受话人的亲密，从而使受话人接受说话人的主体地位。我们认为第一人称代词“我们”的这种用法体现了语言的交互主观性。如：

（1）秦主任笑了一下：“米老师，这不是在作诗，这关

① 对交互主观性的详细介绍参看 Traugott & Dasher（2002），Traugott（2003）。

系到对一个学生的教育问题。”

“我并没有回避对学生的教育。我们常常教育学生要做一个高尚的人，而善良、富有同情心，是作为一个高尚的人最重要的品质。”

秦主任和米老师因对学生旷课看法不同而展开了对话。教学中并非所有老师都像米兰这样重视德育，而且根据前文的“我”，说话人应继续用“我”自称。但“我”是从自我视角出发表露观点，难免让受话人觉得说话人的话语比较片面有针对性，容易拉大言语双方的距离，不利于双方共鸣。这里米兰考虑到秦主任的情绪，用“我们”关照他的面子①，这样她就能比较容易地说服秦主任认可自己的教育方式，达到事半功倍的交际效果。

这里包举式的“我们”表达了说话人将受话人看作己方，把自己和对方置于同一言语事件中，表明双方处于同一立场，通过这样拉近双方的心理距离，让对方接受自己的观点[22]。再如：

(2) 肥猫坚持认为是猫干的，“我们假设这只猫是一只想象力丰富，又有幽默感的猫，完全有可能这样干。”

肥猫在发表“鱼是被谁弄死”的观点，根据形式和意义的对应关系，他应用单数“我”指称自己，但考虑到受话人对其观点的接受度，他用了“我们”。这是他故意淡化自己说话人的主体地位，将自我中和进“我们”这一大范围中，从而向在场

① Brown&Levinson（1978，1987）认为“面子”（face）是每个人都想在交际中为自己争取的、在公众眼中的自我形象，且有积极面子和消极面子两种面子。

的受话人表现出亲密。他这种淡化自我的方式，削弱了主体的自我主观性，能够拉近言语双方的关系，提高受话人的参与度，增强话语的可接受性。此外，“我们”也扩大了圈子，有“我也希望你们同样假设”的意味。

此外，人们在进行演讲、提出建议、写书等很多时候也会用“我们”转指“我”，如“我们知道、我们建议、我们得出……结论”等。因为“我”过于主观化而“我们”扩大了和自我的概念距离，好似说话人没有过于强调自我，突显出对受话人的照顾。如：

(3) 米兰大喊一声“好”，她说：“我们就来开一个让家长放松的家长会。”

开什么样的家长会一般由班主任决定，米兰直接说“我开……的家长会就行”，她用包括式的“我们”把听说双方都包括在内，体现了她对这些学生听到要开家长会各种无奈情绪的照顾。“我们”的使用提高了她话语的鼓舞力，一定程度上安抚了受话人学生的情绪，而且“我们”也能凸显听说双方关系，减轻受话人对所叙内容的排斥心理，增强受话人的参与意识[19]31。又如：

(4)“关于春天，我们听到的、看到的溢美之词太多了，已经妨碍了我们用眼睛、用身体、用心去真切地感受春天了。”

在本文结尾处，我们也可以说：

(5) 通过分析，我们发现……

“我们”指的就是写这篇文章的作者，即“我”，使用“我们”表现出作者谦虚地将自己的发现归为集体智慧的结晶，贴近了读者，把关注焦点转移到了事件上，增强了话语的科学性。这种用法我们在总统、演讲者等人的言语中也能够看到[21]51。

此外，“咱”也可表示说话人对受话人的照顾：

(6)“哥儿们咱给你预个言，这丫头，准火。”

这里“咱”包括了对方，但做出预言的却只有说话人。“咱”的使用是说话人将受话人包括在内、照顾受话人心理动因的表现，削弱了其自我的主观可及性，使受话人感觉与听话人属于同一立场，减轻了听说双方的对立，比使用“我”语气更显亲切、缓和。此外“咱”有一定的鼓动性，易于让受话人接纳自己的观点。

综上，这些包括式第一人称复数的使用都是说话人为实现自己的交际意图故意偏离传统语法规则关照受话人的手段。而交际中只有说话人照顾到受话人的需求时，其话语才能取得成功[5]32。

（二）第一人称复数“我们”“咱们”转指第二人称复数“你们”

“‘我们’是说话人和受话人之间的良好中介”[7]68。交际中说话人有时为了消除与受话人的听说角色对立，会用“我们/咱们”转指“你们”，如：

(7) 姜校长立即在广播里表扬了六·三班：“今天，六·三班下楼下得快，排队排得好，我们其他班的同学们都要向六·三班学习。”

在说话人老师和受话人学生的交流中，老师对学生的关照能体现出明显的交互主观性。该例的“六·三班”为给老师挣表现，做操时表现优秀，校长表扬了他们并要其他班学习。这里“我们”只指受话人，说话人不参与受话人的活动，但他顾虑到受话人的感受，从他们的立场出发，用包括式的“我们”将受话人主观上视为己方，使受话人倍感亲切，这样校长的言语就减少了命令感，显得更语重心长，从而让受话人不会轻易抵触其要求。

这种“我们”转指“你们”的用法，使言语双方处于同一方，有效拉近双方交际距离的同时降低受话人对说话人建议的排斥，这种用法多见于长辈对晚辈，长者对幼者的谈话中[8]205。类似例子还有：

（8）a 小朋友，我们吃饭饭了。

b 同学们，我们目前是学生，我们应该认真学习。

《现代汉语八百词》[13]489指出“我们”可被用来指“你们”或“你”，且比“你们”或“你”更能增加言语的亲切感。该例如果将“我们”换成“你们”，说话人就容易显得高不可攀，其言语也会显得比较严肃，体现出强加于人的感觉。可见，使用“我们”能消弭你我的对立[17]，体现出说话人对受话人的“自我”关注。

此外“咱们”也可指称受话人，也比“你”或“你们”使话语更亲切[14]：

（9）“姑娘，你有事情吗？”“我……听说咱们学校六年级有个班缺老师，我想试一试……”

米兰来学校找校长面试老师职位，以上是他们的对话。这里

“咱们”只指受话人，因为此时的米兰还不是学校的一员，她不在“咱们”的指称范围内①。但米兰从受话人校长的视角考虑，用“咱们”转指“你们”既体现出她对校长的关注，又无形中拉近了她与校长的距离。这里“咱们”的使用，有利于增强听说双方的一体感和亲近感，得到受话人在心理方面的快速认可。

同样是第一人称复数，“咱们”是包括式用法，“我们”可用作排他式，也可用作包括式，不过，当二者都作包括式使用时，即使不转指也能体现出交互主观性。比较以下例子：

(10) “白校长，我们也想去看米老师，咱们一块儿去吧！”

(11) 米兰拍着米老鼠的背，“我们去缴费吧！”

(12) 米兰拍着米老鼠的背，“Ø去缴费吧！”

例（12）去缴费的主语没出现（用符号Ø表示），听起来有种命令感，语气比较僵硬，如果说话人这样说，就没有考虑到此时的米老鼠因担心猫难产需要人予以安慰。而例（11）说话人照顾了对方的心情，用可用作包括式的“我们”实现了给予受话人力量的自我表达。相比例（12），例（10）(11）的“咱们”和“我们”表现出说话人对受话人的关照更甚，话语更有亲切感。

① 不过，完权指出“咱们”在此也可能不转指“你们”，“咱们学校”也有可能是咱们正在进行的会话中所涉及的学校。

三、交互主观性与二身代词

（一）第二人称单数“你”转指第二人称复数“你们”

当说话人对某个群体进行劝告、安慰时，使用“你”转指“你们”能够使表示复数的指称对象聚焦在当场的每一位受话人身上。以“一对一”代替“一对多”的方法，不仅在说话人与每个受话人之间构建了会话关系，使说话人的话听起来针对性更强，还能促进受话群体中每一个个体对说话人话语的正视。

（13）姜校长接着说：“……大家都想上重点中学，凭什么上重点中学？没有好的分数，你能上重点中学吗？……”

米兰带着学生去踏青，其他班要求他们老师也带他们去，校长为了平息风波亲自给他们讲话。根据语义对应关系，在汉语中称呼对方时，如果是一个人用“你”，多个人用“你们”。这里校长的受话对象是些即将毕业的学生，应用“你们”。但他为了让这些人重视他的话，使用单数“你”，这样校长的讲话好似从一对多变成一对一，每个受话人感觉校长仿佛在和自己进行私人谈话，而不是给多人讲话，从而校长话语的号召力会大大增加，能引起学生的充分重视。

（二）第二人称单数“你”转指第一人称单数“我”

说话人在叙述自己的观点或经历时，有时会用“你”指“我”，把与自己所叙事件不相干的第二人称变成话题参与者，意在与受话人情感共鸣，使其接受自己的观点。说话人通过把以

“我”为言谈中心变为以“你”为言谈中心，最大程度地表现出对受话人的关注。如：

(14) 肥猫的爸喜欢逆向思维：“肥猫，难道这么长时间，你就一点错误都没犯?”

“哪能呢?”肥猫打了一个不折不扣的响饱嗝，“是人都会犯错误，除非你不食人间烟火。”

(15) 米老鼠说，“我最不能原谅他的就是这点。别的人打了就打了，他打了，还要把血给你洗干净，你们[①]说这叫什么人啊?”

例 (14) 中肥猫的回答不需要涉及受话人，所以他应该用“我”指代自己，但他为了让爸爸接受自己的观点，使用“你”转指“我”，使“自我”隐藏，突出受话人的主体地位，使受话人成为交际关注的焦点。这样一方面利于缩小双方的心理距离，另一方面说话人为自己选择了交际的新视角，即从受话人的认知角度表述观点，从主观上引导受话人靠向自己的认识并产生类似的观点。

例 (15) 中米老鼠想煽动肥猫他们为自己报仇，使用“你”转指“我”，使指称对象远离说话人，淡化了听说双方的对立，使受话人参与到自己的情景构建当中，激发他们的情感反应，以此来达到自己煽动人心的意图。

这两例中说话人以“你”转指“我”，模糊化了人称界限，把受话人拉入自己叙述的事件或观点中，使受话人产生身临其

① 注意此处的“你们”不转指“我”，这一点是完权的观点。

境，感同身受之感，从而使自己的话语更具公信力，具有委婉而强烈的表意效果。而交际中说话人在第一人称和第二人称之间所表现出来的态度就体现了交互主观性意义[6]23。这种转指用法表面上凸显了受话人，实际上是让受话人主动思考说话人的想法，言语表达效果可见一斑。

（三）“你”的任指用法

“你”除了上述用法外，有时也可用于任指，用于任指的“你”其指称对象既不明确也不具体，可用“人”“人们”替换，如：

（16）作文写道——

春天是流行感冒的隐形伙伴，一会儿冷一会儿热，让人防不胜防。你刚脱下厚厚的棉衣，穿上漂亮的毛衣时，突然一股寒流袭来，春寒料峭，让你流鼻涕、打喷嚏，让你发烧，让你头痛。

该例是夏雪儿对春天的看法，这种看法可能是很多人共享的认知。因为春天是流感高发期，每年得流感的人不在少数。夏雪儿使用“你”与读者共享对春天的看法并试图以类似对话的形式将自己的观点传达给读者以激活读者记忆中关于春天易得流感的认识体验，获得读者认同。“你”的使用缩小了作者读者双方的情感距离，将作者的情感、经历以一种类似对话的形式直接传递给读者，使读者/受话人有被卷入话题中的感觉[18]，从而使读者有效理解作者的话语。又如：

（17）只要欢快的音乐响起来，你看他们，做什么动作的都有：学孙悟空搔耳朵、学机器人走路……

（18）你刚坐下来，一位穿溜冰鞋的服务生滑过来了，绕着桌子转了一个漂亮的圈儿然后稳稳地停在你的身旁。

正如 Benveniste 认为所有的交际都要注意到真实的或虚拟的对话者[1]225，这两例中作者使用“你”虚拟受话人来间接指称读者，但这里的“读者”没有具体范围，谁读这两句话，“你”就指谁。“你”的使用凸显了读者，把读者拉入作者所叙事件之中，形成双方直接对话的虚拟场景，增强了作者所述内容的画面感，使读者仿佛亲眼看到一般。

我们通过分析发现，第二人称代词的使用能够缩小作、读者双方的心理距离，把读者拉入作者所叙事件之中，有时这种卷入是“真实的卷入”，如例（16），作者表达的感受或观点有一定程度的普遍性，好似读者都经历过一样。不过有时这种卷入也可能是“换位卷入”，受话人/读者可能并没有经历说话人经历过的事，但使用“你”容易让受话人产生心理换位。如：

（19）秦主任认为米兰是在为米老鼠开脱，“米老师，你知道旷课对一个学生来说，意味着什么？”

“米奇是旷课，但他是在一种什么样的情况下旷的课呢？”米兰慷慨激昂，“当你在面对一个生命即将死亡的时候，你能视若无睹，无动于衷吗？……”

秦主任不满意米兰对米奇旷课事件的处理而找米兰谈话。该例中米兰所述情形并不是每个人都会遇到，高主观性的“你”与句尾疑问语气词“吗”相呼应，增强了说话人的语气和情感，利于激发受话人的心理换位，使其感同身受，从而米兰说服秦主任认同她做法的成功概率也会增加许多。

以上用作任指的“你”可做主语或宾语，小说中“你”还有另一种泛化用法。这种用法的“你”处于“你 VP 我我 VP 你”句式中，交互做主语或宾语，同时也表虚指，和虚指的“我”相对，共同强调动作的交互性。如：

（20）他们三个互相埋怨，你怨我，我怨你，各说各的。

该例中的“你”和“我”不指称具体对象，而是一起表示“互相”之义。这里交互做主语和宾语的“你”和“我”也有增强情景画面感的功能，让人感觉此情景仿佛就发生在眼前。

（四）第二人称复数“你们”转指第二人称单数“你”

在“一对一”交谈中，有时说话人考虑到其话语可能会使受话人的面子受损会用“你们”转指“你”以弱化“你”，减少对受话个体的聚焦。如：

（21）米老鼠说话时的神态和语气，米兰觉得非常好玩。她故意逗他：“毛志达怎么这样招你们喜欢呀？”

此例用了“你们”转指“你”。通过“她故意逗他”中的单数“他”可知，米兰在后面应使用单数“你”与“他”照应，但她用了复数形式“你们”。米兰在逗米老鼠，她用“你们”模糊了指称对象，给受话人米老鼠一种似乎她调侃的不只是他一人的感觉。这就使米老鼠明显感觉米兰在开玩笑，而不是很严肃地问他问题，这样就能有效避免开玩笑时有时因说话人使用的言语不当而让气氛变得比较尴尬的情况。

另外，表达消极信息时如果用“你”指称受话人，会使受话人感觉说话人针锋相对，此时“你们”的使用能表明说话人不是只针对受话人，能有效减少说话人的言语对受话人的刺激。如：

(22)“米老师，我仔细地分析了这些检查，我认为打架这个事件，你们班要负主要责任。”

(23) 秦主任明知故问：“米老师，你们班米奇今天上午旷课，是怎么一回事？”

例 (22) 中说话人是颜老师，受话人是米老师。米老师管理的班级相对于说话人应该是“你班”。颜老师认为六三班应该为两班打架事件负责，她在表达意见时用“你们班”而不是“你班”，这是因为她考虑到受话人和她都是班主任的身份，用“你们”扩大指称范围，使话语听起来针对性没有使用“你”那么显著，这样说话人就既表达了自己的想法又减轻了对受话人面子的威胁程度。

例 (23) 是秦主任想表达对米兰管理学生方式的不认同的开场白。他使用“你们班”就是既想表达对米兰的不满又不想让米兰觉得他在针对她，这样也就不会加深两人之间的矛盾而对之后的交谈造成不良影响。

当批评对方时说话人为了避免对对方的刺激也会用“你们”转指“你”：

(24) 李小俊的妈妈瞪着一双惊恐的眼睛，“可以教学生打架的老师，能教出什么样的学生来？我千方百计把俊儿转到你们学校来，结果还不如在原来的学校呢。”

此外，“你们”也可以体现出说话人对受话人的尊重以及说话人的谦虚态度：

（25）姜校长循循善诱："小米呀，六年级四个班的学生人数，你们班好像是最少的吧？"

（26）姜校长终于言归正传，"小米，现在有一个转校生，我们准备安排在你们班，你看怎么样？"

这些转指用法都隐含了交互主观性。此外，将"你们班"还原为"你班"后，例（22）（25）读起来没有例（26）通顺，我们认为"你们班"转指"你班"体现交互主观性是有条件的。在宾语位置上，"你们班"转指"你班"体现的交互主观性比较明显，即"你班"和"你们班"都可做宾语，但"你班"很少出现在主语位置。我们在 BCC 语料库分别搜索了"你们班"和"你班"语例，也发现二者均可出现在宾语位置，但主语位置出现较多的是"你们班"，所以人称代词转指体现交互主观性是有句法限制的。

通过分析，我们认为出现第二人称代词转指的对话通常蕴含着一种评论属性，呈现出语言的交互主观性魅力。可以说说话人在话语中使用第二人称转指是为了最大程度地表示对受话人的关注，即关注受话人对命题内容的态度[10]。语言的主观化使得话语意义更聚焦于说话人[4]129，而第二人称转指表现出的交互主观性则使意义更多聚焦于受话人，表现出说话人对受话人的关注。

四、交互主观性与旁称代词

在交际中为了达到特定的交际目的，旁称代词常被用来转指其他代词，并通过其模糊性，引发受话人的联想定位。旁称代词主要包括“人家、旁人和别人”[8]14。我们这里主要考察“人家”体现的交互主观性。

根据《现代汉语八百词》[13]406-407，“人家”有三种用法：1. “人家”指交谈双方以外的人，与“己”相对，相当于“别人”；2. “人家”指听说双方外的人，所指的人在前文出现过，相当于“他”或“他们”；3. “人家”指说话人，即“我”，表示说话人稍有不满的情感。翟颖华研究了“人家”的构成及其用法，认为“人家”指“我”能够表达说话人撒娇、娇嗔、抱怨以及不满的语气[23]。但我们发现说话人用“人家”自我指称时，在表达“不满”的同时还能委婉地为自己辩解。如：

(27)“罗莉娜，你没得健忘症吧？”肥猫眨巴着眼睛，“刚刚发生的事情你就不记得了？”

“人家是被吓傻了嘛。”

以上对话发生在罗莉娜一直说不清她朋友被绑架的地点之后。说话人用“人家”这个远指人称代词自称故意将会话双方从心理上拉离话语现场，拉大与受话人的距离，弱化自己说话人的主体地位，打破一般对话情景中的“你我”关系，让受话人把说话人当作与双方都不相干的第三人。“人家”营造了一个缓冲的心理空间，便于说话人委婉地表达自己刚刚经历朋友被绑应该得到而没有得到受话人的关心还被说健忘的不满。同时说话人用“人家”目的还在于迂回地为自己辩解。她朋友不是真的被绑架，所以她才说不清绑架地点，不是因为健忘记不清。她为照顾受话人面子，减少话语的负面意义，用了“人家”而不是“我”，如果使用“我”就会使她的言语听起来比较直白，可能引发矛盾。

闫亚平也认为表达比较负面、可能引起不满的信息时，用“人家”转指“我”可使话语听起来较为间接婉转，且“人家”多为女性使用[20]。而且“人家”被用来自称时表达效果要比直接用“我”强得多。可见，“人家”比“我（们）”更能关照受话人，更能凸显受话人的中心地位，更利于言谈交际。

五、结语

交际中人称代词的选择对于交际的成功与否有着重要影响。我们对小说人称代词的交互主观性研究表明在交谈中说话人根据自己的交际意图以及语境选择人称代词的转指用法是说话人关注到受话人面子以及心理情感的体现，有利于调节双方之间的心理空间距离，增强话语的表达效果。具体地说，这篇小说中体现交互主观性的人称代词用法比较多的是“我们”对“我”的转指、“你们”对“你”的转指以及“你”的任指，所以第一人称代词复数形式和第二人称代词是具有明显交互主观性的话语标记。

语法研究的最终目的是发现自然语言规律以便机器生成人工智能文本，自然文本的交互主观研究无疑会推进人工智能深度学习。除叙事小说文本外，其他文本如影视作品、访谈节目中人称代词的交互主观性研究有待进一步拓展。

参考文献：

[1] Benveniste E. Subjectivity in language [C] // E. Benveniste (ed.). *Problems in General Linguistics*. Coral Gables: University of Miami Press, 1971.

[2] Brown P, Levinson S . *Politeness: Some Universals in Language Usage* [M]. Cambridge: Cambridge University Press, 1987.

[3] Brown P, Levinson S.. Universals in language usage: Politeness phenomena [C] // E. Goody (ed.). *Questions and Politeness*. Cambridge: Cambridge University Press, 1978.

[4] Traugott E C. From subjectification to intersubjectification [C] // HickeyR (ed.). *Motives for Language Change*. Cambridge: Cambridge University Press, 2003.

[5] Traugott E C. (Inter) subjectivity and (inter) subjectification: A reassessment[C]//DavidseK, VandelanotteL, CuyckensH(eds.). *Subjectification, Intersubjectification and Grammaticalization*. Berlin: Mouton de Gruyter, 2010.

[6] Traugott E C, Dasher R . *Regularity in Semantic Change* [M]. Oxford: Oxford University Press, 2002.

[7] Wales K. *Personal Pronouns in Present-day English* [M]. Cambridge: Cambridge University Press, 1996.

[8] 陈翠珠. 汉语人称代词考论 [D]. 华中师范大学硕士论文, 2009.

[9] 陈治安, 彭宣维. 人称指示语研究 [J]. 外国语, 1994 (3).

[10] 蒋东立. 现代汉语人称代词移指现象研究 [D]. 广西大学硕士论文, 2017.

[11] 李站子. 第二人称在自传中的人际功能 [J]. 外国语, 2000 (6).

[12] 刘正光, 李雨晨. 主观化与人称代词指称游移 [J]. 外国语, 2012 (6).

[13] 吕叔湘. 现代汉语八百词 [M]. 北京: 商务印书馆, 1980.

[14] 马博森. 指称现场人物的语言策略 [J]. 解放军外国语学院学报, 2007(6).

[15] 沈家煊. 语言的“主观性”和“主观化”[J]. 外语教学与研究, 2001(4).

[16] 沈志刚. 人称代词意义在语境中的变化［J］. 汉语学习，1993(5).

[17] 完权. 人称代词移指的互动与语用机制［J］. 世界汉语教学，2019(4).

[18] 王红梅. 第二人称代词“你”的临时指代功能［J］. 汉语学习，2008(4).

[19] 王义娜. 人称代词移指：主体与客体意识表达［J］. 外语研究，2008(2).

[20] 闫亚平. 人际功能与“人家”所指的扩张［J］. 语言教学与研究，2007(2).

[21] 杨佑文，管琼. 语言的主观性与人称指示语［J］. 外语学刊，2015(3).

[22] 于东兴. 汉语的交互主观性研究［D］. 华东师范大学硕士论文，2018.

[23] 翟颖华. 旁指代词“人家”的构成及其语用状况考察［J］. 修辞学习，2004(4).

[24] 张炼强. 人称代词的变换［J］. 中国语文，1982(3).

基于《汉语大词典》的《抱朴子内篇》新词研究[①]

龙 丹 郇国庆[②]

摘 要 《抱朴子内篇》是一部晋代道教著作，其语料价值较高。本文在已有成果的基础上，进一步深入地探讨《抱朴子内篇》中的新词。首先以《汉语大词典》为依据把书中的新词分类，其次辅之以考证之法和现代工具，考察前人所收之新词最早用例是否出自《抱朴子内篇》。最后增补我们新发现的新词。

关键词 《抱朴子内篇》 词汇 新词

① 本文是国家社科基金项目“中古汉语新词新义的类型学研究”（14CYY025）的阶段性成果。

② 龙丹（1980－），女，湖南湘潭人，中南大学文学与新闻传播学院副教授、文学博士，主要从事汉语史、比较语言学及对外汉语教学研究。郇国庆（1995－），男，山东临沂人，中南大学文学与新闻传播学院语言学及应用语言学研究生，主要从事汉语史、语义类型学研究。

《抱朴子》分《内篇》和《外篇》，为晋代葛洪所著，是一部道教典籍。其中《抱朴子内篇》（下文简称为《内篇》）共二十卷，言“神仙方药、鬼神变化、养生延年、禳邪却祸之事”。《内篇》作为道教典籍，向大众传播道教思想，就必须使用通俗语言，以使大众容易理解，这使得它的语言接近于当时的口语，且道教作为本土宗教受外来佛教的影响少，其典籍语言比翻译的佛经更具有纯粹性，因此其词汇具有较高的研究价值，是研究中古汉语词汇不可多得的语料。

对《内篇》之词汇研究可以分为两类：一类是专门词语的研究，一类是词汇系统的研究。对专门词语的研究就是专门研究书中的某一类词语，如郑琳的《〈抱朴子内篇〉连词研究》[12]、单梅青的《〈抱朴子内篇〉副词研究》[7]、胡晓娜的《〈抱朴子内篇〉介词研究》[3]等；对词汇系统的研究就是研究整本书所有的词汇，析其源流，考其演变，如成妍的《〈抱朴子内篇〉词汇研究》[1]等。

对《内篇》之新词新义研究成果较少，散见于诸多学位论文之中。如成妍的《〈抱朴子内篇〉词汇研究》（为便于讨论，下文简称为“成文”）以《汉语大词典》（为便于讨论，下文简称为《大词典》）为标准考察了《抱朴子内篇》中的新词新义。她认为《大词典》以《内篇》为首证且可信的新词有126个、新义26个，《大词典》晚收《内篇》中的新词52个、新义16个，《大词典》未收《内篇》中的新词52个、新义10个，作者认为《内篇》中的新词共约230个、新义约共52个[1]27-41。李泽洪的《〈抱朴子内篇〉联合复音词研究》（为便于讨论，下文简称为“李文”）深入考察了《内篇》中的联合复音词，认为《内篇》

中联合复音新词共约475个、新义共约46个，其中《大词典》以《内篇》为首证的169个、新义22个，新词举8例为证，新义举9例为证，《大词典》晚收《内篇》中的新词59个、新义无，共举5例为证；《大词典》未收《内篇》之新词147个、新义24个，新词举23例为证，新义举16例为证[5]38-40。

然而，词汇系统复杂且庞大，对新词的界定又极具主观性，因此上述研究也难免出现一些问题。本文以已有之成果为基础，深入研究《内篇》中的新词，探讨此前成果中值得商榷的新词，增补我们新发现之新词。本文仍以《大词典》作为参照，并利用电子语料库对先秦两汉时期的文献进行广泛的调查，以确保这些新词未在早于《内篇》之前的文献中出现过。

一、《大词典》以《内篇》为首证之新词

这类《内篇》之新词，《大词典》首证即引《内篇》之用例。成文收录的《大词典》以《内篇》为首证的新词有“谙诵、骜很、倍息……志力、注易、戆钝、壮实等”126个[1]27-28。经我们考察，其中以下几个值得商榷：

【奔播】流亡转徙

例：往者上国丧乱，莫不奔播四出。(《抱朴子·金丹》)

按：《说文》：“波，水涌流也。”可见其本义为“波浪”。江蓝生认为“波”可以引申出“逃亡、奔跑”之义，此义可单用，也可出现在复合词“波荡、波迁、奔波”之中；且认为“波”是一个口语词，文献中又借“播”表其音，如《左传》襄公二十五年：“复氏之乱，成公播荡。”庾信《哀江南赋》：“始

波迁于吾祖。”又上举《冥祥记》之“波迁”，《太平广记》引作“播迁”[4]。又据王力拟音，“播”与“波”在上古皆为帮母歌部字。由此可见，“播”无疑该是“波”之通假字。《大词典》“奔波”一词条并未收录“流亡转徙”之义，而是另立“奔播”一词条。据我们考察，“奔波”作为“流亡转徙”之义早见于应劭《风俗通义》：“今龙所犯，然中外奔波，郦吉防患大豫，况于已形昭晰者哉。”综上所述，“奔播”一词《大词典》确实引《抱朴子·金丹》为首证，但“奔播”与“奔波”实乃一词，且“奔波”早在应劭《风俗通义》中已有用例，非《内篇》之新词。

【肥遁】同“肥遯”，隐遁之义

例：其次则真知足，知足者则能肥遁勿用，颐光山林。纡鸾龙之翼于细介之伍，养浩然之气于蓬荜之中。（《抱朴子·畅玄》）

按：《大词典》：“肥遁”释义为“同‘肥遯’”，书证引《抱朴子·畅玄》：“知足者则能肥遁勿用，颐光山林。”然而“遁”和“遯”是一对异体字，因此“肥遁”即为“肥遯”，两者是同一个词。《大词典》“肥遯”书证引《易·遯》：“上九，肥遯，无不利。”由此可知，“肥遁”一词上古已有之，非《内篇》之新词。

【倍息】加倍的利息

例：俗所谓率皆妖伪，转相诳惑，久而弥甚……富室竭其财储，贫人假举倍息，田宅割裂以讫尽，箧柜倒装而无余。（《抱朴子·道意》）

按：《大词典》释义为“加倍的利息”，书证引《抱朴子·

道意》："富室竭其财储，贫人假举倍息。"其实，在《内篇》以前的文献中已有用例，如《汉书》卷二四上："而商贾大者积贮倍息，小者坐列贩卖，操其奇赢，日游都市，乘上之急，所卖必倍。"又如《前汉纪·孝文皇帝纪》："而商贾大者积储倍息，小者坐列贩卖，故其男不耕耘，女不蚕织。"因此，"倍息"一词非《内篇》之新词。

【浑成】 指万象完整混沌地结为一体的状态

例：恢恢荡荡，与浑成等其自然。(《抱朴子·道意》)

按："浑成"《大词典》释义为"天然生产"，书证引《抱朴子·畅玄》："恢恢荡荡，与浑成等其自然，浩浩茫茫，与造化均其符契。""混成"《大词典》释义为"浑然一体，自然生成"，书证引《老子》："有物混成，先天地生。"据王力拟音，"混"与"浑"在上古皆为匣母文部字，二者语音相近。又段玉裁《说文解字注》："混，丰流也，盛满之流也。《孟子》曰：'源泉混混。'古音读如衮，俗字作滚。《山海经》曰：'其源浑浑泡泡。'郭云：'水喷涌也。衮咆二音，浑浑者，假借浑为混也。'"因此"浑"应为"混"的通假字，"浑成"即为"混成"，二者为同一个词。"混成"在《老子》中已有用例，非《内篇》之新词。

【坑谷】 沟壑溪谷

按："坑谷"《大词典》书证首引《抱朴子·登涉》："入山而无术，必有患害……或令人迷惑狂走，堕落坑谷。""阬谷"《大词典》释义为"沟壑溪谷"，首证引《史记·货殖列传》："弋射渔猎，犯晨夜，冒霜雪，驰阬谷。不避猛兽之害，为得味也。"宋徐锴《说文解字系传》："阬，门也。从阜亢声。臣铉等曰：'近俗作坑，非是。'"[10] 由此可知，"坑"乃为"阬"之异体字，“阬谷”与“坑谷”同为一词。而“阬谷”一词早在《史记》中已有用例，非《内篇》之新词。

【清鉴】明察，高明的鉴别力

按：《大词典》首证引《抱朴子·至理》：“识变通于常事之外，运清鉴于玄漠之域。”然《三国志·魏书》中早有用例，如：“刘廙以清鉴著，傅嘏用才达显云。”由此可知，“清鉴”非《内篇》之新词。

【耘锄】耕田除草。泛指农作

按：“耘锄”《大词典》第二个义项为“去除田间杂草”，首证引三国魏曹植《上疏陈审举之义》：“小者未堪大使，为可使耘锄岁草，驱护乌雀。”书证早于《内篇》之用例。可知，“耘锄”非《内篇》之新词。

【飞景】指日光

按：《大词典》“飞景”有两个义项：第一个义项是“指日光”，书证引《抱朴子·畅玄》：“乘流光，策飞景。”第二个义项是“宝剑名”，首证为《艺文类聚》所引曹丕之《典论》：“建安二十四年二月壬午，魏太子丕造百辟宝剑。长四尺二寸，淬以清漳，砺以礛诸，饰以文玉，表以通犀，光似流星，名曰飞景。”因宝剑发出像太阳一样的光，所以宝剑和日光存在紧密的联系，因此宝剑被命名为“飞景”，“飞景”一词经过转喻后，在《内篇》中用作“指日光”，可知“飞景”一词作为“宝剑名”用早于作为“指日光”用。由此可知，“飞景”作为“指日光”用时，是《内篇》之新义，而非《内篇》之新词。

【覆溺】沉没

按：“覆溺”《大词典》释义为“沉没”，首证引《抱朴子·论仙》:“覆溺者不可怒帝轩之造舟。”然经我们考察,“覆溺”一词早见于《三国志·吴书》:“时遭大风,船人覆溺,死者数千。”可知,“覆溺”非《内篇》之新词。

【无所不知】什么事情都知道,没有什么不懂得的

按:《大词典》首证引《抱朴子·祛惑》:“凡人见其小验,便呼为神人,谓之必无所不知。”然经我们考证,“无所不知”一词在《内篇》之前的文献中已有用例,如东汉刘熙《释名》:“智,知也,无所不知也。”东汉王充《论衡》卷十三:“入山见木,长短无所不知;入野见草,大小无所不识。”可知,“无所不知”非《内篇》之新词。

除却上述10个值得商榷的词,成文所收可信之《内篇》中新词共约116个。除却与成文重复的词,李文所收《大词典》以《内篇》为首证之联合复音词新词有“储贰、根元、根源、缣素、篇卷”5个[6]38-39。

同样以《大词典》为依据,我们又对《大词典》以《内篇》为首证的新词进行了统计,除却成文收录的116个和李文中的5个《大词典》以《内篇》为首证的新词之外,我们增补“眇昧、太璞、厚货、寸介、毁笑、负步、九丹、六一泥、寒丹、赤盐、腑脏、禁咒、邪魅、邈远、浑茫、瘟疫、晖声、凌犯、杜遏、淡默、丰祀、符檄、惺悟、尘壤、揣测”共25个。举证如下:

【杜遏】禁绝,阻止

按:杜,甘棠也,本义指一种植物,作动词有“堵塞”的意思,《周礼·大司马》中“犯令陵政则杜之”的“杜”即为此义。遏,止也,本义为“抑制”“阻拦”“阻止”,《易·大有

卦》中“君子以遏恶扬善”的“遏”即为此义。杜遏为联合式复合词，取“杜”与“遏”之共同意义，义为“禁绝，阻止”。《大词典》首证引《抱朴子·明本》：“外物弃智，涤荡机变，忘富逸贵，杜遏劝沮，不恤乎穷，不荣乎达，不戚乎毁，不悦乎誉，道家之业也。”

【寸介】小甲虫

按：寸作形容词有“形容极小”“极短”“极少”之义，《史记·苏秦传》中“无有分寸之功，而王亲拜之于庙，而礼之于廷”之“寸”就是“极小”的意思。介是象形字，象人身上穿着铠甲形，本义是“铠甲”，后经引申，可指有甲壳的虫类或水族，如介潭（传说中的介甲虫，为介类的先祖）。寸介是偏正式复合词，义为“小甲虫”。《大词典》首证引《抱朴子·金丹》：“闻雷霆而觉布鼓之陋，见巨鲸而知寸介之细也。”

【惺悟】醒悟，领会

按：惺有“领悟”之义。《说文》：“悟，从心吾声。”本义为“理解”“明白”。惺悟为联合式复合词，义为“醒悟”“领会”。《大词典》首证引《抱朴子·极言》：“至于问安期以长生之事，安期答之允当，始皇惺悟，信世闲之必有仙道。”

【瘟疫】流行性急性传染病的总称

按：《说文》：“瘟，从疒昷声。”本义为“瘟疫”。《说文》：“疫，从疒役省声。”本义为“瘟疫”。瘟疫一词为联合式复合词，义为“瘟疫”。《大词典》首证引《抱朴子·微旨》：“经瘟疫则不畏，遇急难则隐形。”

【揣测】揣度，推测

按：揣，会意字，本义为“测量”“量度”，后引申为“猜测”“推测”“估量”。《说文》：“测，从水则声。”本义为“度量水的深浅”，后引申为“推测”“预料”，如《左传》庄公十年：“夫大国，难测也，惧有伏焉。”揣测为联合式复合词，义为“揣度”“推测”。《大词典》首证引《抱朴子·勤求》：“其聪明不足以校练真伪，揣测深浅。”

【负步】徒步

按：《大词典》首证引《抱朴子·畅玄》：“褴缕带索，不以贸龙章之晖晔也；负步杖筴，不以易结驷之骆驿也。”

【丰祀】丰盛的祭祀，谓祭祀隆重

按：《说文》：“丰，艸盛丰丰也。”本义是“草木丰盛的样子”，后引申为“丰盛”之义，如《国语·楚语》：“不为丰约举。”祀，祭无已也，本义为“祭祀天神”。祭祀为两者组合成的偏正式复合词。《大词典》首证引《抱朴子·道意》：“若命可以重祷延，疾可以丰祀除，则富姓可以必长生，而贵人可以无疾病也。”

【符檄】官府移檄等文书的统称

按：“符”是古代用为凭信的器物，刻字在竹、木、金、玉、铜之上，剖为两半，各执其一，相合以为征信。“檄”本义是“檄文”。符檄是二者组成的联合式复合词，义为“官府移檄等文书的统称”。《大词典》首证引《抱朴子·勤求》：“阳敦同志之言，阴挟蜂虿之毒，此乃天神所共恶，招祸之符檄也。”

【尘壤】泥土

按：“尘”与“壤”都有“泥土”之义。“尘”指“飞扬的灰土”，“壤”指“柔土”。二者组合成联合式复合词，义为“泥土”。《大词典》首证引《抱朴子·勤求》：“且夫深入九泉之下，长夜罔极，始为蝼蚁之粮，终与尘壤合体。”

【太璞】 未经雕琢的玉，引申为事物的天然本性

按：《大词典》首证引《抱朴子 · 论仙》：“执太璞于至醇之中，遗末务于流俗之外。”

【厚货】 丰厚的财物，特指行贿或致酬的钱财

按：厚有“多”之义，《周礼 · 考工记 · 弓人》“厚其液而节其帑”的“厚”就是这个意思。货本义是“财富”。厚货是二者组成的偏正式复合词，义为“丰厚的财物”，特指行贿他人的钱财。《大词典》首证引《抱朴子外篇 · 汉过》：“进官则非多财者不达也，狱讼则非厚货者不直也。”其实在《内篇》也有用例，如《抱朴子 · 论仙》：“苟非其人，则高位厚货，乃所以为重累耳。”

【毁笑】 诽谤，嘲笑

按：毁本义为“瓦器损坏”，后引申为“毁谤”之义，如《战国策 · 齐策》：“每言未尝不毁孟尝君也。”笑本义为“因喜悦开颜或出声”。毁笑是二者组成的偏正式复合词，义为“讥笑，嘲笑”。《大词典》首证引《抱朴子 · 金丹》：“（余）每有异闻，则以为喜，虽见毁笑，不以为戚焉。”

【九丹】 道教谓服后可长生或成仙的丹药，即：丹华、神符、神丹、还丹、饵丹、炼丹、柔丹、伏丹、塞丹

按：《大词典》首证引《抱朴子 · 金丹》：“九丹者，长生之要，非凡人所当见闻。”

【六一泥】 道家炼丹用以封炉的一种泥

按：六一泥是道家炼丹用以封炉的一种泥，其配方最早见于《黄帝九鼎神丹经》，是六种泥加一种材料混合烧炼而成，取义

于“天一生水，地六成之”，一为天数，六为地数。外丹炼制必须合于“天地之数”，故固济封釜便需“六”加“一”泥状物作为原料，意在“固济，保证升华之气冷凝，神丹之物勿使外泄”。《大词典》首证引《抱朴子·金丹》：“用雄黄水、礬石水、戎盐、卤盐、礬石、牡蛎、赤石脂、滑石、胡粉，各数十斤，以为六一泥（封之）。”

【寒丹】道教所谓的一种仙药

按：《大词典》首证引《抱朴子·金丹》：“第九之丹名寒丹。服一刀圭，百日仙也。仙童仙女来侍，飞行轻举，不用羽翼。”

【赤盐】赤色的盐，古代方士炼黄金的原料

按：《大词典》首证引《抱朴子·黄白》：“金楼先生所从青林子受作黄金法：先锻锡，方广六寸，厚一寸二分，以赤盐和灰汁，令如泥，以涂锡上，令通厚一分，累置于赤土釜中。率锡十斤，用赤盐四斤，合封固其际，以马通火煴之，三十日，发火视之，锡中悉如灰状，中有累累如豆者，即黄金也。”

【腑脏】中医对人体内部器官的总称；胃、胆、大肠、小肠、膀胱、三焦为六腑；心、肝、脾、肺、肾为五脏，亦泛指人的内脏

按：腑本义为“腑脏”，中医学将胃、胆、三焦、膀胱、大肠、小肠合称“六腑”，以别于“五脏”。脏是中医学术语，本义为“五脏”，指心、肝、脾、肺、肾；后引申为“身体内脏的通称”。腑脏是二者组成的联合式复合词，泛指人体内部所有的器官。《大词典》首证引《抱朴子·至理》：“破积聚于腑脏，追二竖于膏肓。”此词后世仍有用例，如《三国演义》第四三回：

“待其腑脏调和，形体渐安，然后用肉食以补之，猛药以治之。”又如柔石《为奴隶的母亲》：“这时，他底妻简直连腑脏都颤抖。”

【禁咒】 相传以真气、符咒等治病邪、克物、禳灾害的一种法术；亦谓施行禁咒之术

按：《大词典》首证引《抱朴子·祛惑》：“或长于符水禁祝之法，治邪有效，而未必晓于不死之道也。”此词后世仍有用例，例如《魏书》卷一一四：“又晓术数、禁咒，历言他国安危，多所中验，蒙逊每以国事谘之。”

【邪魅】 作祟害人的鬼怪

按：邪可以指品行不正的人，如《书·大禹谟》：“任贤勿二，去邪勿疑。”《说文》：“彪，或作魅。”本义指传说中作祟害人的鬼怪。邪魅是二者组成的偏正式复合词，义为“作祟害人的鬼怪”。《大词典》首证引《抱朴子·至理》：“或有邪魅山精，侵犯人家。”此词后世仍有用例，如《旧唐书》卷四四：“咒禁博士掌教咒禁生以咒禁，除邪魅之为厉者。”

【邈远】 遥远

按：“邈”和“远”都有“距离遥远”之义，渺远是二者组合而成的联合式复合词，义为“遥远”。《大词典》首证引《抱朴子·微旨》：“然天道邈远，鬼神难明。”此词后世仍有用例，如《晋书》卷八七：“今天台邈远，正朔未加，发号施令，无以纪数，辄年冠建初，以崇国宪。”

【浑茫】 混沌蒙昧，指上古人类未开化的状态

按：浑有“浑浊”之义，如《老子》：“浑兮其若浊。”茫有“模糊不清”“对事理全无所知”的意思，如《庄子·天

下》："茫乎昧乎，未之尽者。"浑茫是二者组合而成的联合式复合词，义为"混沌蒙昧"，引申指上古人类未开化的状态。《大词典》首证引《抱朴子·塞难》："浑茫剖判，清浊以陈，或升以动，或降而静，彼天地犹不知所以然也。"此词后世无用例。

【晖声】光彩与声望

按：晖本义指日光，声有"声望"的意思，如《孟子·离娄下》："故声闻过情，君子耻之。"晖声是二者合成的联合式复合词，义为"光彩与声望"。《大词典》首证引《抱朴子·释滞》："上无嫌恨之褊心，下有称意之至欢，故能晖声并扬于罔极，贪夫闻风而忸怩也。"此词后世无用例。

【凌犯】侵犯；侵扰

按：凌本义为"冰"，可以假借为"夌"，表示侵犯的意思，如屈原《国殇》："终刚强兮不可凌。"《说文》："犯，侵也。"犯有"侵犯"之义。凌犯是联合式复合词，义为"侵犯""侵扰"。《大词典》首证引《抱朴子·对俗》："夫占天文之玄道，步七政之盈缩，论凌犯于既往，审崇替于将来。"此词后世亦有用例，如《北齐书》卷一〇："遂聚邺下轻薄，凌犯郡县，为法司所纠。"又如《金史》卷二〇："月五星凌犯及星变。"

【淡默】淡泊宁静

按：淡有"淡泊""不追求名利"的意思，如《庄子·山水》："且君子之交淡若水，小人之交甘若醴。"默有"闭口不说话"之义，如《左传》昭公十五年："我不欲战而能默。"淡默是二者组成的联合式复合词，义为"淡泊宁静"。《大词典》首证引《抱朴子·道意》："人能淡默恬愉，不染不移，养其心以无欲，颐其神以粹素。"

二、《大词典》迟收《内篇》之新词

此类新词最早用例出现于《内篇》中，但《大词典》书证晚于《内篇》。此类新词《大词典》的书证可以提前至《内篇》。成文收录“惭忿、钞集、承授、村口、打击、偾车、效验、浸溢、近来、口口相传、虑恐、面体、起工、潜泳、穷罄、诵讲、痛悔、凸起、夏天、限剂、修积、摇夺、疑碍、阅见、直钱、瘢痕、伴侣、诞妄、丰悦、就令、诃怒、空自、酷寒、立便、楼殿、疲瘦、偏心、扫涤、少时、时衣、锁闭、挽引、椀器、息意、新雨、信杖、幸自、须当、悬危、迅速、杂散、谘受”共52个[1]29-33。除却成文收录的52个以外，李文收录“守请、篱障、烦热”共3个[5]39-40。

除却成文和李文收录的，我们增补20个，如下：

【冲默】淡泊沉静

按：冲有“虚”之义，如《老子·道德经》：“大盈若冲。”默有“闭口不说话”之义，如《左传》昭公十五年：“我不欲战而能默。”冲默是二者组合而成的联合式复合词，义为“淡泊沉静”。《大词典》首证引陶潜《晋故征西大将军长史孟府军传》：“冲默有远量，弱冠，俦类咸敬之。”此书证晚于《抱朴子·畅玄》：“胞胎元一，范铸两仪，吐纳大始，鼓冶亿类，回旋四七，匠成草昧，辔策灵机，吹嘘四气，幽括冲默，舒阐粲蔚，抑浊扬清，斟酌河渭，增之不溢，挹之不匮，与之不荣，夺之不瘁。”

【绮榭】装饰华丽的台榭

按：绮有“华丽”之义，《后汉书·宦者传》有“绮室”，义为“华丽房间”。《说文》：“榭，台有屋也。”本义是“建筑在台上的房屋”。绮榭是二者组合而成的偏正式复合词，义为“装饰华丽的台榭”。《大词典》首证引杨巨源《上刘侍中》诗：“舞腰凝绮榭，歌声拂彫梁。”书证晚于《抱朴子·畅玄》：“不知玄道者，虽顾眄为生杀之神器，唇吻为兴亡之关键，绮榭俯临乎云雨，藻室华绿以参差。”

【俯临】居高临下

按：俯，是会意字，从页，表示与头有关；从逃省，取低头逃跑意；本义是“低头”。如《礼记·曲礼上》：“俯而纳屦。”临，本义是“从高处往低处察看”，如《荀子·劝学》：“不临深谿，不知地之厚也。”俯临是二者组成的偏正式复合词，义为“低头从上往下看”。《大词典》首证引李中《庐山》诗：“靖节门遥对，庾公楼俯临。”书证晚于《抱朴子·畅玄》：“不知玄道者，虽顾眄为生杀之神器，唇吻为兴亡之关键，绮榭俯临乎云雨，藻室华绿以参差。”

【蓬荜】“蓬门荜户”的省语

按：蓬荜是成语“蓬门荜户”的缩略，“蓬门荜户”指用草、树做成的简陋门户，形容穷人的住所。蓬荜一词属于缩略构词。《大词典》首证引司空曙《早夏寄元校书》诗：“蓬荜永无车马到，更当斋夜忆玄晖。”书证晚于《抱朴子·畅玄》：“纡鸾龙之翼于细介之伍，养浩然之气于蓬荜之中。”

【居平】居处于平庸状态

按：《大词典》首证引清冯桂芬《陈氏五世节烈入祠记》：“一二贵富家居平建祠宇、修祀事，古人以为常，今世辄啧啧称盛举。”书证晚于《抱朴子·畅玄》：“含醇守朴，无欲无忧，全真虚器，居平味淡。”

【甘肴】 即“佳肴”，美味的食物

按：《说文》：“甘，美也。”本义是“美味”，如《周礼·疡医》：“以甘养肉。”肴本义是“煮熟的鱼肉等食物”，如《国语·晋语一》：“饮而无肴。”甘肴是二者组成的偏正式复合词，义为“美味的食物”。《大词典》首证引《后汉书》：“唯见玉堂严丽，旨酒甘肴盈衍其中。”次引《抱朴子·论仙》：“口断甘肴，心绝所欲。”书证颠倒，《内篇》之用例应该作为首证，而不是《后汉书》的用例作为首证。

【幽漠】 幽静之境

按：幽有“幽静”之义，如《楚辞·涉江》：“幽独处乎山中。”漠古同“寞”，为“寂静无声”之义，如《楚辞·远游》：“野寂漠其无人。”幽漠是二者组合成的联合式复合词，义为“幽静”，在《抱朴子》中用来指“幽静之境”。《大词典》首证引孙绰《太平山铭》：“有士冥游，默往奇托。肃形枯林，映心幽漠。”书证晚于《抱朴子·论仙》：“正使之为旬月之斋，数日闲居，犹将不能，况乎内弃婉娈之宠，外捐赫奕之尊，口断甘肴，心绝所欲，背荣华而独往，求神仙于幽漠，岂所堪哉?”

【遐邈】 辽阔，辽远

按：遐与邈本义皆为“距离遥远”，如西汉扬雄《长杨赋》：“是以遐方疏俗，殊邻绝党之域，自上仁所不化，茂德所不绥，莫不跷足抗首，请献厥珍。”又如《楚辞·怀沙》：“汤禹久远兮，邈而不可慕。”遐邈是二者组合而成的联合式复合词，义为“辽远”“辽阔”。《大词典》首证引孙绰《喻道论》：“上士用思遐邈，自然玄畅，难以愚俗之近情，而推神仙之远旨。”书证晚

于《抱朴子·对俗》：“上士用思遐邈，自然玄畅，难以愚俗之近情，而推神仙之远旨。”

【大药】道家的金丹

按：《大词典》首证引杜甫《赠李白》：“苦乏大药资，山林迹如扫。”书证晚于《抱朴子·金丹》：“图了不知大药，正欲以行气入室求仙，作此道机，谓道毕于此，此复是误人之甚者也。”《抱朴子·登涉》：“若服金丹大药，虽未昇虚轻举，然体不受疾，虽当风卧湿。”《抱朴子·祛惑》：“虽栾李之见重于往汉，不足加也。常服天门冬不废，则知其体中未尝有金丹大药也。”《抱朴子·应杂》：“近有一百许法，或服守中石药数十丸，便辟四五十日不饥，练松柏及术，亦可以守中，但不及大药，久不过十年以还。”

【杂碎】杂乱零碎

按：《说文》：“杂，五采相合也。”本义是五彩相合，后引申为“紊乱”之义，如《墨子·非攻下》：“日月不时，寒暑杂至。”“碎”有“零碎”之义，如《汉书》：“后世经传既已乖离，博学者又不思多闻阙疑之义，而务碎义逃难，便辞巧说，破坏形体。”杂碎是二者组合成的联合式复合词，义为“杂乱零碎”。《大词典》首证引《后汉书》：“叛散五经，灭弃风雅。百家杂碎，请用从火。”书证晚于《抱朴子·金丹》：“或有得方外说，不得其真经。或得杂碎丹方，便谓丹法尽于此也。”

【庸近】见识短浅

按：“庸”有“平庸”之义，如《汉书·薛宣传》：“任重职大，非庸材所能堪。”《说文》：“近，附也。”本义是“走近”“靠近”的意思，后来引申“指时间或空间的距离短”，如《列子·汤问》："日始出时去人近。""近"形容人的目光的时候，有"目光短浅"的意思，指程度的浅显，如《孟子·尽心下》："言近而指远者，善言也。"庸近为联合式复合词，义为"见识短浅"。《大词典》首证引南朝梁任昉《为齐明帝让宣城郡公第一表》："虽自见之明，庸近所蔽，愚夫一至，偶识量己。"书证晚于《抱朴子·金丹》："真人所以知此者，诚不可以庸近思求也。"

【消坏】毁掉

按：《说文》："消，尽也。"本义是"消除""消灭"。《尔雅·释诂》："坏，毁也。"本义是指"建筑物毁坏"。消坏是二者组成的联合式复合词，义为"毁掉"。《大词典》首证引元张国富《合汗衫》第三折："猛想起，十年前，兀那鸦飞不过的田宅，甚么是月值年灾，可便的眼睁睁一时消坏。"书证晚于《抱朴子·金丹》："服之三刀圭，三尸九虫皆即消坏，百病皆愈也。"

【炼丹】（1）丹名，九丹之一。（2）道教法术。源于古代方术，原指置朱砂于炉中炼制。后又有内丹、外丹之分。以气功修炼人体精气神谓之内丹，以炉火烧炼药石谓之外丹。古代炼丹术对化学知识的积累有一定意义

按：《说文》："炼，铄冶金也。"本义是用加热等方法使物质溶化并趋于纯净或坚韧。《说文》："丹，巴越之赤石也。"本义为"丹砂"，因为道家炼丹药多用朱砂，所以炼成的丹药也叫丹。炼丹是二者组合成的支配式复合词。《大词典》仅收义项（2），首证引《晋书·葛洪传》："至广州，为刺史邓岳强留，乃止于罗浮山，从事炼丹。"未收义项（1）。义项（1）在《内篇》中已有用例，如《抱朴子·金丹》："第六之丹名炼丹。服

之十日，仙也。又以汞合火之，亦成黄金。”可见，《大词典》迟收了“炼丹”一词。

【飞符】指一种符篆

按：《大词典》将此义项列为第二，首证引元柳贯《为蒋英仲作颜辉画青山夜行图歌》：“固应丰城牛斗墟，龙剑夜出乘飞符。”书证晚于《抱朴子·金丹》：“合之当先作华池赤盐艮雪玄白飞符三五神水，乃可起火耳。”

【金梁】比喻肩负重任的人

按：《大词典》首证引元关汉卿《双赴梦》第二折：“单注着东吴国一员骁将，砍折俺西蜀家两条金梁。”书证晚于《抱朴子·至理》：“引三景于明堂，飞元始以炼形，采灵液于金梁，长驱白而留青，凝澄泉于丹田。”

【表皮】动、植物体表面的一层组织

按：“表”有“外面”之义，如《左传》：“表里山河。”《说文》：“皮，剥取兽革者谓之皮。”本义指“用手剥兽皮”，引申指“兽皮”，如《孟子》：“事之以皮币。”表皮是二者组成的偏正式复合词。《大词典》首证引侯金镜《漫游小五台》：“这种树（桦树）的表皮可以一层层剥下来，做成精致的小盒子，并不妨害它的生长。”书证晚于《抱朴子·至理》：“槐子以新瓮合泥封之，二十余日，其表皮皆烂，乃洗之如大豆，日服之，此物主补脑，久服之，令人发不白而长生。”

【秘妙】奥妙，奇妙

按：《大词典》首证引唐薛用弱《集异记·王积薪》：“（王积薪）具衣冠请问。孤姥曰：‘尔可率己之意，而按局置子焉。’积薪即出橐中局，尽平生之秘妙，而布子未及十数，孤姥顾谓妇曰：‘是子可教以常势耳。’”书证晚于《抱朴子·至理》：“又汉丞相张苍，偶得小术，吮妇人乳汁，得一百八十岁，此盖道之薄者，而苍为之，犹得中寿之三倍，况于备术，行诸秘妙，何为不得长生乎？”

【嫌恨】怨恨

按：“嫌”有“怨恨”之义，如《三国志》：“若远小嫌，难相违覆。”《说文》：“恨，怨也。”本义是“怨恨”。嫌恨是二者组成的联合式复合词，义为“怨恨”。《大词典》首证引北魏贾思勰《齐民要术·槟榔》：“《南州八郡志》曰：‘槟榔，大如枣，色青，似莲子。彼人以为贵异，婚族好客，辄先逞此物；若邂逅不设，用相嫌恨。’”书证晚于《抱朴子·释滞》：“夫有道之主，含垢善恕，知人心之不可同，出处之各有性，不逼不禁，以崇光大，上无嫌恨之偏心，下有得意之至欢，故能晖声并扬于罔极，贪夫闻风而忸怩也。”

【旁溢】向四面八方流去

按：“旁”有“旁边”的意思，如《墨子》：“其旁可以圉风寒，上可以圉雪霜露。”溢，从水益声，本作“益”，《说文》：“溢，器满也。”本义是“水漫出来”。旁溢是偏正式复合词，义为“向四面八方流去”。《大词典》首证引唐吴融《沃焦山赋》：“帝乃虑海旁溢，俾山中峙，复孕以火，用销其水，此沃焦之为义，真帝之元旨者也。”书证晚于《抱朴子·道意》：“患乎凡夫不能守真，无杜遏之检括，爱嗜好之摇夺，驰骋流遁，有迷无反，情感物而外起，智接事而旁溢，诱于可欲，而天理灭矣，惑乎见闻，而纯一迁矣。”

【偏解】片面的见解

按：《说文》："偏，颇也。" 本义是"倾斜"，后引申出"片面""侧重于某一方面或某一部分"的意思。《说文》："解，判也，从刀，判牛角。" 本义是"宰牛"，后引申为"见解"之义。偏解是二者组成的偏正式复合词，义为"片面的见解"。《大词典》首证引南朝梁刘勰《文心雕龙·论说》："滞有者全系于形用，贵无者专守于寂寥，徒锐偏解，莫诣正理。" 书证晚于《抱朴子·对俗》："龟鹤偏解导养，不足怪也。"《抱朴子·辨问》："完山之鸟，卖生送死之声，孔子不知之，便可复谓颜回只可偏解之乎？"

三、《大词典》未收《内篇》之新词

此部分新词最早用例在《内篇》中，但《大词典》未收录，当补。成文收录了"比故、并及、参午、拆隙、臭鼠、都较、肥丁、官中、寒振、毁殁、教遣、仅免、近将、倔倔、咳噫、流摈、偶偏、清好、顷后、施安、探摭、萎零、为物、相似如一、折抑、致令、长智、承按、充御、除置、葱涕、丁健、废忘、换贷、假举、竟共、量表、流弃、难艰、评毁、溶溢、锐思、若令、胜畏、霄零、移涉、愉慔、远进、造退、正复、中适、捉棓"共 52 个[1]35-41。除却与成文重复的词，李文收录了"本株、亢极、泥壤、愆责、劾召、倾越、机吻、符据、目瞳、饵服、加益、浃备、拘桎、摭取、诬诘、殃害、滞迷、丰醲、空罄、羸极"共 20 个[5]42-43。

除却成文和李文所收录之词，我们增补 18 个，如下：

【幽括】幽蔽，囊括

例：辔策灵机，吹嘘四气，幽括冲默，舒阐粲蔚，抑浊扬清，斟酌河渭，增之不溢，挹之不匮，与之不荣，夺之不瘁。（《抱朴子·畅玄》3页）

按："幽括"一词颇有争议。王宁《评析本白话道家名著》将"幽括"一词译为"隐括"，而"隐括"一词只有"矫正竹木弯曲的器具""修改，订正"两个义项，"幽括冲默"译为"隐括静谧"，即"修改静谧"，实为不妥[9]。杨明《〈抱朴子内篇〉校释补正》认为"幽括"为"函括"之误，"幽括冲默"即"函括冲默"，译为"包含淡泊沉静"，王明《〈抱朴子内篇〉校释》也赞成此观点。然郭小武所译《抱朴子内篇》却持不同观点，"幽"有"隐"之义而"函"无，"幽括冲默"译为"潜藏包含着淡泊沉静"比较好。我们比较赞同郭的观点。既然"幽括冲默"可以讲得通，且其意境比"函括冲默"更深，那么我们就不必另改其字舍近求远，依照原文理解即可。幽，隐也，遮蔽的意思；括，絜也，为凡物总汇之称。幽括为偏正式复合词，有幽蔽、囊括之义。此词在后世没有流传。

【舒阐】舒发

例：辔策灵机，吹嘘四气，幽括冲默，舒阐粲蔚，抑浊扬清，斟酌河渭，增之不溢，挹之不匮，与之不荣，夺之不瘁。（《抱朴子·畅玄》3页）

按：舒，伸也，本义为伸展，后引申出抒发之义，如汉司马迁《报任安书》："退而论书策，以舒其愤。"阐，开也，后引申出说明的意思，如《吕氏春秋》："隐则胜阐矣。""舒"和"阐"二者意义相近；舒阐是二者组成的联合式复合词，其义为

“抒发”。此词后世无用例。

【粲蔚】鲜明浓艳

例：辔策灵机，吹嘘四气，幽括冲默，舒阐粲蔚，抑浊扬清，斟酌河渭，增之不溢，挹之不匮，与之不荣，夺之不瘁。（《抱朴子·畅玄》3页）

按：《广雅》：“粲，文也。”《释言》：“粲，鲜也。”可见粲有“鲜明的样子”之义。《说文》：“蔚，牡蒿也。”后引申为草木丰盛的样子。粲蔚是二者组成的联合式复合词，义为鲜明浓艳。

【彧丽】文采繁盛的样子

例：鲜华艳采，彧丽炳烂，伤明者也。(《抱朴子·畅玄》3页)

按：彧，有文章也，后引申为文采，如《书·大传》：“夏伯之乐舞谩彧。”丽，旅行也，本义为成群结伴，后引申出美丽之义。二者组合成主谓式复合词，义为文采繁盛的样子。

【藻室】被修饰过的屋舍

例：不知玄道者，虽顾眄为生杀之神器，唇吻为兴亡之关键，绮榭俯临乎云雨，藻室华绿以参差。(《抱朴子·畅玄》3页)

按：藻有“华美”之义，如汉班固《答宾戏》：“摛藻如春华。”室为房间之义。二者并列可以组成偏正式词组“藻室”，义为“华丽的房舍”。而华丽的房舍都是经过修饰的，因此“藻室”这一词组凝结为一个词，又引申出被修饰过的屋舍之义。

【履略】指践踏

例：咽九华于云端，咀六气于丹霞。俳徊茫昧，翱翔希微，履略蜿虹，践跚旋玑，此得之者也。(《抱朴子·畅玄》7页)

按：履，足所依也，本义为鞋子，后引申出践踏之义，如

《诗经》“如临深渊，如履薄冰。”略，经略土地也，本义是封疆土。履略是二者组成的联合式复合词，词中“略”已经失去意义，仅剩下音节，因此履略一词是一个偏义复合词，义为践踏。

【灵甲】龟甲，古人认为乌龟是灵异的动物，并用它的甲占卜，所以称“灵甲”

例：沈灵甲于玄渊，以违钻的之灾。（《抱朴子·畅玄》7 页）

按：“灵甲”明案鲁藩本作“鳞甲”，无论鳞甲还是灵甲，皆指龟甲。灵有神灵之义，甲是动物身上的坚硬的壳。古人敬鬼神，尚巫卜，经常用乌龟的壳进行占卜，与神灵沟通。“灵”和“甲”组合成灵甲一词，为偏正式复合词。

【泰尔】泰然

例：泰尔有余欢于无为之场，忻然齐贵贱于不争之地。（《抱朴子·畅玄》8 页）

按：尔可以作形容词词尾，其作用相当于“然”，如《论语》：“鼓瑟希，铿尔，舍瑟而作。”泰尔即“泰然”，有“安定”“安然”之义。此词后世仍有用例，如《贞观政要·政体第二》：“如此，庶几于时康道泰尔。”

【鳞藻】鱼鳞和水藻，可以作为修饰图案，这里用来代指美丽的图案

例：又况管弦之和音，山龙之绮粲，安能赏克谐之雅韵，暐晔之鳞藻哉？（《抱朴子·论仙》21 页）

按：鳞为鱼鳞，藻为水藻，二者组合成联合式复合词鳞藻，代指美丽的图案。此词后世无用例。

【局谈】受拘束的见解

例：此盖愚暗之局谈，非达者之用怀也。（《抱朴子·对俗》

66页）

按：局有部分之义，既为部分则有局限，谈有言论之义。二者组合成偏正式复合词局谈，义为受拘束的见解。

【奥治】奥秘和治学的方法

例：其根元可考也，形理可求也，而庸才近器，犹不能开学之奥治，至于朴素，徒锐思于糟粕，不能穷测其精微也。（《抱朴子·对俗》66页）

按：奥治为联合式复合词，义为奥秘和治学的方法。

【华琼】指华贵的盛宴

例：先鬼有知，将蒙我荣，或可以翼亮五帝，或可以监御百灵，位可以不求而自致，膳可以咀茹华穷，势可以总摄罗酆，威可以叱吒梁成，诚如其道，罔识其妙，亦无饿之者。（《抱朴子·对俗》75页）

按：华琼为偏正式复合词，义为华贵的盛宴。

【蓝舟】木兰舟的简称，木兰舟是小船的美称

例：如其喽喽，无所先入，欲以弊药必规升腾者，何异策蹇驴而追迅风，棹蓝舟而济大川乎？（《抱朴子·金丹》85页）

按：蓝舟为简称，是木兰舟的简称。

【柔丹】丹名，九丹之一

例：第七之丹名柔丹。服一刀圭，百日仙也。以缺盆汁和服之，九十老翁，亦能有子，与金公合火之，即成黄金。（《抱朴子·金丹》96页）

【伏丹】丹名，九丹之一

例：第八之丹名伏丹。服之即日仙也。以此丹如枣核许持之，百鬼避之。以丹书门户上，万邪众精不敢前，又辟盗贼虎狼

也。（《抱朴子·金丹》97 页）

【飞取】一种研制药物的方法，先把药物研成粉末，然后放在水中漂去浮在水面上的粗屑，取其精华

例：又绮里丹法，先飞取五石玉尘，合以丹砂汞，内大铜器中煮之，百日，五色，服之不死。（《抱朴子·金丹》112 页）

【漉弃】渗漏

例：抱朴子曰：防坚则水无漉弃之费，脂多则火无寝曜之患，龙泉以不割常利，斤斧以日用速弊，隐雪以违暖经夏，藏冰以居深过暑，单帛以幔镜不灼，凡卉以偏覆越冬。（《抱朴子·至理》139 页）

按：《说文》："漉，浚也。"本义是"使干涸"，后引申指"水漫漫地渗下"，如《战国策》："漉汁洒地，白汗交流。""弃"的本义是"扔掉"，如《左传》："天之弃商也久矣。"漉弃是二者组合而成的补充式复合词，义为"渗漏"。此词后世无用例。

【大试】大用途

例：是故非积善阴德，不足以感神明；非诚心款契，不足以结师友；非功劳不足以论大试；又未遇明师而求要道，未可得也。（《抱朴子·微旨》156 页）

四、其他

《内篇》中还有一类新词，《大词典》引《外篇》用例为书证，未引《内篇》用例。此类新词有"绮粲、庸俗、危笃、挹酌、峻岫"共 5 个。

【绮粲】 华丽美好

按：绮有“华丽”之义，《后汉书·宦者传》有“绮室”，义为“华丽房间”。粲有“鲜明的样子”之义，《广雅》：“粲，文也。”《释言》：“粲，鲜也。”《诗·唐风·绸缪》：“如此粲者何”中的“粲”即为此义。“绮粲”为二者组成的联合式复合词，义为“华丽美好”。《大词典》首证引《抱朴子外篇·吴失》：“目力疲於绮粲，而不以览庶事之得失。”其实《内篇》也有用例，如《抱朴子·论仙》“又况管弦之和音，山龙之绮粲，安能赏克谐之雅韵，暐晔之鳞藻哉？”

【庸俗】 平庸不高尚

按：《尔雅》：“庸，常也。”义为“平常”。俗本义是“社会上长期形成的风尚、礼节、习惯等”，后引申为“平凡，普通，一般”之义。庸俗是二者组合成的联合式复合词，义为“平庸不高尚”。《大词典》首证引《抱朴子外篇·穷达》：“庸俗之夫，暗于别物，不分朱紫，不辩菽麦。”其实《内篇》中也有用例，如《抱朴子·论仙》：“庸俗之所贵，乃至人之所贱也。”

【危笃】 谓病势危急

按：危有“危险，危难”之义，如《韩非子·有度》：“法不信，则君行危矣。”笃有“病势沉重”之义，如《三国志·诸葛亮传》：“孙权病笃。”危笃是二者组合成的联合式复合词，义为“病势危急”。《大词典》首证引《抱朴子外篇·讥惑》：“疾患危笃，不堪风冷。”其实《内篇》中也有用例，如《抱朴子·对俗》：“设令抱危笃之疾，须良药之救，而不肯即服，须知神农岐伯所以用此草治此病本意之所由，则未免於愚也。”

【挹酌】 汲取

按：《大词典》首证引《抱朴子外篇·逸民》："岂肯诘屈其支体，俯仰其容仪，挹酌于其所不喜。"其实《内篇》中已有用例，如《抱朴子·塞难》："仲尼知老氏玄妙贵异，而不能挹酌清虚，本源大宗，出乎无形之外，入乎至道之内。"此词后世仍有用例，如宋朱弁《曲洧旧闻》卷四："昔有僧诵经庵中，患於乏水，适有虎跑足涌泉，觱沸徐清，挹酌无竭。"

【峻岫】 深山峻岭

按：峻是一个形容词，用以形容山高而陡峭，如《楚辞·涉江》："山峻高而蔽日兮。"《说文》："岫，山穴也"，本义为"山洞"，后引申指"峰峦""山或山脉的峰顶"，如嵇康《忧愤诗》："采薇山阿，散发岩岫。"峻岫是二者组成的偏正式复合词，指深山峻岭。《大词典》首证引《抱朴子外篇·嘉遁》："庇峻岫之巍峨，藉翠兰之芳茵。"其实在《内篇》中也有用例，如《抱朴子·释滞》："以芳林为台榭，峻岫为大厦，翠兰为绸床，绿叶为帏幙。"

本文以《大词典》为参照，在现有成果的基础上对《内篇》中的新词进行了进一步的考察，发掘出了一些《内篇》中的新词。新词以复音词为多，这不仅反映了魏晋时期新词的大量增加，而且还体现了汉语词汇复音化的大趋势。复音词的类型多种多样，最主要的类型是复合词，包括联合式、支配式、偏正式和补充式。复合词词义的构成方式多样化，主要有 3 种类型：1）语素义＋语素义＝复合词词义，此类复合词词义是构成复合词的语素的意义的和，根据语素义的地位是否平等，可以细分为两类；第一类语素义一偏一正，偏语素义起修饰或补充作用，正语素义是整个复合词词义的核心，偏正式复合词和补充式复合词多采用此种方式，如甘肴、俯临、绮榭、漉弃等词；第二类语素义地位平等，一部分联合式复合词采用此种方式，如鳞藻、奥治等词。2）语素义的共同意义 = 复合词词义，此类复合词词义即构成复合词的语素的共同意义，一部分联合式复合词采用此种方式，如舒阐、遐邈、幽漠等词。3）复合词中的某一个语素义 = 复合词词义，此类复合词词义即构成复合词的某一个语素的意义，这类复合词还被称为偏义复词，少数联合式复合词采用此种方式，如"履略"。《内篇》中的新义少于新词，并且新义以复音词的新义为多，单音节词的新义较少。

参考文献：

[1] 成妍 .《抱朴子内篇》词汇研究 [D]. 南京：南京师范大学，2005.

[2] 葛洪著. 赵玉玲译. 抱朴子内篇 [M]. 郑州：中州古籍出版社，2016.

[3] 胡晓娜.《抱朴子内篇》介词研究 [D]. 长春：东北师范大学，2009.

[4] 江蓝生. 魏晋南北朝小说词语汇释 [M]. 北京：语文出版社，1988.

[5] 李泽洪.《抱朴子内篇》联合复音词研究 [D]. 湖南科技大学，2018.

[6] 罗竹风主编. 汉语大词典 [M]. 上海：汉语大词典出版社，1986.

[7] 单梅青.《抱朴子内篇》副词研究 [D]. 济南：山东师范大学，2008.

[8] 王明. 抱朴子内篇校释 [M]. 北京：中华书局，2018.

［9］王宁. 评析本白话道家名著［M］. 北京：北京广播学院出版社，1992.

［10］徐锴. 说文解字系传［M］. 北京：中华书局，2017.

［11］许慎. 说文解字［M］. 北京：中华书局，2018.

［12］郑琳.《抱朴子内篇》连词研究［D］. 重庆：西南大学，2011.

《国语》“吾又过于四之无不及”解诂①

郭万青②

摘 要 《国语·周语》中“是三子也，吾又过于四之无不及”一句，历来对本句的理解和解释颇有不同。实际上本句中的“过于”是比较结构，“四之”中的“四”属于数词活用作动词，和代词“之”构成动宾关系。“四之”作名词性成分，作“过于”的宾语。

关键词 《国语》 过 四

《国语·周语中》末篇《单襄公论郤至佻天之功》中云：

① 本文为2017年度国家社科基金项目“日本《国语》研究史”（17BZW080）、2019年度国家社科重大项目“《国语》文献集成与研究”（19ZDA251）的阶段成果之一。

② 郭万青（1975－），男，山东宁津人，唐山师范学院文学院教授、博士，研究方向为中国古典文献学与训诂学。

夫何次之有？昔先大夫荀伯自下军之佐以政，赵宣子未有军行而以政，今栾伯自下军往。是三子也，吾又过于四之无不及。若佐新军而升为政，不亦可乎？

历来对“是三子也，吾又过于四之无不及”一句的理解颇有参差。大致分为两种情况，第一种认为《国语》文本文字有衍误或语序倒置，第二种是在认同《国语》现有文本形式的前提下对《国语》本句做出的解释。下面分别来看。

一、认为《国语》文本存在文字衍误或语序倒置

认为文本存在问题的，有两个方面的意见：一种认为“于四”是衍文；另外一种意见认为该句存在语序倒置现象。

（一）认为“于四”有衍文的嫌疑

在《国语》研究史上，并没有学者明确提出“于四”二字是衍文。但是有著述在引用中省掉或脱掉了“于四”二字，从引省的角度看，恐怕认为“于四”二字不好理解，在征引时对“于四”二字采用类似于衍文的处理方式。这种引述，较早见于孔颖达《左传正义》。《左传·成公十六年》“而求掩其上”孔颖达《正义》即引《周语》此句作“吾又过之无不及也”，陈树华、孔广栻等都注意到了《左传正义》的这条引文，并引述之，以作为校理《国语》本文的参考。王引之《经传释词》谓：“有、又古同声。故‘又’通作‘有’，‘有’亦通作‘又’。言有过之无不及也。”[1] 亦不及“于四”，恐怕还是因为“于四”二字难解而省。

穆文熙《国语钞评》把“吾又过于四之无不及”这句话减

省作“吾又过之”[2]，是否受到《左传正义》引文的影响，已经不得而知。《国语钞评》这种简省，确实在《左传正义》引文的基础上又精简了一步，这是可以想见的。这种表述方法在语义上似更简单明了，但既无版本依据，也无法彰显原文语义的丰富性，恐怕是不可取的。

后世有从《左传正义》引文格式进行解释者，如牛鸿恩、邱少华译文：“这三位，我都胜过他们，没有什么比不上的。”[3]薛安勤、王连生译为：“这三个人，我都可以超过，他们都赶不上我。”[4]汪济民等谓：“上述三人，从才德诸方面比较，我均可胜过而没有赶不上的地方。”[5]刘乾先、高振铎谓：“和这三位比，我的才干都比他们强，没有不如他们的。”[6]李维琦谓：“这三位大夫，我都超过了他们，没有不及的地方。”[7]邬国义、胡果文、李晓璐谓：“就这三个人来说，我的才能只有超过他们而没有不及的。”[8]赵望秦等谓：“像这三个人，我都超过了他们而没有不如的地方。”[9]72 仇利萍谓：“言己之才优于以上三人也。”[10]这些译文，对应的正文都是“是三子也，吾又过之无不及”的形式，而非《国语》本文“是三子也，吾又过于四之无不及”的形式。

当然，也有学者对《左传正义》引文有不同看法，如张以仁即谓：“《左传·成十六年》疏引无‘于四’二字。然韦解云：‘得郤至四人。言己材优于彼四人也。’则韦本有‘于四’二字甚明。《疏》脱。”[11]张以仁认为，韦本《国语》本有“于四”二字，是孔颖达《左传正义》引脱。若是引脱，则无可论。若属引省，恐怕也说明了孔颖达对《国语》文本文字的认同方式。

（二）认为该句语序属于倒置

这种认识较为少见。今检罗家湘注译《国语》有类似说法，谓：“‘是三’句：语序当为‘吾又过于是三子也，四之无不及’。”[12]按照罗氏的理解，“是三子”作“过于”的宾语，则该句属于宾语前置。“四之无不及”则稍嫌复沓，即便“四之”单独断开，也很难收到《国语》本文的表述效果。按照《国语》本文的语序，“是三子也”是全句的主语，“吾又过于四之，无不及”则是述语。

二、认同《国语》既定文本形式，在此基础上对《国语》本句进行解释

另外一种主要的意见，就是认同《国语》既定的文本形式，对《国语》本句进行全句解释，或者对本句的关键词语进行解释，甚至有的通过断句来进行解释。

（一）对文句进行解释

1. 解释全句

宋刻宋元递修本《国语》韦昭注谓：“三子，荀、赵、栾也，得郤至四人。言己之材优于彼四人也，三人之中无有所不及也。”[13]《国语》之朝鲜经筵校本、明德堂本、正学书院本、金李本、张一鲲本、诗礼堂本、四库本、黄刊明道本及其覆刻本等明清主要刊本和宋刻宋元递修本文字相同。但韦昭注的这段话，后世有些《国语》刻本在文字上进行了一定程度的改易。究其改易缘由，恐怕和韦注本文前后矛盾有关。

(1) 后人对韦昭注文的校改

从韦昭注文看，“得郤至四人”在语义上是讲得通的，但是“言己之材优于彼四人”就讲不通，郤至怎么可以把自己也算在比较对象之内呢？职是之故，后世的一些研究者认为“彼四人”之“四”可能是“三”字的错误，如日本学者关修龄就认为“四”恐“三”字之讹。可能也正由于这个缘故，许宗鲁本、绿荫堂本、道春点本、千叶玄之本、冢田本、董增龄本把“彼四人”之“四”与“三人之中”之“三”调换了位置，经过调换位置后的韦昭注文就变为：“言己之材优于彼三人也，四人之中无有所不及也。”“优于彼三人”肯定是可以讲得通的，但是“四人之中无有所不及”还是讲不通。日本的秦鼎《国语定本》、高木熊三郎《标注国语定本》和中国近代的吴曾祺《国语韦解补正》、沈镕《国语详注》、徐元诰《国语集解》等则改“彼四人”之“四”字作“三”，这样，韦昭注文就变为：“言己之材优于彼三人也，三人之中无有所不及也”，上下“三人”相同，勉强可以讲通。近代学者石光瑛亦谓：“此所据明金李刊本，恐有讹字。既并郤至为四人，何以郤至自言又曰优于四人，注‘优于四人’之‘四’字，疑‘三’之讹。（古‘三’‘四’字以积画为记，故易溷。）但韦注亦非。‘于’当读为‘而’，言功过于三人，加己为四，于三人无不及也。”[14]也对韦昭注文进行了校改。秦鼎、高木氏、吴曾祺等人的改易和石光瑛的说法不谋而合。

另外，就韦昭注而言，“郤至四人”以上为一句，“言”以下为一句。在后一句中，既然前半句讲了“言己之材优于彼四人”，那么后半句也应该接着讲“四人之中”，而非诸多版本所云“三人之中”，故而一些《国语》刻本把“三人之中”之“三”改作了“四”，如姜恩刻本注文即作“言已之才优于彼四人，四人之中无有所不及”，而陈仁锡《奇赏斋古文汇编》则将注文改易作“三子，荀、赵、栾也，得郤至四人。言已之材优于彼四人”[15]。这种处理方式，和秦鼎等人把“彼四人”之“四”改作“三”是相同的。由于没能厘清比较本体和比较对象之间的界限，故而这种处理方式是错误的。

（2）后人对《国语》本文所作的新解

正因为韦昭的注解存在着如上问题，后来的学者力图做出比较稳妥的解释，如关修龄曰：“以我加于三子而四之，其材有余，无所不及。”[16]日本京都大学图书馆藏皆川淇园私见书《国语》有批校曰：“言己虽与列于四，而亦无所怍也。”徐元诰云：“谓吾并三子而四之，有过之无不及也。又、有古通用。”[17]傅庚生《国语选》谓：“这三个人，指荀伯、赵宣子和栾伯，加上郤至他自己便是四个人了，论才干，他自以为并不是赶不上那三个人。”[18]实际上还是用韦昭解释，只不过说法更清通而已。

也有隐没韦昭注“三人之中”的说法，模糊释之的。如马达远即谓：“这三个人加上我共四个人，我的才能只有超过没有不及他们的地方。”[19]董立章亦谓：“我的战功超越上述三人，并列为四，有过之而无不及。”[20]81黄永堂谓：“这三个人越级任用，现在加上我是四个，何况我没有什么不如他们的。”[21]96来可泓谓：“这三个人都是超级任用，加上我是四人，而我的才能超过他们而没有不及的。”[22]罗家湘谓：“现在，我的功劳超过又超过这三人，与他们并列为四人，没有哪一点儿赶不上他们。”[12]刘倩、鲁竹亦谓：“我的功劳超过这三个人，与他们并列为四，有过之而无不及。”[23]李迪南、侯少博亦谓：“我的功劳超过了荀林父、赵盾、栾书这三个人，可以与他们并列为四，并没有不及之处。”[24]这些译文对“无不及”三字的翻译，都没有像韦昭那样精准到“三人之中”。

近代学者吴曾祺提出“倒句法”的观点。他说：“此倒句法，即‘三皇可四’意。”[25]实际上闲完得寸写本《国语考》已经引述《史记》“三王不足四，五霸不足六”之言，恐怕也认为本句为倒句法。沈镕沿用吴曾祺之说，谓：“言己之才优于彼三人也。彼三人得己而四，己于三人之中，无有所不及也。此倒句法。”[26]今检吴曾祺《涵芬楼文谈》所附杂说云：“五帝可六、三皇可四，此等句法，竟似算博士口吻，非文体也。”[27]所引“五帝可六”“三皇可四”出自贞观十年（636）魏徵上疏，原文云：“诚能敷求时俊，上下同心，则三皇可追而四、五帝可俯而六矣。”吴曾祺此说是从句法、文例上考虑。这个说法和日本学者闲完得寸写本《国语考》相同，论见下文。

2. 解释关键词语

本句的关键词语或者说本句解释的关键就是“四之”和“无不及”，故而古今学者关注度最高的也是这五个字。如清初学者王懋竑云：“四之，谓己与上三人也。”[28]今人黄永堂、赵望秦等皆释“我又过于四”云：“我又过于四，加上我是四个。”[21]90、[9]70日本学者冢田虎谓：“无不及，以为过于三子也。”[29]这几位学者的讨论仍然在韦注解释的范围之中。

而日本学者闲完得寸写本《国语考》谓：“及，即上文‘亦及’之‘及’，言吾于三子实过四之，何政之不及我之有。《史记》春申君云‘三王不足四，五霸不足六’云云。”[30]以《史记》“三王不足四，五霸不足六”参照，与上述学者所释不同。实际上，《战国策》即出现“三王不足四，五伯不足六”之句，共2见。闲完得寸写本《国语考》的说法和吴曾祺的说法可以前后呼应。洪成玉谓：“‘三王’‘五帝’或‘五伯’，在当时被看作是政治上达到最高成就的代表人物……‘三王不足四，五伯不足六’，是说政策能始终如一，功业就可与‘三王’‘五伯’相媲美。”[31]395洪氏对该类句式进行了总结：“从结构上看，主语或宾语必须是‘数·名’结构，谓语常见的数词有‘三’‘四’‘六’，且可受副词‘不’或助动词‘可’‘不足’修饰。从语义上看，主语或宾语都是被奉为最高典范的人或事，谓语的数词都是比主语或宾语的‘数·名’结构多一，如‘三王不足四’‘四三王’，‘五帝不足六’‘六五帝’，以表示可与最高典范相并列、相媲美；如数词谓语受‘不’修饰时，则表示不会出现最高典范。”[31]397 黄芳认为“不足”构成相对固定的结构，有“不超过”“不到”的意思。“与这种否定界限结构在语义上相搭配的后续成分就要求是一种表具体量值的成分，以某一具体量值为参照点。”“这种否定界限结构表达的是以某一量为参照点，不超过这一参照点的量。”[32]二氏的解说对于正确理解“三王不足四，五伯不足六”提供了理论参照，为闲完得寸、吴曾祺之说提供了理论依据。从语义上而言，《国语》此处“过于四之”和“三王不足四”确实有相同之处。但从句法上看，二者却又有着根本的区别，“过于”是比较式形式，从语义关系上而言，“过于”前的成分必然超出“过于”后的成分。另外，“四之”是“数词+代词”结构，这一结构中，“四”不是单纯的数词，而是要活用作动词，而且活用之后跟有宾语。

(二) 断句不同

对于“是三子也”四字独立，各本没有异议。至于“吾又过于四之无不及”的分合，各本看法不同。王懋竑认为当在“吾又过”下断开（同前），董立章谓：“徐元诰按：‘谓吾并三子而四之，有过之，无不及也。’似应在‘过’‘于’之间断句：‘吾又过，于四之无不及’。”[20]80 与王懋竑的看法相同。而上善堂本、冢田本、《经传释词》点校本、李波《国语索引》等则在“四之”下断开。可见，在“过于四之”四字上就存在分合与否以及断在何处的分歧。这种分歧反映了译注者的观点和认识。但从本质上而言，这种分合对于正确理解文义并不造成绝对的影响。

三、对《国语》本句语义探讨的三种推测

上述诸家，凡释为“与上三人并列为四人”的，恐怕都没能理解“过于四之”这四个字的语义关系。“过”是超过、超出之义，“于”是介词，“四”是数词，“之”是代词。四个字中，没有哪一个字的语义有“并列为”之义。“过于四之”是一个很明显的比较句，而非一般陈述句式。把韦注下句“四”字改作“三”的处理方式虽然从语义上可以讲得通，但并没有真正理解“四之”二字的语义语法关系。基于以上对《国语》本文以及韦昭注理解上的分歧，试做以下三种推断。

(一)“四”字是衍文

《左传正义》引“是三子也，吾又过于四之无不及”作“是三子也，吾又过之无不及”，省掉“于四”二字，当是出于

“四”字在句中不好理解的缘故，并认定句中“之”字作代词，指代“是三子”。“于”字有无对于句义的影响不大，“四”字的有无才是关键。古籍中有误“口”作“四”者，如金陵局本《史记》将“夷则”律数刻作“五寸四分三分二”，此“四”字乃古籍将“零（○）”钞（刻）作“口”后在版本上的形讹。我们假设这样一种可能，《国语》本文在传抄中，由于人为原因造成“过于”“之无不及”之间空格较大，后来在后续传抄过程中把空格处标识作“口”并在此基础上讹作“四”字。虽然，我们无法排除这种可能性的存在，但这种文本衍误的可能性是极其低的。

（二）“四”（亖）是“二”字之讹

从后世的理解角度看，表述一个人的能力强大，往往会说“好汉出马，一个顶俩”。从这个角度去理解，则郤至有可能会认为自己的能力可以超过上述三人中的任何两个。那么，句中的“之”字作代词，泛指“三子”中的任何一个。“四”字就有可能是“二”字误作“亖”，后又因隶作“四”字。“二之”之“二”活用作动词，“二之”动宾结构作“过于”的宾语。但“亖”字是籀文，文献中很少使用。“二”误作“三”或“一”的可能性都比较大，讹作“亖”的可能性则相对比较小。

（三）“四”字不误

从遵从《国语》文本文字和语序的角度出发，我们认为“四之”之“之”作代词，泛指“三子”中的任何一个个体。“四之”之“四”是数词，在本句中活用作动词，与“之”构成动宾结构，作“过于”的宾语，“四之”即“是三子”中的任何一个的四倍。“是三子也，吾又过于四之无不及”当从《国语》之上善堂本、冢田本等断作“是三子也，吾又过于四之，无不及”，义为：“这三个人，我能超过四个（像他们这样的），（他们三个中的任何一个）我没赶不上的。”“无不及”既是对“过于四之”的补充和呼应，同时也是进一步强调。而且这样解释，更符合郤至“盖人”的性格与整篇的情境。韦注释文已注意到了郤至“盖人”的性格特征，故释“优于”，然于“四”字犹不能解，又没能从全句的角度精准理解“过于”作为比较标记的语义和功能，在解释上存在自相矛盾的地方。今人则唯本韦注为说，亦未能得义。

四、结论

以上三种推断中，最后一种既尊重《国语》文本，又能结合《国语》语境，应该是最为稳妥的解释。本句的关键点，是首先要确定“过于”是一个比较类动词结构，认识到这一点，就不会把郤至加到“是三子”中；其次，要认识到“四之”是一个动宾结构，“四”数词活用作动词，而“之”作代词指代“是三子”中的任何一个，“四之”作“过于”的宾语，是郤至的比较对象。整句话的意思应该是“这三个人，我能超过四个（像他们这样的），（他们三个中的任何一个）我没赶不上的”。

参考文献：

［1］（清）王引之．经传释词［M］．长沙：岳麓书社，1987：61.

［2］（明）穆文熙．国语钞评［M］．明万历年间金陵胡东塘刻本，卷一：15.

［3］牛鸿恩，邱少华. 先秦经史军事论译注［M］. 北京：军事科学出版社，1987：81.

［4］薛安勤，王连生. 国语译注［M］. 长春：吉林文史出版社，1991：95.

［5］汪济民等. 国语译注［M］. 南昌：百花洲文艺出版社，1992：49.

［6］刘乾先，高振铎. 国语选译［M］. 成都：巴蜀书社，1992：24.

［7］李维琦. 白话国语［M］. 长沙：岳麓书社，1994：50.

［8］邬国义，胡果文，李晓璐. 国语译注［M］. 上海：上海古籍出版社，1994：68.

［9］赵望秦等. 白话国语［M］. 西安：三秦出版社，1998.

［10］仇利萍. 国语通释［M］. 成都：四川大学出版社，2015：98.

［11］张以仁. 国语斠证［M］. 台北：台湾商务印书馆，1969：90.

［12］罗家湘译注. 国语［M］. 郑州：中州古籍出版社，2010：71.

［13］（吴）韦昭注. 国语［M］. 北京：国家图书馆出版社辑印《中华再造善本工程》影印宋刻宋元递修本，2006，卷二：18.

［14］石光瑛. 国语韦解补正（卷第二）［J］. 中山大学文学院专刊（2）：305－314.

［15］（明）陈仁锡. 奇赏斋古文汇编［M］. 济南：齐鲁书社辑印《四库存目丛书》，1997：526.

［16］［日］关修龄. 国语略说［M］. 日本环堵室宽政四年（1792）刊本，卷一：18.

［17］徐元诰撰，王树民、沈长云点校. 国语集解［M］. 北京：中华书局，2002：22.

［18］傅庚生. 国语选［M］. 北京：人民文学出版社，1959：20.

［19］马达远. 国语故事选译［M］. 上海：上海古籍出版社，1985：14.

［20］董立章. 国语译注辨析［M］. 广州：暨南大学出版社，1993.

［21］黄永堂. 国语全译［M］. 贵阳：贵州人民出版社，1995.

［22］来可泓. 国语直解［M］. 上海：复旦大学出版社，2000：71.

［23］刘倩，鲁竹. 国语正宗［M］. 北京：华夏出版社，2008：43－44.

［24］李迪南，侯少博译注. 国语［M］. 长春出版社，2015：23.

［25］吴曾祺. 国语韦解补正［M］. 上海：商务印书馆，1916，卷二：8.

［26］沈镕. 国语详注［M］. 上海：文明书局，1926，卷二：10.

［27］吴曾祺. 涵芬楼文谈［M］. 上海：商务印书馆，1933：71.

［28］（清）王懋竑. 读书记疑［M］. 上海古籍出版社辑印《续修四库全书》第1146册，2002，卷十二：2.

［29］［日］冢田虎. 增注国语［M］. 日本平安书林角田多助、矢代仁兵卫享和元年刊本，卷二：29.

［30］［日］闲完得寸写. 国语考［M］. 日本弘化二年（1854）写本.

［31］洪成玉. 汉语词义散论［M］. 北京：商务印书馆，2008.

［32］黄芳. 先秦汉语量范畴研究［M］. 成都：巴蜀书社，2016：236.

王莽《大诰》的语体性质①

何　亮②

摘　要　王莽《大诰》属于诏书律令一类的典雅体正式书面语。本文将其与《周书·大诰》比较分析，认为汉代正式书面语与口语已经有相当程度的分离。

关键词　王莽《大诰》　语体　书面语体

居摄二年（公元7年），东郡太守翟义与宗室东郡都尉刘宇、严乡侯刘信、武平侯刘璜结谋，于九月都试日起兵。王莽的应对措施之一，是仿周公辅成王故事，“依《周书》作《大诰》”以昭示天下，安抚人心，为自己取得道德上的制高点。王

① 本文为教育部人文社会科学规划基金项目“二十世纪以来汉语书面语的构建与发展研究”（19XJA74000）的阶段性成果。

② 何亮（1970－），男，江西彭泽人，重庆师范大学文学院教授、文学博士，主要从事汉语历史词汇语法研究。

莽《大诰》篇幅不长，仅一千三百余字。我们感兴趣的是，从语言研究的角度看，王莽仿制的《大诰》是一篇什么语体性质的文章呢？

一、王莽《大诰》与《周书·大诰》的词句比较

（一）王莽《大诰》词句的移用与仿拟

王莽作为居摄皇帝，刻意与周公辅成王比附。内容上，王莽《大诰》仿《周书·大诰》，都是先说明面临的情况，说明当前自己的态度，宣布吉卜；劝导群臣不畏艰难，共同完成先王的事业；劝导群众顺从天意，共同讨逆。词句上，王莽《大诰》在句式上大量仿拟《周书·大诰》，同时还原封不动地直接移用了不少词句。原封不动照搬的如：

"大诰""洪惟我幼冲""无疆大历""若涉渊水""予惟往求""宝龟""绍天明""有大艰于西土，西土人亦不静""诞敢""民献""图功""我有大事，休""朕卜并吉""呜呼……哀哉""惟卜用克绥受兹命""今天其相民""亦惟卜用""若有疾，予害敢不""伐厥子""其劝弗救""呜呼肆哉""予永念曰""天惟丧""若啬夫""予曷敢不终朕亩""天亦惟休于""今卜并吉""逋播臣"等等。

句式上大量仿拟。以下例句前为《周书·大诰》，后为王莽《大诰》。如：

①予惟小子，若涉渊水，予惟往求朕攸济→我念孺子，若涉渊水，予惟往求朕所济度。

②已！……不敢替上帝命。天休于宁王，兴我小邦周，宁王

惟卜用克绥受兹命。今天其相民，矧亦惟卜用。→熙！……予不敢僭上帝命。天休于安帝室，兴我汉国，惟卜用克绥受兹命。今天其相民，况亦惟卜用！

③天明畏，弼我丕丕基！→天明威辅汉始而大大矣。

④天惟丧殷，若穑夫，予曷敢不终朕亩？→天惟丧翟义、刘信，若啬夫，予害敢不终予亩？

⑤肆予告我友邦君越尹氏、庶士、御事，曰："予得吉卜，予惟以尔庶邦于伐殷逋播臣。"→故我出大将告郡太守、诸侯相、令、长曰："予得吉卜，予惟以汝于伐东郡严乡逋播臣。"

⑥若兄考，乃有友伐厥子，民养其劝弗救？→若祖宗乃有效汤、武伐厥子，民长其劝弗救。

以上前后句子在结构上的一致性非常明显，差别只在于相同的句法位置换用了一些词语。

虽然王莽《大诰》大量移用仿拟《周书·大诰》，但改造改写的词句也不少。

（二）王莽《大诰》的词语改造

比较《周书·大诰》和王莽《大诰》，在相同的语境下，在相同相似的句式中，王莽《大诰》对许多词语进行了改造。主要有以下几类。

1. 名词换用

前宁人→祖宗

⑦天亦惟休于前宁人，予曷其极卜？→天亦惟休于祖宗，予害其极卜。

"前宁人"乃周代习语，杨树达认为"前宁人"当为"前文人"。他在《积微居小学述林·读吴愙斋中丞字说书后》："《文字说》谓《书·文侯之命》及《兮仲钟》《追敦》皆言‘前文人’，知‘前文人’为周时习见之语，因古文‘文’字或从‘心’……后人遂误释为‘宁’。《书·大诰》屡言‘前宁人’，皆当为‘前文人’。”“前文人”指前代有文德的人[1]121。

“前宁人”一词在汉代已属于古语词，据我们检索，西汉时已罕有用例。王莽《大诰》将“前宁人”改为“祖宗”。据《汉语大词典》，“祖宗”语本《礼记·祭法》：“（殷人）祖契而宗汤，（周人）祖文王而宗武王。”到汉代“祖宗”已成为一个词语，指帝王之祖先。

民养→民长

⑧若兄考，乃有友伐厥子，民养其劝弗救？→若祖宗乃有效汤、武伐厥子，民长其劝弗救。

“民养”指主持者，执掌者，即使先秦也少见用例。“民长”指百姓的长官，如《吕氏春秋·振乱》：“凡为天下之民长也，虑莫如长有道而息无道，赏有义而罚不义。”无论如何，西汉时期“长”的长辈、君长、首领义是很显豁的，“民长”的“百姓的长官”义也就更易懂。

割（害）→丧

⑨弗吊，天降割于我家，不少延。→不吊，天降丧于赵、傅、丁、董。

“割”通“害”，“害”指灾害、祸害。“割”字在先秦的常见用法是用作动词表示分解、宰杀、切割，王莽将“割”改为“丧”，使得“祸难”义显明起来。

2. 同义连词换用

（1）将并列连词“越”换为并列连词“于”。

⑩大诰尔多邦越尔御事，弗吊，天降割于我家，不少延。→大诰道诸侯王、三公、列侯于汝卿、大夫、元士御事。

按，实际上《尚书》中多用“越”作为并列连词。王引之《经传释词·粤越》：“《广雅》曰：‘越，与也。’……《周书》‘越’字与‘与’字同义者甚多，《大诰》一篇而外，不能遍引。”据笔者初步统计，《左传》“越”已罕作连词。

（2）层进连词“矧”换用为“况”。

⑪弗造哲，迪民康，矧曰其有能格知天命！→予未遭其明哲，能道民于安，况其能往知天命！

⑫今天其相民，矧亦惟卜用。→今天其相民，况亦惟卜用！

姚振武指出层进连词“矧”入东周以后已近于消失[2]319。“况”虽然很早就用作连词，但一直沿用。

（3）结果连词“肆”换为“故”。

⑬肆予告我友邦君越尹氏、庶士、御事，曰。→故我出大将告郡太守、诸侯相、令、长曰。

⑭肆朕诞以尔东征。→故予大以尔东征。

“肆”的结果连词用法多见于《尚书》，《左传》就已经不用作结果连词。

3. 同义副词换用

（1）否定副词“弗”换为“不”或“未”；“罔不”换为“无不”。

⑮弗吊，天降割于我家，不少延。→不吊，天降丧于赵、傅、丁、董。

⑯弗造哲，迪民康，矧曰其有能格知天命！→予未遭其明哲能道民于安，况其能往知天命！

姚振武指出殷商及西周时期，“弗”“不”二者的意义及用法很接近，二者都是对动作行为的单纯否定[2]238。李佐丰认为“未”在否定事实或认识时，其中明显包含时间性，“不”则表示一般性的否定，并不强调时间性[3]197。

⑰尔庶邦君越庶士、御事罔不反曰：“艰大，民不静，亦惟在王宫邦君室。越予小子考，翼不可征”→尔国君或者无不反曰：“难大，民亦不静，亦惟在帝宫诸侯宗室，于小子族父，敬不可征。”

“罔不”始见于《尚书》，《古代汉语虚词词典》指出“罔不”先秦诸子罕见，汉以后仿用[4]588。“无不”早在《诗经》已有用例，沿用至今。

（2）语气副词“允”换为“诚”

⑱呜呼！允蠢鳏寡，哀哉！→呜呼！义、信所犯，诚动鳏寡，哀哉！

姚振武指出殷商时期语气副词有“其”“允”，“其”用例很多，“允”也不少见，一般表示肯定的语气；西周语气副词主要有“其、庶、尚、岂、曾、必”等；东周以降，“其、庶、尚、岂、曾”等继续保留，又增加“盖、盍、独、庸、奚、殆、敢、请、诚”等[2]245-247。如此，则“诚”是一个后起的语气副词。

（3）程度副词“诞”换用为“大”。

⑲肆朕诞以尔东征。→故予大以尔东征。

王引之《经传释词》卷六：“诞，句中助词也。”可见王引之是把这里的“诞”看作用于句首或句中无实义的助词，但从王莽的用词看，把“诞”看作“大”的同义词，表示“全力”“大力”。

按，“诞”有副词用法，表示程度、情势等不同一般。例如有“诞告”，表示广泛地告知。《书·汤诰》：“王归自克夏，至于亳，诞告万方。”孔传：“诞，大也。以天命大义告万方之众人。”（参《汉语大词典》第11卷179页）①

（4）指代性副词“胥”换用为“相”

⑳惟大艰人诞邻胥伐于厥室，尔亦不知天命不易？→惟大艰人翟义、刘信大逆，欲相伐于厥室，岂亦知命之不易乎？

副词“胥”在上古使用较多，汉魏以后不太常见。[4]663“相”在《诗经》已见用例，一直沿用至今。可见早在王莽时期“胥”的副词用法已不常见。郑玄在为《诗·小雅·角弓》“兄弟昏姻，无胥远矣。”作笺注时说：“胥，相也。”也可知“胥”的副词用法在东汉需要解释一般人才能明了。

4. 同义动词换用

造→遭；迪→道（导）

㉑弗造哲，迪民康，矧曰其有能格知天命！→予未遭其明哲能道民于安，况其能往知天命！

㉒予造天役，遗大投艰于朕身→予遭天役，遗大解难于予身。

---

① 钱宗武（《今古文尚书全译》前言）指出后代学者一致认定《孔传古文尚书》五十八篇中有三十三篇是伏生所传，此外，“晚书”二十五篇全是伪作，《传》也是伪作，伪《孔传》作者至今仍是一个谜。钱先生认为“晚书”主要是《尚书》的辑佚，它补充、丰富了《尚书》的内容；《孔传》汇集了前人的研究成果。笔者认为，无论如何，伪《孔传》作者离汉代未远。

"造"通"遭"，表示遭受、受到。又如《楚辞·九章·惜诵》："吾闻作忠以造怨兮，忽谓之过言。"王莽《大诰》换用本字"遭"，遭受义更加显豁。

"迪"表示开导、引导。《书·太甲上》："旁求俊彦，启迪后人。"孔传："开道后人，言训诫。"显示在"引导"意义上，汉代"道（导）"更常见。

蠢→动

㉓允蠢鳏寡，哀哉！→呜呼！义、信所犯，诚动鳏寡，哀哉！

《说文》："蠢，虫动也。"引申指动、动作、动乱。《尔雅·释诂下》："蠢，作也。"郭璞注："谓动作也。"[6]3098

相比之下，"动"的动作、行动义普遍得多。早在战国时期就"蠢动"连文，如《庄子·天地》："蠢动而相使，不以为赐。"

棐→辅；弼→辅

㉔天棐忱辞，其考我民，予曷其不于前宁人图功攸终？→天辅诚辞，天其累我以民，予害敢不于祖宗安人图功所终？

㉕天明畏，弼我丕丕基。→天明威，辅汉始而大大矣。

《说文》："棐，辅也。""棐"本指辅正弓弩的器具，后引申指辅助。除了《尚书》，辅助义"棐"并不常见。《尚书》有一些"弼"表示辅助的用例，但汉代已经"辅弼"连文，此后"辅"更加常见常用。蒋绍愚、汪维辉都谈到统计使用频率和考察词的组合关系是判别新词与旧词的两种基本方法[7][8]8-9。一个词语组合能力强，能产性高，一般是相对较新，较有生命力的词语。在先秦西汉时期辅助义"辅"构成的双音词远远多于"棐"和"弼"，如"辅助""辅佐""辅相"等，可见"辅"

表辅助更有生命力。

勤毖→劳

㉖天亦惟用勤毖我民，若有疾，予曷敢不于前宁人攸受休毕！→天亦惟劳我民，若有疾，予害敢不于祖宗所受休辅？

例㉖“毖”，江灏、钱宗武释为“勤”[5]265。按，依上下文，以及王莽《大诰》，笔者认为例㉖的“勤”为忧虑、为……而操心之义，后面的“劳”亦当此解。

格→往

㉗矧曰其有能格知天命！→予未遭其明哲能道民于安，况其能往知天命！

“格”有至义。《尔雅·释诂》：“格，至也。”“往”也有至、到义。《广雅·释诂一》：“往，至也。”但“往”的位移动词义显然更为常见。

5. 同义形容词换用

康→安

㉘弗造哲，迪民康，矧曰其有能格知天命！→予未遭其明哲，能道民于安，况其能往知天命！

“康”有安乐、安定义。《诗经·唐风·蟋蟀》：“无已大康，职思其居。”毛传：“康，乐也。”屈原《离骚》：“日康娱而自忘兮。”东汉王逸注：“康，安也。”毛亨与王逸需要用“乐”“安”来解释“康”，可见汉代时“康”的安乐、安定义已不如“安”常见。

投艰→解难；永→长

㉙肆予冲人永思艰。→故予为冲人长思厥难。

“艰”本义为“土难治”，后引申为艰难不容易，如《诗经·邶风·北门》："终窭且贫，莫知我艰。"又引申指灾难。"難"本为鸟名，后假借表示困难、艰难、祸患。在"灾难"这个意义上，后代"难"更常见。早在《尚书》中就"艰难"连言，表示危难、祸乱，如《尚书·顾命》："用敬保元子钊，弘济于艰难。"

忱→诚

㉚天棐忱辞，其考我民，予曷其不于前宁人图功攸终？→天辅诚辞，天其累我以民，予害敢不于祖宗安人图功所终？

《说文·心部》："忱，诚也。""忱"真诚义构成的复音词很少，而先秦至汉代"诚"参与构成的词语数量很多，如"诚士""诚志""诚若""诚贞""诚信"等等，显示在真诚、诚实意义上，"诚"的构词能力远强于"忱"。

6. 同义代词换用

《周书·大诰》第一人称代词有"我、予、朕、卬"，王莽《大诰》第一人称代词有"我、予、朕"。

（1）朕→予

㉛遗大投艰于朕身→遗大解难于予身

㉜天惟丧殷，若穑夫，予曷敢不终朕亩？→天惟丧翟义、刘信，若嗇夫，予害敢不终予亩？

㉝肆朕诞以尔东征。→故予大以尔东征。

秦始皇之前"朕"并非君主专用，秦始皇后来定为帝王自称之词。汉代时皇太后听政或下诏时亦自称"朕"。王莽《大诰》有的"朕"换成了"予"，不知道是不是居摄皇帝王莽在危机时刻的一种有意行为。

（2）卬→身

㉞予造天役，遗大投艰于朕身，越予冲人，不卬自恤。→予遭天役，遗大解难于予身，以为孺子，不身自恤。

㉟肆予曷敢不越卬敉宁王大命？→予害敢不于身抚祖宗之所受大命？

"卬"只在《诗经》和《尚书》偶见，"身"在秦汉间已有第一人称代词的用法，据文献所见，在魏晋六朝"身"广泛用作第一人称代词[9]78、356。笔者认为，汉代在实际口语中"身"已广泛使用。

（3）兹→此

㊱天命不僭，卜陈惟若兹。→命不僭差，卜陈惟若此。

"兹"，江灏、钱宗武认为是语末助词[5]267，但从王莽《大诰》看，汉代人（至少）王莽似乎将"兹"理解为"此"。

向熹指出，指示代词"兹"在战国以前广泛应用，战国时代"兹"逐渐从口语中消失，而"此"在《尚书》只出现5次，《诗经》以后广泛应用，几乎完全代替了"兹"[9]90。

7. 助词换用

攸→所，之所

㊲予惟往求朕攸济。→予惟往求朕所济度。

㊳天亦惟用勤毖我民，若有疾，予曷敢不于前宁人攸受休毕！→天亦惟劳我民，若有疾，予害敢不于祖宗所受休辅？

《尔雅·释言》："攸，所也。"《古代汉语虚词词典》指出"攸"的助词用法多见于早期古籍，后世大多用于仿古的文体中，"所"的助词用例见于先秦，一直沿用至现代汉语的书面语[4]563、741。

越→粤

㊴越天棐忱，尔时罔敢易法→粤天辅诚，尔不得易定！

“越”用作句首语气助词，多见于先秦，汉代以后逐渐少用；汉代以后多用“粤”字[4]794－796。《史记》《汉书》都有“粤”作句首语气助词的用例。

8. 换用感叹词

已→熙

㊵已！予惟小子，若涉渊水……→熙！我念孺子，若涉渊水……

“已”“熙”都是之部字，笔者认为二字替换可能是“已”字常见且使用频繁，容易引起误解，而“熙”字意义相对少用，不易引起交流障碍。

9. 换用复音词

哲→明哲

㊶弗造哲，迪民康，矧曰其有能格知天命！→予未遭其明哲，能道民于安，况其能往知天命！

服→服事

㊷洪惟我幼冲人，嗣无疆大历服。→洪惟我幼冲孺子，当承继嗣无疆大历服事。

济→济度

㊸予惟往求朕攸济。→予惟往求朕所济度。

疵→呰灾

㊹天降威，知我国有疵，民不康，→天降威，遗我宝龟，固知我国有呰灾。

威→威明

㊺予不敢闭于天降威，用宁王。→天降威明，用宁帝室。

嗣→承继嗣

㊻嗣无疆大历服。→当承继嗣无疆大历服事。

“承”“继”“嗣”都可以表示继承、接续。早在《诗经》就有“继嗣”连文，表示延续、继续。先秦又有“承继”连文，表示继承，如《孟子 · 万章上》：“启贤，能承继禹之道。”“承”“继”“嗣”三字连言，恐非口语有此用法，似乎是出于书面表达的韵律需要，体会前文与后文的停顿：嗣无疆大历服→当承继嗣无疆大历服事。

室→宗室

㊼亦惟在王宫邦君室。→亦惟在帝宫诸侯宗室。

“室”在先秦有表示家、王室、王朝的用法。“宗室”表宗族、同宗族之人，也可特指与君主同宗族之人。

僭→僭差

㊽天命不僭，卜陈惟若兹。→命不僭差，卜陈惟若此。

“僭”常用义为“超越本分”，这里义为“差失”，这个意义在《诗经 · 大雅 · 抑》有用例，如“不僭不贼，鲜不为则”。毛传：“僭，差也。”王莽《大诰》“僭”“差”连言，使得差失义得以鲜明。

10. 换用本字

王莽《大诰》在仿改《周书 · 大诰》时，把一些相同句子中的通假字改为本字。

明畏→明威

㊾天明畏，弼我丕丕基。→天明威，辅汉始而大大矣。

“畏”通“威”。《汉语大词典》（第 7 卷 1310 页）引孙星衍、汪远孙文证明"畏""威"古字通。

（三）王莽《大诰》对句式的改造

王莽《大诰》不仅对相同语境中相似句式相同位置的词语做了大量的替换、改动，在表达相似意义时，在句式上也有不少的改动。

其一，是在底层语义关系不变的情况下，改变表层结构形式。有四种情况。

（1）"动+名+形"→"动+名+介宾短语"

㊿弗造哲，迪民康，矧曰其有能格知天命！→予未遭其明哲，能道民于安，况其能往知天命！

"迪民康"是"动+名+形"的形式，形容词"康"表示一种目的与结果；"道民于安"是"动+民+介宾短语"的形式，介宾短语"于安"表示一种目的与结果。二者表达的语义内容是一样的，但在句法形式上有改动，使得表面上的"名+形"主谓结构（实际为结果或目的关系）变为动介宾结构，后者的语表形式显然使得名词后成分的目的结果关系更加显明。

（2）变为所字结构（所/之所），使得偏正结构显性化：

王图事→皇帝之所图事（偏正结构显性化）

51天閟毖我成功所，予不敢不极卒宁王图事。→天毖劳我成功所，予不敢不极卒安皇帝之所图事。

52敷贲敷前人受命。→奔走以傅近奉承高皇帝所受命。

53天閟毖我成功所，予不敢不极卒宁王图事。→天毖劳我成功所，予不敢不极卒安皇帝之所图事。

例52—53"受命""图事"表层都是"动+名"结构，但实际表达的是偏正关系，变为"所"字结构后，意义显豁起来。

（3）增加介词，使得动作对象显明。如：

㊹肆予冲人永思艰。→故予为冲人长思厥难。

（4）增加介词，使得双宾语句变为动宾补句。如：

㊺天棐忱辞，其考我民，予曷其不于前宁人图功攸终？→天辅诚辞，天其累我以民，予害敢不于祖宗安人图功所终？

其二，增加关联成分，使得前后语义显豁。

增加“乃”，使得前后句的目的关系显明。比较：

㊻予不敢闭于天降威，用宁王遗我大宝龟，绍天明。→天降威明，用宁帝室，遗我居摄宝龟。太皇太后以丹石之符，乃绍天明意，诏予即命居摄践祚，如周公故事。

增加疑问副词“岂”，使得反问语气更加明显。如：

㊼尔知宁王若勤哉→岂知太皇太后若此勤哉

这些具有关联作用的副词使得前后分句的语义关系更加明显。

其三，改反问句为一般陈述句，增加训导意味。

㊽若考作室，既厎法，厥子乃弗肯堂，矧肯构？厥父菑，厥子乃弗肯播，矧肯获？→予思若考作室，厥子堂而构之；厥父菑，厥子播而获之。

需要指出的是，王莽《大诰》采用的这些词语、句式，或改用先秦以来典籍常见用法，或用汉代新兴用法。

（四）王莽《大诰》中新增部分

除了上面直接引用或明显仿写《周书·大诰》的词语句式外，王莽《大诰》还新增了部分文字，以显摆自己的政绩。这部分文字相对通俗易懂。如：

> 太皇太后肇有元城沙鹿之右，阴精女主圣明之祥，配元

生成，以兴我天下之符，遂获西王母之应，神灵之徵，以佑我帝室，以安我大宗，以绍我后嗣，以继我汉功。厥害适统不宗元绪者，辟不违亲，辜不避戚。夫岂不爱？亦惟帝室。是以广立王侯，并建曾玄，俾屏我京师，绥抚宇内；傅徵儒生，讲道于廷，论序乖缪，制礼作乐，同律度量，混壹风俗；正天地之位，昭郊宗之礼，定五畤庙祧，咸秩亡文；建灵台，立明堂，设辟雍，张太学，尊中宗、高宗之号。昔我高宗崇德建武，克绥西域，以受白虎威胜之瑞，天地判合，乾坤序德。太皇太后临政，有龟龙麟凤之应，五德嘉符，相因而备。河图雒书远自昆仑，出于重野。古谶著言，肆今享实。

跟王莽《大诰》其他文字比，这段文字有以下特点：

一是排比铺陈的句式多。如“以佑我帝室，以安我大宗，以绍我后嗣，以继我汉功”连用四个相同句法结构的句子，“建灵台，立明堂，设辟雍，张太学，尊中宗高宗之号”连用5个动宾结构短语。

二是显性语义标记多。例如定语标记“之”多，这段短短的文字就有8个定语标记“之”，使得相应的句子语义关系非常明显。目的关系连词“以”多，本段文字有5个表示目的关系的连词“以”。

二、王莽《大诰》的语体性质及相关问题的讨论

冯胜利提出，语体是用语法手段调节直接交际距离的语言体

系，是比文体、风格、语域更有基底性的语言元质要素[10]5。冯胜利把语体分为俗常、正式、庄典三种，指出正式体通过对日常口语进行“泛时空化处理”的方式来完成，庄典体则是通过“援古入今”的手段来实现的，古代典籍中已有语体的对立[10]57。蒋绍愚先生则认为适用于古今汉语的语体类型大致可分为“俚俗体——直白体——平正体——文饰体——古雅体”五类（文牍、法律文书、医书、农书不在其内，这些都有自己固定的程式）[11]。

汪维辉指出综观迄今为止的相关研究，各家公认的最基本的语体区分还是口语体和书面语体两分法，大多数语言学家都用“口语”和“书面语”的二极对立来指称最重要的两种语体区分[12]。但汪先生将“口语”和“书面语”这两个已经约定俗成的名称的内涵界定为相当于唐松波的“谈话语体”和“文章语体”。

较之《史记》，《汉书》难读是为众人所公认的。不惟今人，汉代人读《汉书》已非易事。据南朝（宋）范晔《后汉书·班昭传》：“时《汉书》始出，多未能通者，同郡马融伏于阁下，从昭受读，后又诏融兄续继昭成之。”那么《汉书》的语言是一种什么性质的语言？具体到《汉书》所收录的王莽的《大诰》，又是什么语体的文字？

学界一般认为秦以前的书面语和口语基本一致，对此吕叔湘、王力等先生均有所阐发。王力先生指出“直到汉代，许多作品还是接近口语的。《史记》《汉书》里面有很生动的描写，也大多数用的是活生生的口语。……自从南北朝骈文盛行以后，书面语和口语才分了家。”[13]23－24汪维辉先生认为汉语的口语史和书面语史，在上古阶段基本上是一致的，汉代以后言文分离，才变成了两个系统，需要分开来研究[14]。

通过与《周书·大诰》的对比，结合上文我们对王莽《大诰》词汇、句式的分析，我们看到：

一是王莽《大诰》不少词语与句子来自直接对《周书·大诰》的移植。冯胜利指出，庄典体是通过“援古入今”的手段实现的[10]57。王莽《大诰》通过对《尚书》中《大诰》篇的援引，造成一种典雅风格，其目的是突出王莽的“周公”身份，增强人们对他类似“周公辅成王”的代入感。

二是王莽《大诰》在表达基本相同语义时，对《周书·大诰》的词语和句子做了大量改动。王莽发布《大诰》以昭告天下，当然必须是以各级官员乃至下层属吏能看懂的语言。各级官员特别是下层属吏的书面语水平怎么样呢?

《史记·儒林列传》载有公孙弘对皇帝请求的一段话：

> 臣谨案诏书律令下者，明天人分际，通古今之义，文章尔雅，训辞深厚，恩施甚美。小吏浅闻，不能究宣，无以明布谕下。治礼次治掌故，以文学礼义为官，迁留滞。……先用诵多者，若不足，乃择掌故补中二千石属，文学掌故补郡属，备员。请著功令。佗如律令。

“小吏浅闻，不能究宣，无以明布谕下”，这一方面反映出武帝时各级官员属吏文化水平的参差不齐，一些官吏不能完全理解朝廷颁布的诏书律令；另一方面也反映出“文章尔雅，训辞深厚，恩施甚美”的诏书律令并非人们日常口头交谈语，是属于当时的正式书面语体，连小吏们也多一知半解。

冯胜利在讨论现代汉语正式语体时，认为现代汉语的正式语体取自文言的典雅体，其中所含的文言成分也必须是活的（即今人耳听可懂的），同时必须是经过当代正式语体系统加工而成的[15]。这一观点同样适应于古代正式语体。王莽《大诰》以文书形式下达，当然也是属于诏书律令一类，既非口头谈话性的口语，理应是当时士大夫官员属吏所使用的他们能理解的活的书面语，是典雅体的正式书面语。因此，我们认为王莽《大诰》实际上体现了汉代的典雅体正式书面语的基本面貌，是直接承袭先秦文言的书面语，一方面不吝援引古语，注意遣词造句的雅厚，另一方面，也与当时的活的语言相结合，使用的是时人在使用的书面语。但是，正如《史记·儒林列传》所载，这种书面语是有一定文化知识的人才能使用才能完全理解的。

梅思将《史记》与《汉书》的对应卷做了语言学的比较研究，他认为“所有这些《史记》的特殊特点都假设了口语语言的痕迹（许多这些语法特征都出现在叙事和对话部分）。而这些口语痕迹到《汉书》中则被更具‘古典’特征的文言代替……不管怎样，《史记》肯定比后代史书以及战国时期的许多文献都表现出更多的口语特点。因此，这将假设《汉书》可以视为文言风格的真正起点，它自觉地重回上古晚期即‘古典’文献风格。”[16]如此说来，《汉书》语言并非当时的谈话语体，而是属于正式的书面语体。

从梅思的考察看，结合汉人对当时诏书律令及《汉书》的议论，结合王莽《大诰》，毫无疑问，至少在西汉末期，书面语与口语已经有相当程度的分离，有独立的书面语表达体系，并不能与口语对应。这个书面语固然直接源自先秦文言，但也吸纳了一些当时的新词新义新句式，新的表达手段。

那么，《后汉书·班昭传》所说“时《汉书》始出，多未能通者，同郡马融伏于阁下，从昭受读”，是不是就意味着《汉书》是完全脱离口语的固化的书面语呢？恐怕也未必如此。“多未能通者”是因为《汉书》是正式书面语体，其中有不少典雅体的正式语体，作者又好用古字，且涉及许多典章制度，一般人当然难以尽晓，其中叙述性文字应该还是离口语未远，因为我们看到，即使是王莽刻意拟古的《大诰》，也还是有大量体现时代特点的词语句式。

参考文献：

[1] 罗竹风. 汉语大词典 [Z]. 上海：上海辞书出版社，1986.

[2] 姚振武. 上古汉语语法史 [M]. 上海：上海古籍出版社，2015.

[3] 李佐丰. 古代汉语语法学 [M]. 北京：商务印书馆，2002.

[4] 中国社会科学院语言研究所古代汉语研究室. 古代汉语虚词词典 [M]. 北京：商务印书馆，2004.

[5] 江灏，钱宗武. 今古文尚书全译 [M]. 贵阳：贵州人民出版社，1990.

[6] 汉语大字典编辑委员会. 汉语大字典（第2版）[Z]. 成都：四川辞书出版社，武汉：崇文书局，2010.

[7] 蒋绍愚. 白居易诗中与“口”有关的动词 [J]. 语言研究，1993（2）：91－99.

[8] 汪维辉. 东汉－隋常用词演变研究（修订本）[M]. 北京：商务印书馆，2017.

[9] 向熹. 简明汉语史（修订本）[M]. 北京：商务印书馆，2010.

[10] 冯胜利. 汉语语体语法概论 [M]. 北京：北京语言大学出版

社，2018.

［11］蒋绍愚．汉语史的研究和汉语史的语料［J］．语文研究，2019（3）：1－14.

［12］汪维辉．现代汉语“语体词汇”刍论［J］．长江学术，2014（1）：91－102.

［13］王力．汉语史稿［M］．北京：科学出版社，1958.

［14］汪维辉．汉语史研究的对象和材料问题——兼与刁晏斌先生商榷［J］．吉林大学社会科学学报，2017（4）：158－165＋207.

［15］冯胜利．汉语书面用语初编［M］．北京：北京语言大学出版社，2006。

［16］梅思．汉朝汉语文言中的口语成分——《史记》与《汉书》对应卷的语言学比较研究［A］//冯胜利主编．汉语书面语的历史与现状研究．北京：北京大学出版社，2013.

晚清四川宣讲小说《保命金丹》与《孝逆报》中的方言词及其语音特征①

王俊丹 周及徐②

摘 要 考察晚清四川通俗宣讲小说《保命金丹》与《孝逆报》中的方言词语，将之与现在四川方言中的湖广话和南路话相比较，结合它们与今四川方言词汇的音义联系，可证明晚清四川南充一带方言已是以湖广话为主，印证了清代湖广移民的历史及其在这一地区完成的时间。

① 本文为国家社科基金后期资助项目“岷江流域方音字汇——20世纪四川方音大系之一”（17FYY004）和四川省社科高水平研究团队“四川方言与地域文化研究团队”项目的阶段性成果。

② 王俊丹，女，四川威远人，阿坝师范学院文学与传媒学院助理讲师。周及徐，男，四川成都人，四川师范大学文学院教授，研究方向为汉语史、汉语方言调查研究。

关键词 晚清方言 南充地区 湖广话 南路话

一

晚清四川通俗宣讲小说《保命金丹》与《孝逆报》由四川白话口语写成。其底本为木刻本线装，基本完整，由四川师范大学汪燕岗教授提供。这些书由《保命金丹》《孝逆报》《照胆台》等一系列同类的宣讲小说组成，据汪燕岗考证：关于这些书写作时间，《孝逆报》后署“同治重光协洽岁太簇月紫芝洞君题于果城之斗口山”。“同治重光协洽岁太簇月”即同治十年（1871）正月，该年当为《孝逆报》成书及初刊的时间。“果城”即今四川南充市。关于作者，据《孝逆报》的《重叙》可见，该书是彭悟真编集，其子彭祥仲续成的。卷一目录后又署“破迷子编辑、务本子校书”，则破迷子应是彭悟真。另发现《大愿船》一书也是破迷子编著，题“岳西破迷子编辑，果南务本子校书”，岳西即今四川南充市岳池县西部，果南为果州（南充）南部，两地相邻。可见破迷子彭悟真和务本子都是本地人。其中务本子还编有《照胆台》一书，题“果南务本子编辑并书”，同类书《保命金丹》也署“务本子校书”。据以上，可以知道这些书是晚清时期四川南充以及川东一带人所撰写的[1]。以今方言区看，这一带同属西南官话成渝片。本文用上述书中所载的俗语词来探寻约百年前晚清时期的南充及川东一带的方音。

根据四川师范大学周及徐近年来的研究，现在四川地区方言主要分为两大方言：一是由湖北湖南等省迁来的“湖广人”说的“湖广话”，主要分布于岷江以北的川东、川中；二是保留明以前蜀语音系的“南路话”，主要分布于岷江以南的川西、川南。“湖广话即成渝地区方言，是明洪武及清前期移民的结果。”“湖广”与“南路”既是当代四川方言的两大分区，也是四川方言元明以来形成的两大历史层次。而对“南路话”在四川方言中的地位，以前的认识却不明确，往往把它混同于湖广话之中，没有认识到它曾是明以前四川话的底层[2]。下图是据周及徐的研究绘制的当代四川湖广话与南路话分布图，这样的格局大约在百年前就已形成。白色是湖广话区，黑色是南路话区，灰色是两种方言叠置区[3]。

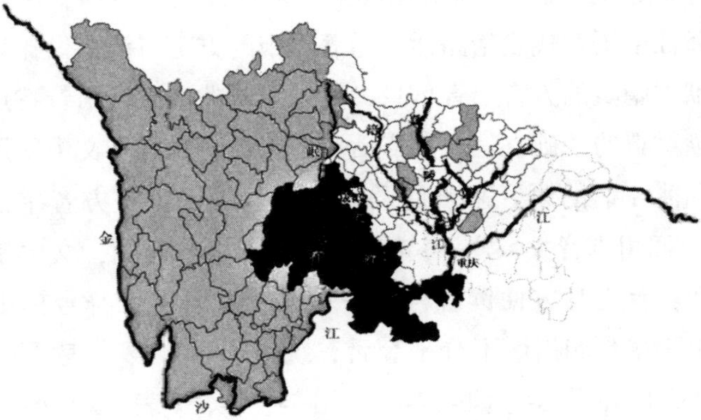

■黑—南路话　□白—湖广话　■灰—方言叠置区

四川湖广话与南路话分布图

《保命金丹》与《孝逆报》是晚清宣讲小说，向民间宣传忠孝节义伦理道德，对象是普通民众，语言必须大众化。这两本书的作者是晚清南充籍人士，小说的语言应反映了当时当地方言面貌。在《保命金丹》与《孝逆报》写作的晚清时期（约公元1800年以后），南充所在的川中地区应与现在相去不远，其方言被“湖广话”替代。“湖广话”具有西南官话的共同特征，例如有四个声调、古入声字归阳平；也有自己的一些特征，例如不分平翘舌声母、不分鼻边音声母、后鼻音韵尾［-iŋ］变为前鼻尾［-in］、调值相似等等[2]。南路话的主要语音特征则有：古入声字今读入声调，果摄帮端知系字韵母读-u，麻三精见组字韵母读-i，通摄入声字韵母读-o，模韵帮系端组字（老派）读-o，等等[2]。比如南路话的“多”［tu］，成都人听起来是“都”；南路话的“姐”［tɕi］，成都人听起来是“几”；南路话的“木”［mo］，成都人听起来像是“摸”；南路话的“肚”［to］，成都人听起来像是“舵”。本文用成都话语音代表湖广话，用四川蒲江的蒲江话语音代表南路话，与著作中的方言口语词做比较，找出文献中隐藏的方言语音信息，分析当时的南充话语音特点，找出文献材料的基础方言与湖广话和南路话的联系。文中所用的成都话和蒲江话的语音来自周及徐等著《岷江流域方音字汇——20世纪四川方音大系之一》[4]。为方便阅读和印刷，文中使用两套标音：首先为方便读者，用一套近于汉语拼音符号标出今读音。由于多数四川话不分平翘舌，统一用 z-、c-、s-表示［tʂ-、tʂh-、ʂ-］和［ts-、tsh-、s-］；用 j-、q-、x-表示［tɕ-、tɕh-、ɕ-］；由于四川话泥来母洪音字不分鼻音边音，统一用 l-表示［n-］和［l-］；用 i 表示［ɿ-］和［ʅ-］。另一套是方括号内注的国际音标，声调用 1、2、3、4、5 分别表示阴平、阳平、上声、去声和入声。文中的中古音采用的郑张尚芳的构拟音。

二

1. 沿："无有盘费怎回郡？万般无奈化沿门。"（《保命金丹》第6页下第2行）这里该是"缘"，"化沿门"即"化缘门"。沿，成都话音 yuan2［yɛn2］[4]，与"缘"yuan2［yɛn2］[4]同。普通话"沿"失去合口，音 yan2［ian2］。作者可能文化水平不高，在写文时把"缘"写作同音的"沿"。这里"沿"字音与成都话同。

2. 攀：“将夫所寄之丝厘不用，概拿放帐生息，另外找来攀口。”（《保命金丹》第8页下第2行）“攀”在这里的意义是辛苦挣钱养家。成都话有相同的词，音 pan2［phan2］写作“盘”，例如“你妈好不容易把你盘大”。本字不明。

3. 毾毾："却说是年，李短毾毾带领人马忽扰五通桥。"（《保命金丹》第8页下第8行）"毾毾"指辫子，一般写作"搭搭"，都是以字形表音 da2［tʌ2］，本字不明。成都话也用此词，见于李劼人《死水微澜》（1935年作）。

4. 凭："忙取下和灰捏溶，涂于面上，装扮停妥，凭于床角微作呻吟之状。"（《保命金丹》第9页下第5行）这里用的本字。"凭，《广韵》扶冰切，平声蒸韵并母。上古即有'靠着'义。中古音［bɨŋ］平声，西南方言变为［phən1］，阴平送气，本当为阳平送气。成都话和南路话同音［phən1］。"[5]湖广话和南路话皆有此词。

5. 刻："你这叫化女，终惯不得，刻到处讨点吗，未必要到我吃一辈子不成？"（《保命金丹》第10页下第8行）这里该是

“去”。去，《广韵·御韵》丘倨切①，御韵溪母，“离也”。中古音［kiʌ］去声。普通话与成都话中声母腭化，音 qu4［tɕhy4］[4]。文中用“刻”字表明了两条语音信息，一是当时的南充话“去”的声母未腭化，保留古声母，音 ke4［khe4］，与“刻”同；二是“刻”是一个入声字。《广韵·德韵》苦得切，德韵溪母，“刻镂也”。在湖广话中有去声一读，如“刻刻”［khe4 khe4-1］（指刻度），此音未入《广韵》。“去”用去声的“刻”音来标音，说明当时的南充话“刻”与湖广话“刻”同，都是去声。今四川方言也有“去”读［khe4］的，在川东、川北以及西昌等地。

6. 欠：“那时儿才离怀抱，早夜欠罣把心操。”（《保命金丹》第 18 页上第 5 行）这里的“欠”指想念，成都话有相同用法，音 qian4［tɕhan4］，本字当是“牵”字的去声一读。《广韵·霰韵》：“牵，牵挽也。苦甸切。”由“牵挽”以比喻心中牵挂，由此义引申指想念。声韵调俱合。《汉语大词典》在“牵”qian4 字条下收“挽船的绳索”一义，失收此方言义。

7. 角：“进庙把揖作，偶遇美娇娥。年方十三四，名唤焦菱角。”（《保命金丹》第 20 页上第 1 行）“角”与“作”“娥”相押。成都话这三个字的韵母都是-o，此处三字相押，证明在这里三字的韵母同成都话一样相同，都为-o。角在中古是入声字，成都话入归阳平，有文读 jio2［tɕio2］、白读 go2［ko2］[4] 两个读音。说明当时的南充话和成都话一样，“角”字音 jio2［tɕio2］，或 go2［ko2］声母不腭化，与普通话的读音 jiao3［tɕiau3］不

① 据周祖谟校，《广韵·御韵》“去”“近倨切”当为“丘倨切”。

同。同时,“角”为古入声字,与“作”“娥”这两个非入声字相押,也反过来说明了当时的南充话已经是入归阳平的湖广话音系,不同于入声独立的南路。南路话“娥”韵母是[-u],不与“角”“作”的[-o]相押。

8. 披:“谁知人难满百岁,竟跨青鸾瑶池飞。母泪命儿速来把孝披,到此难将伯母会。”(《保命金丹》第21页下第1行)这段韵文表明,“披”的主元音和韵尾与“岁”-uei、“飞”-ei、“会”-uei同,都是-ei。披,湖广话和南路话音pei1[phei1][4],这里南充话“披”音与今天四川话同,不同北京音[phi1]。

9. 谷(縠):“卿有两个角,水里作绣阁,皮肉白而嫩,外面是黑谷。”(《保命金丹》第27页下第4行)前文已证得,“角”的韵母是-o,这里“阁”“谷”与“角”相押,说明,它们的韵母也是-o。阁,《广韵》铎韵开口见母,古落切,成都话音go2[ko2][4],这里与成都话音同。谷(縠),《广韵》屋韵合口见母,古禄切,属于通摄字。南路话“通摄入声帮知系、端泥组读-o”[2],谷(縠)蒲江话音go5[ko5][4],小说中该字在这里韵母读同南路话。成都话“谷”音[ku2],不与“角”“阁”[ko2]同韵。

10. 喫:“那时节我的儿八岁未满,徒喫得做不得。”(《保命金丹》第32页上第3行)“喫”义同“吃”,原文“吃”和“喫”两用。喫,《广韵·锡韵》苦击切,属锡韵溪母,中古音[khek],“喫食”。吃,《广韵·迄韵》居乞切(依周祖谟校),属迄韵见母,中古音[kit],“语难,汉书司马相如口吃而善著书也”。按照语音演变规律“喫”今音当为qi5[tɕhi5]。南路话有的点仍用该词,音qi1[tɕhi1][4]。而今用原来表示口吃的

“吃”字表示吃饭，今普通话音［tʂʅ1］，今湖广话音［tsʅ2］，广泛用于北方方言中，成都话也是如此，皆不合于古音。这说明在晚清南充话中，北方方言的“吃”已经进入四川，所以与“喫”两存。如今的湖广话，则“吃”完全替代了“喫”。

11. 嘛：“莫怨莫嘛脸莫使气，总要耐烦。”（《保命金丹》第33页上第3行）指板着脸，给人脸色看。成都话有该用法，音ma3［mʌ3］。

12. 挪：“清贞受痛不过，挪住棍子哭道：‘哎呀！婆婆呃！’”（《保命金丹》第37页上第4行）这里的“挪”该为“拉”。《孝逆报》：“假妆骇人把颈挂，又去跳水望人挪。”（第36页上第4行）其中的韵文也表明“挂”和“挪”相押，它们主元音一致，都为-a，再串联文意，证明当时“挪”读为“拉”字。在普通话中“挪”音［lo2］。挪，《广韵》歌韵开口泥母，诺何切，中古音［nɑ］平声。随着语音演变，泥来母字洪音相混，加上语音变化滞后，挪到作者的年代就音la1［la1］了。老成都话“挪”仍读［la1］。这也反映了四川方言泥母和来母字洪音相混的特点。这一条可见作者的湖广话语音。

13. 它：“你这来难婆，做事太凶恶。媳有那些错？乱将脸皮割？快与我说破，不然扯几它。”（《保命金丹》第38页下第2行）“它”该为“砣”。《孝逆报》中也有相同的用法：“蔡氏将半肥半瘦的切几大它，回锅时就拈一它在口里，几嚼就吞。”结合文意，容易推断出“它”实为“砣”。它，歌韵透母字，托何切，中古音为［thɑ］平声。由于“它”现在是一个常用字，所以不管是成都话还是普通话都音ta1［tha1］，与中古音基本无差。由此推断，当时的南充话“它”音to1［tho1］，所以用

“它”代替“砣”，证明“砣”在当时与“它”同音。砣，《康熙字典》：“〈五音集韵〉：‘徒和切。’”按照语音演变规律，“砣”字当为阳平，“砣”音 to2［tho2］，韵母与“挪”“它”相同。在小说中，“它”音［tho2］，口语量词，常用。今音［tha1］，书面语代词，是五四“白话文运动”以后传入的。这一条的韵字“婆、恶、错、割、破、它（砣）”，湖广话皆是-o韵，说明了作者的湖广话口音。而南路话这字些分属不同的韵，是不相押韵的。

14. 嚜：“是是是，低头一嚜，这件事我到明白。”（《保命金丹》第 42 页上第 1 行）成都话有相同的用法，音 me3［me3］[4]，指默默思考，本字就是“默”。

15. 街：“四处欠下债，归家把箱开。将银钱偷出外，定是游花街。”（《保命金丹》第 47 页下第 1 行）韵文表明，“街”与“债”“开”“外”押韵，韵母同为-ai，与成都话、南路话皆同。

16. 弲：“弲着腰抱着胸两眼哭滥，诉不完奴苦情”（《保命金丹》第 53 页上第 4 行）成都话有相同用法，音 juan1［tɕyan1］，本字不明。

17. 逗：“正江无奈只得依从，众皆欢喜，见彼有钱二串，遂商议逗分子买大腊火炮。”（《保命金丹》第 56 页下第 7 行）成都话有相同用法，音 dou4［təu4］[4]，义与“凑”同，这里不是本字，只是用同音字表音，本字该是“斗”。斗（繁体作鬭），《说文解字·鬥部》：“鬭，遇也。从鬥斲声。”段玉裁注：“凡今人云鬭接者是遇之理也。”本义是“遇”，引申指“合拢”“凑”，例如成都话“凑份子”“斗［təu4］钱”，是参与人把物或钱集中起来，是物和物、钱和钱的相遇[6]43。今湖广话和南路话皆同。

18. 尽（儘）："二子是个闲人，喜欢贸易，颇几百串钱不上算，尽他两个去做。"（《保命金丹》第63页上第7行）成都话有相同用法，音jin3［tɕin3］[4]，指放任、听凭。《汉语大词典》"儘"词条下第5条解释："一任；听凭。"元无名氏《九世同居》第二折："与我请个明师，立一个义学，但乡中人家孩儿，尽他来读书。"今湖广话和南路话此条同。

19. 熁："我不免颇着性命倒卧冰上，借我身上这点热气把冰熁开。"（《孝逆报》第112页上第1行）《蜀语》："火炙曰熇，又曰熁。〇熇音考，熁音脅。"（第9页）"'烤［khau3］'字今湖广话和南路话皆用，明时通语。《广韵·业韵》：'脅，虚业切。'《集韵·业韵》：'熁，迄业切，火迫也。'南路话用此字，读［xie5］，入声，指逼近旺火，感到热气灼人，例：'炉子火旺，［xie5］人得很。'成都话不用此词。"[7]熁字《广韵》《集韵》皆无，但是从声符来看，音当同"熁"，用法也与之相同，本字该是"熁"。又"熁"是一个南路话词，证明当时的南充话中有南路话词。

20. 朵："打熄火一概不像，只剩得几朵土墙。"（《孝逆报》第15页下第8行）"朵"在《广韵》中为果摄字，文中本字该为"堵"。堵，在中古属于模韵字。南路话"模韵帮系端组字（老派）读-o"[2]，读同成都话果摄，与"朵"音同。此条说明当时的南充话有南路话成分。

21. 细娃："细娃年轻不知啥事，再等三五两载□与他夫妻完配，岂不是好？"（《保命金丹》第34页上第5行）"细"表示"小"，"细娃"就是"小娃"。《汉语大词典》"细"词条下

第10条解释“年幼”。宋曾巩《上欧阳舍人书》：“然亲在忧患中，祖母日愈老，细弟妹多，无以资衣食。”“细娃”今四川湘方言区有用此词。

22. 撞：“仙手执棍子周身撞，看你耐烦不耐烦。”（《保命金丹》第37页上第1行）成都话有相同用法，音can3［tshan3］，指用手抽打。这是一个“成都话的承古方言词”[8]。今湖广话和南路话皆同。

23. 夺（攧）：“顺手摩根篆竿，向良材身夺去。”（《保命金丹》第68下第4行）这里的“夺”本字有两说。一说是“剟”。剟，《说文解字·刀部》：“刊也。从刀，叕声。”本义是“削、删除”，引申有“刺”的意思，《中华大字典》：“亦刺也。”《史记·张耳陈余传》：“吏治榜笞数千，刺剟，身无可击者。”《广韵》：“涉劣切。”现代汉语普通话音do1［to1］，根据《广韵》的注音，该字应是入声字，成都话入归阳平，音do2［to2］，与“夺”do2［to2］[4]同音。一说是“戳”。戳，成都话音co2［tsho2］[4]，口语亦音do2［to2］[4]，成都话音do2［to2］[4]，与“夺”do2［to2］[4]同音。今湖广话和南路话皆同。

24. 秘：“霎时痰吼气已秘，骇得孩儿魂飞。娘死犹如长江水，滔滔流去永不回。”（《保命金丹》第81页上第7行）根据文意这里的“秘”该是“闭”。根据韵文，“秘”与“飞”“水”“回”相押，韵母为-ei，说明这里“秘”音bei4［pei4］，老成都话今尚有此音。当时，“闭”与“秘”同bei4［pei4］，从音理上是可能的。闭是蟹摄开口四等字，中古音为［pei］去声，与中古音相同。这说明当时的南充话“闭”的读音保留了十分古老的蜀语音。

三

《保命金丹》和《孝逆报》作为口语性十分强的晚清宣讲小说，其中保留了大量珍贵的方言信息，对著作中的语言进行分析，可以归纳出三点：一是《保》《孝》的大部分词语与成都话代表的湖广话相同，有“沿”“攉”“毶毶”“欠”“角”“嗣”“嚜”“弰”“逗”“它”“夺”等共11个词语，占所选词语的绝大多数；二是《保》《孝》的少数词语也反映了南路话特征，如：“谷（穀）”“喫”“爋”“朶”；三是，《保》《孝》的一些词语现在通行于整个四川地区，南路话和湖广话都用，如“凭”“披”“街”“尽（儘）”“搉”。

以上词汇说明了作者的湖广话口音。入声字“角”能与非入声字“娥”相押，说明了当时的南充话已经是入归阳平的局面，不同于入声独立的南路话；而“它（砣）”与“婆”“恶”“错”“割”“破”相押，也是湖广话特征。因为在南路话中这些字分属不同的韵，是不能押韵的。

作者描写的语言中也有少量的南路话的成分。谷（穀）音go2［ko2］，谷在中古属于通摄字，当时韵母读-o是南路话“通摄入声帮知系、端泥组读-o”[2]的特征，比如蒲江话谷（穀）音go5［ko5］[4]，而湖广话要读［ku2］。此外，“堵”字写作“朶”说明读“堵”音to3［to3］，堵在中古属于模韵字，当时韵母读-o符合南路话“模韵帮系端组字（老派）读-o”[2]的特征，而湖广话要读［tu3］。

《保命金丹》和《孝逆报》词汇的上述语音信息，证实了晚清（约公元1800年以后）的南充已经处于湖广话区，当时南充话属于湖广话；另一方面，作品中描写的少数语音现象，也反映出当时的南充地区保留了一部分《蜀语》旧音（今表现为南路话）。

参考文献：

[1] 汪燕岗．清代川刻宣讲小说集刍议——兼述新见三种小说集残卷［J］．文学遗产，2011（2）：137－140.

[2] 周及徐．南路话和湖广话的语音特点——兼论四川两大方言的历史关系［J］．语言研究，2012（7）：65－77.

[3] 周及徐．传播与演变——明清四川方言以来形成概述［C］//语言历史论丛（第十四辑）．成都：巴蜀书社，2020（1）：73－85.

[4] 周及徐等著．岷江流域方音字汇——20世纪四川方音大系之一［M］．成都：四川大学出版社，2019.

[5] 周及徐．成都俗语本字24例［C］//语言历史论丛（第九辑）．成都：巴蜀书社，2016：144－156.

[6] 左福光．宜宾方言本字考与宜宾湘语研究［M］．成都：华文国际出版社，2016.

[7] 周岷，周及徐．从明代《蜀语》词汇看四川方言的变迁［J］．语文研究，2016（3）：23－26.

[8] 周及徐．成都方言本字26例（续一）［C］//历史语言论丛（第十三辑）．成都：巴蜀书社，2019（2）：1－16.

四川中江县广福话音系①

古　婷②

摘　要　本文以中江县广福镇话的田野调查材料为基础，归纳出广福话音系。自“湖广填四川”以来，部分湖南外来移民对广福当地的汉语方言产生了深远的影响。广福话又受到强势方言“湖广话”的影响，在语音系统上受到“湖广话”同化，但仍保留了明显的湘方言的特征。

关键词　中江　广福话　方言音系　田野调查

① 本文为国家社科后期资助项目“嘉陵江流域方音字汇——20 世纪四川方音大系之二”（20FYYB039）的阶段性成果。

② 古婷，女，四川德阳人，四川师范大学文学院 2019 级汉语言文字学专业研究生，研究方向为语言学、汉语方言。

一、概况

（一）地理位置

广福镇隶属于四川省德阳市中江县，位于中江县南端。东与大英县交界，南与资阳市乐至县毗邻，西与金堂县金龙镇交界，北面则是中江县城。广福镇距中江县城约40公里，距省会城市成都约112公里，属于丘陵地区，全镇面积约66平方千米。

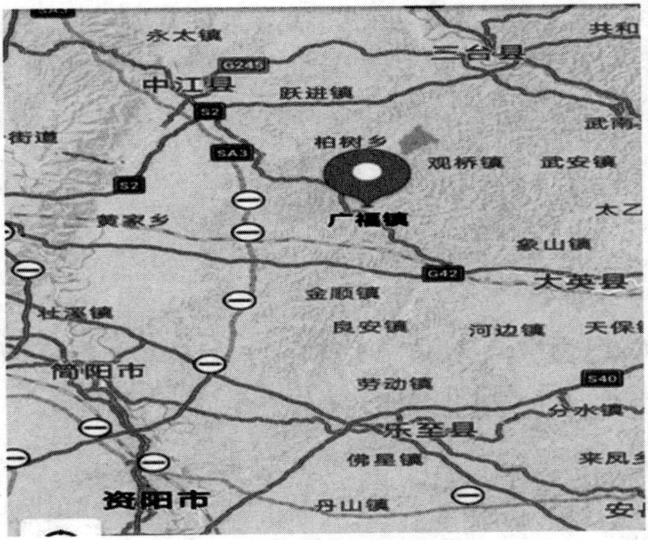

图1 中江县广福镇位置图①

（二）田野调查情况

调查时间：2020年8月7日至8日。调查地点：德阳市中江

① 来源于百度地图。

县广福镇。调查人：古婷（四川师范大学 2019 级硕士研究生）。发音人基本情况：肖富国，男，1955 年 1 月 14 日出生，中江县广福镇人，初中文化程度，讲广福话，未长时间离开过广福镇。记音整理及音系归纳：古婷。指导调查：四川师范大学教授周及徐。调查录音设备由四川师范大学文学院语言学实验室提供。

本次田野调查使用上海师范大学研发的斐风（Field Phone）、Mini Box 声卡和德国拜耳动力 TGH55C 话筒调查录音，调查字表以中国社会科学院语言研究所《方言调查字表》为基础，结合当地方言情况及特点适当筛选制成，最终调查字数为 3882 个，笔者以调查材料进行听音、记音，使用 Praat 软件进行声调测值及相关作图工作，最后总结出广福话的语音系统。

二、广福话音系

（一）声母

如表 1 所示，广福话声母共 21 个，包括 20 个辅音声母和 1 个零声母，以下列出广福话声母表：

表 1　广福话声母表

p 巴步白疲	p^h 坡普跑	m 米明目	f 飞伐灰换	v 乌无误物屋
t 多杜夺屠	t^h 他土同	l 那奴路连		
ts 租自阻诸知治侄昨锄财	ts^h 粗惭茶抽抄馋称		s 苏师书舌石	z 日挠人
tɕ 酒就九局齐骑	$tɕ^h$ 七墙丘其	ȵ 泥年研逆	ɕ 心虚幸习	
k 锅共各葵	k^h 科可课	ŋ 我熬奥岸	x 火含旱合	
0 味儿艺衣域易				

声母说明：

（1）声母 p-、p^h-、t-、t^h-、k-、k^h-发音特点无特殊，与北京话基本一致。

（2）声母 ts-、ts^h-、s-、z-与北京话相比，发音部位稍微靠后一点。

（3）声母 l-有 n 或 l 的自由变体，统一记作 l-。声母 ŋ-只出现在开口呼前，软腭阻塞明显，鼻气流较弱。

（4）声母 v-摩擦很明显，且只与单韵母-u 相拼，如乌、吴、午、误等。

（5）声母 k、k^h 与韵母-əu、-en 相拼时，发音部位略微靠前，舌根接近硬腭后端。如：狗、口、根等。

（二）韵母

如表 2 所示，广福话韵母共 36 个，其中单元音韵母 7 个，复元音韵母 16 个，鼻音韵尾 13 个，以下列出广福话韵母表。

表 2　广福话韵母表

ɿ 之执日职尺	i 齐比集笔力昔	u 猪母突绿	iu 女雨菊虽
ɚ 儿二而耳			
ᴀ 那马塔伐	ia 家涯夹瞎	ua 瓜画挖刮	
e 蛇涉浙得客	ie 爷接级灭月滴	ue 括廓扩国	ye 靴雪决爵
o 多幕鸽渴落捉	io 掠学育俗		
ai 抬丐楷街	iɛi 介阶解械	uai 怀怪帅	
ei 杯废悲飞汇辉		uei 堆闺吹未	
au 保敲超照	iau 交标跳嚼		
əu 茂偷周肉	iəu 流九幼		
an 男站旦班幻	iɛn 监甜闲建	uan 端团惯软	yɛn 全权喧玄
en 审镇寸等生	in 林民冰星永	uən 滚顺文	yn 询君群倾

aŋ 帮党张项　　iaŋ 粮向江讲　　uaŋ 仓光框窗
oŋ 猛冻统终封　　ioŋ 兄穷容用

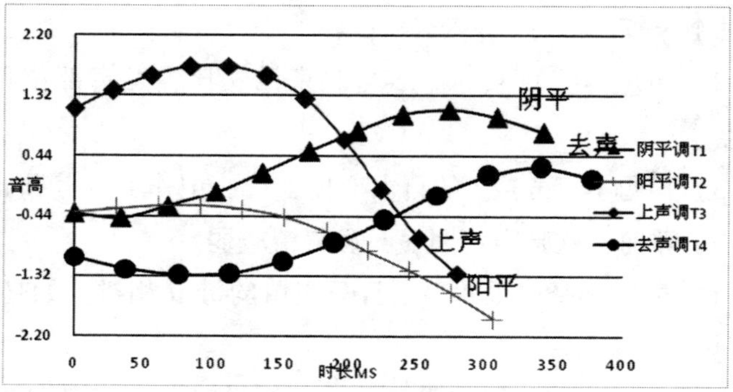

图 2　广福话元音舌位图

韵母说明：

（1）ɿ：舌尖前元音，只能和［ts、tsh、s］组声母相拼，如：知、此、紫、私。

（2）i：前高不圆唇元音，与北京话相比，舌位靠后一点。

（3）u：后高圆唇元音，与北京话相比，圆唇度较小，舌位靠前；u 作为介音时，发音较为松弛；与唇齿浊擦音声母 v-相拼时，摩擦明显。

（4）y：前高圆唇元音，不做单韵母，只在复韵母中出现，比北京话的舌位较低、较后。

（5）A：元音 a 作单元音时为央元音 A，在-an、-uan 中偏前为 a，在-iɛn、-yɛn 中偏高为 ɛ，在-aŋ、-iaŋ 和-uaŋ 中记为 a，实际音值为 ɑ。

（6）o：后半高圆唇元音，较标准元音低而开，如：多、婆、坐、盒。在-əu、-iəu 中，元音展唇而偏央，实际为 ə。

（7）e：前半高不圆唇元音，如：奢、哲、刻、革。

（8）ɚ：卷舌元音，只与零声母相拼，与普通话发音基本一致，如：二、而、耳、尔。

（三）声调

广福话有四个声调，分别是阴平、阳平、上声、去声，以下选取各声调代表字，用 Praat 软件测出其基频值，根据相关数据用 excel 绘制出声调绝对时长曲线图，测出各声调具体调值：阴平 34，阳平 21，上声 452，去声 213，以下列出广福话声调表。

表 3　广福话声调表

调类		调值	例字
阴平	1	34	巴当师关衣
阳平	2	21	麻徒夹立毒
上声	3	452	马古老免统
去声	4	213	杜路派抱冻

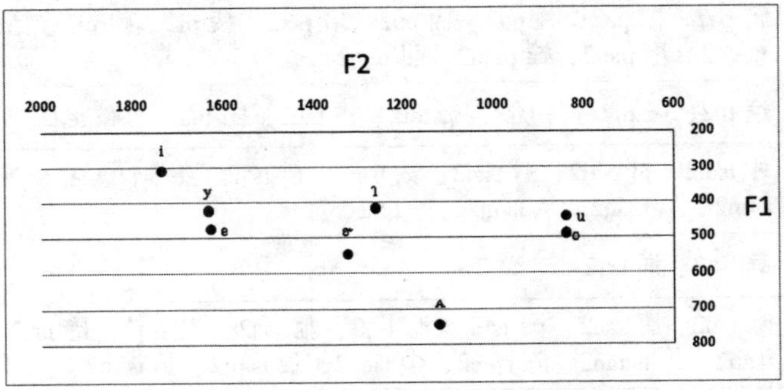

图 3　广福话声调绝对时长曲线图

声调说明：

（1）阴平调为中升调，升势不明显，较为平缓，时长较长。

（2）阳平调为低降调，降势较为平缓。

（3）上声调为拱调，听感上似降调，降势较陡，时长较短。

（4）去声为下凹调，时长最长。

三、声韵调系统及其历史演变

（一）广福话声母系统与《切韵》系统的比较

我们以广福话为基点，与《广韵》音系声母进行纵向比较，可以看出该方言音系的声母在《广韵》音系声母中的分派情况，从而找出广福话中声母历史演变的规律和特点，主要有以下几点规律。

（1）古浊声母并、定、从、邪、澄、崇、禅、群母的部分平声字清化不送气。如下表4所示：

表4　广福话浊声母平声字清化不送气详表

并	爬 pa2、杷 pa2、菩 pu2、葡 pu2、培 pei2、疲 pi2、脾 pi2、琵 pi2、枇 pi2、袍 pau2、嫖 piau2、朋 poŋ2
定	途 tu2、屠 tu2、台 tai2、抬 tai2、桃 tau2、团 tuan2、藤 ten2
从	才 tsai2、材 tsai2、财 tsai2、裁 tsai2、糍 tsɿ2、慈 tsɿ2、磁 tsɿ2、层 tsen2、丛 tsoŋ2、从 tsoŋ2、齐 tɕi2、
邪	辞 tsɿ2、词 tsɿ2
澄	除 tsu2、厨 tsu2、橱 tsu2、池 tsɿ2、驰 tsɿ2、迟 tsɿ2、持 tsɿ2、潮 tsau2、传 tsuan2、陈 tsen2、尘 tsen2、长 tsaŋ2、肠 tsaŋ2、
崇	锄 tsu2、雏 tsu2、豺 tsai2、柴 tsai2、巢 tsau2、愁 tsəu2、床 tsuaŋ2
禅	丞 tsen2、诚 tsen2
群	逵 kuei2、葵 kuei2、奇 tɕi2、骑 tɕi2、棋 tɕi2、旗 tɕi2、权 tɕyɛn2、拳 tɕyɛn2、狂 kuaŋ2、裙 tɕyn2

(2) 非、晓组混读。古晓匣两母今读与唇齿音非敷奉相混是中江话的一大特点，广福话中也存在这一现象。何大安将湖北、湖南、四川、云南地区的中古晓匣母与非组的关系归纳为了四种类型[7]122（X 表示晓组字，F 表示非组字）。

(1) RA X —— f/_u
　　　　 __ x

(2) RB X —— x/_o，oŋ
　　　　 __ f

(3) RC F > xu

(4) RD X > f

何大安将中江话归于 RB 型，即晓组合口除在-o、-oŋ 前仍读 x 外，与其他韵母相拼时都读为 f 声母。笔者对广福话的调查与何大安的调查研究基本一致，广福话非晓组相混的情况主要是晓组混入非组，即 x > f。但是也有个别非组字读 x-，如“坟”xuən2、“房” xuaŋ2。根据饶冬梅的调查，中江话非组字的演化情况为：非组字绝大部分今仍读 f，但在-oŋ 前读成了 x，如“风、峰、逢、奉、凤、冯”等，一律读为-oŋ 韵[11]168，但广福话没有饶文的这一特点，具体情况如下表 5 所示：

表 5 广福话晓组合口读音详表

韵母	广福话声母	
	f	x
ʌ	+花、华、猾、滑	-
u	+呼、保	-

续表

韵母	广福话声母	
	f	x
o	–	+火、合、活
e	+或、惑、获	–
ei	+灰、绘、慧、毁	–
uai		+怀、淮
an	+欢、换、幻	–
en	+婚、混	–
aŋ	+荒、慌	+谎、黄
oŋ	+风、冯、封、逢	+烘、哄

（3）部分匣母洪音字读为零声母字，如：画 ua4、坏 uai4、茴 uei2、后 əu4、韩 an2、杭 aŋ2、项 aŋ4、皇 uaŋ2、痕 en2、红 oŋ2。

（4）部分合口零声母字，前有唇齿浊擦音 v-，包括影匣疑微等母字，应是晚起的现象，以"委"字为例，演变过程应是 uei > vei，其他例字如："微" vei2、"畏" vei4、"户" vu4、"外" vai4。

（4）不分平翘舌。古知系字与精组合流，洪音皆读 ts-/tsh-/s-，如"知" = "咨" tsɿ1，"聪" = "冲" tshoŋ1，"苏" = "书" su1。个别知系字读为 tɕ-/tɕh-/ɕ-，如"邹" tɕiəu1、"汁" tɕi1、"樟" tɕiaŋ1。

（5）不分尖团。古精组细音与见系细音全混，都读为 tɕ-/tɕh-/ɕ-，如"酒" = "九" tɕiəu3，"凄" = "欺" tɕhi1，"须"

=“虚”ɕiu1。

（6）泥、来母洪混细分。泥母和来母的洪音字相混，自由变读，统一记为 l，如“老”=“脑”lau3，“农”=“隆”loŋ2；泥母和来母的细音字则可以区分，泥母和疑母细音字读为ȵ-，如“连”liɛn2≠“年”ȵiɛn2，“犁”li2≠“泥”ȵi2，疑母字如“谊”ȵi2、“孽”ȵie2、“研”ȵiɛn1。

（7）日母止摄字读零声母∅-，如：儿、二、而、饵，其他全读 z-，如惹、乳、绕、柔、染。

（8）疑、影两母古开口一、二等字读为 ŋ-，如：疑母“鹅”ŋo2、“熬”ŋau2”、“岸”ŋan4，影母“埃”ŋai1、“奥”ŋau4、“安”ŋan1。

（10）部分疑、微、影母字为单韵母-u 时读 v-，如疑母“吴”vu2、“五”vu3，影母“乌”vu1、“屋”vu2，微母“武”vu3、“务”vu4。

（11）部分见系二等字未腭化，如“街”kai1、“窖”kau4、“敲”khau1、“鞋”xai2、“蟹”xai2、“咸”xan2、“巷”xaŋ4。

（二）广福话韵母系统与《切韵》系统的比较

以广福话为基点，与《广韵》韵母系统进行纵向比较，可以看出该方言音系的韵母在《广韵》音系韵母中的分派情况，从而找出广福话中韵母历史演变的规律和特点，下面笔者将从阴声韵、阳声韵、入声韵三个方面进行一个详细的说明。

1. 阴声韵

（1）果摄字在广福话中的演变结果主要是-o。一等端系仍有部分字读为-ᴀ，因其在口语中使用的频率很高，因此语音滞后，如“他”“那”“大”。开口三等读为 ie，如“茄”，合口三等读为

ye，如“靴”。果摄字从读音的变化来看主要是主元音后高化。

（2）假摄字在广福话中的演变结果较为规则，有-ᴀ、-ia、-ua、-ie、-e。假摄二等字的主元音没有发生大的变化，依然是a。合口二等晓组字丢失 u 介音，与非组字相混，读为-ᴀ，如“花” fᴀ1、“化” fᴀ4。三等的精组、见系字发生了腭化，主元音高化变为 e，读为-ie，如“姐”“写”“夜”，知系字丢失了介音 i，读为-e，如“遮”“社”“惹”。

（3）遇摄字的演变结果为 u、iu。鱼、虞韵的端、见系都读复元音 iu，没有读为单元音 y。如“女”“巨”“取”“雨”。

（4）蟹摄开口一二等字大部分字读为-ai。开口二等皆韵的见晓组字保持了 i 韵尾，读为-iεi，“皆”“介”“械”。开口三四等字读为-i，知系字受声母影响读为-ɿ，如“蔽”“低”“世”。

蟹摄合口字在广福话中读为-ei、-uei、-uai。大部分字仍保持合口，与北京话不同的是，广福话蟹摄合口灰韵泥组字仍读合口，如“雷” luei2、“内” luei4。晓组字同非组相混，丢失 u 介音，读为-ei，如“绘” fei4、“慧” fei4。

（5）止摄开口字除精组、见系字以外多读为-i，有部分唇音字读为-ei，如“卑”“披”“美”，精组见系字则读为-ɿ。止摄合口字除非晓组以外多读为-uei，有个别字读为-iu，如“虽” ɕiu1、“遂” ɕiu4、“隧” ɕiu4，与鱼韵字合流。

（6）效摄字的发展演变较为稳定，在广福话读为-au、-iau，如“包” pau1、“骄” tɕiau1。

（7）流摄字在今天广福话读为-əu、-iəu，如“抽” “九”“幽”。西南官话中部分流摄侯韵明母字与通摄字合流读为-oŋ，广福话仍读-əu，如“亩” məu3、“茂” məu4。开口三等尤韵非组字读-u，如“妇”“负”，个别非组字仍读-əu，而不读-u，如“否”fəu3、“浮”fəu2。

2. 阳声韵

（1）咸、山两摄合流。

咸摄的阳声韵韵尾由-m演变为-n，在广福话中演变结果为-an、-iɛn，如“蓝”“监”“店”。

山摄开口字的演变结果为-an、-iɛn，如“但”“艰”“展”。山摄开口庄组二等字中，有部分字读作了合口呼，如“珊”suan1、“铲”tshuan3、“删”suan1、“疝”suan4。

山摄合口字的演变结果主要是-an、-uan、-yɛn，如“搬”“酸”“全”。读-yɛn的是三四等字的端见系，如“宣”“劝”“玄”。三四等字见系的零声母字读为齐齿呼-iɛn，而不读撮口呼，如“院”“元”“远”“渊”，还有个别不是零声母的字也读为齐齿呼，如“选”çiɛn3、“捐”tçiɛn1。

（2）深、臻摄合流。

深摄字的演变结果为知系字读为-en，其余都读为-in，如“品”“禁”“沉”“森”。

臻摄的演变结果为-in、-en、-uən、-yn。读-uən的主要是合口一等魂韵见系字和三等谆韵的知系字，读-yn的主要是合口三等韵的精组、见系字。与北京话不同的是，臻摄合口的端系字丢失u介音，读为开口呼，如“敦”ten1、“论”len2、“尊”tsen1，合口三等精组的个别字也丢失了u介音，如“遵”tsen1、“笋”sen3。

（3）曾、梗摄合流。

曾、梗摄开口字的演变结果为-in、-en，广福话中曾梗两摄与深臻摄合流，如“灯”“冰”、“命”“城”。曾梗摄唇音个别字读入通摄，如“朋”poŋ2、“棚”poŋ2、“盟”moŋ2。

曾、梗摄的合口字少，只有见系字，读音分化也较为复杂，有读为-oŋ 的，如“弘”oŋ2、“宏”oŋ2；有读为-ioŋ 的，如“兄”ɕioŋ1、“迥”tɕioŋ3；有读为-uən 的，如“横”xuən2；梗摄合口三等影组字读为-in，而不读-yn，如“荣”in2、“咏”in3、“营”in2，合口三等见组字读为-yn，如“倾”tɕhyn3、“琼”tɕyn2。

（4）宕、江摄合流。

宕摄的字在广福话中演变结果为-aŋ、-iaŋ、-uaŋ。如“帮”“良”“广”。宕摄开口一等部分精组字读为-uaŋ，增生了 u 介音，如“藏隐藏”“仓”“桑”。宕摄合口一等本应读-uaŋ，部分晓组字与非组字合流读为-aŋ，如“荒”faŋ1、“慌”faŋ1。

江摄帮系字读为-aŋ，知系字读为-uaŋ，见系字读为-iaŋ，如：“邦”“窗”“江”。

（5）通摄大部分字读为-oŋ，如“蓬”“冬”“中”“公”。合口三等晓、影组读为-ioŋ，如“熊”“胸”“容”“用”。

3. 入声韵

（1）咸摄合韵端系、盍韵端系、洽韵知系、乏韵，与山摄开口曷韵端系、黠韵帮知系、辖韵知系、合口黠韵，月韵非组合流，读为-ᴀ，如：拉、塔、扎、法、达、八、铡、伐。

（2）咸摄开口洽韵见系、狎韵、帖韵见系，与山摄开口黠韵见系、辖韵见系合流，读为-ia，如：掐、甲、轧、瞎。

（3）咸摄开口叶韵、业韵、帖韵，与山摄开口薛韵帮见系、月韵、屑韵合流，读为-ie，如：接、劫、叠、别、孽、憋、结。

此外还有山摄合口的薛、月韵见系的零声母字读为-ie，如阅、月、越。

（4）咸摄开口合韵见系、盍韵见系；山摄开口曷韵见系，合口末韵、薛韵知系；宕摄铎韵、开口药韵知系；江摄帮知系合流，读为-o，如：鸽、磕、割、泼、说、莫、郭、弱、捉。

（5）深摄缉韵章组，臻摄质韵章组，曾摄开口职韵知章组，与梗摄开口昔韵知系合流，读为-ɿ，如：十、失、植、尺。

（6）深摄缉韵端见系；臻摄质韵帮端见系；曾摄开口职韵端见系；梗摄开口三等陌韵、昔韵帮端见系、四等锡韵帮端见系合流，读为-i，如：立、笔、极、碧、夕、敌。

（7）臻摄没韵端见系、术韵知系、物韵非组；宕摄合口药韵；与通摄一等屋韵、沃韵，三等屋韵帮端知系、烛韵端知系合流，读为-u，如：突、出、佛、缚、谷、毒、福、束。

（8）臻摄术韵端见系、物韵见系；与部分通摄三等屋韵见系合流，读为-iu，如：橘、屈、菊。还有个别烛韵见系字也读为-iu，比如：局、玉。

（9）宕摄开口药韵端见系；江摄觉韵见系；通摄三等屋韵见系、烛韵精组、见系合流，读为-io，如：脚、学、畜、浴。

（10）部分山摄末韵见系；宕摄合口铎韵；与曾摄合口德韵合流，读为-ue，读这个韵母的字非常少，笔者调查的3882字中只有5个字，如：括、阔、廓、扩、国。

（11）山摄合口薛韵端系、月韵见组、屑韵合流，读为-ye，如：绝、厥、诀。

（12）咸摄叶韵知系；山摄开口薛韵知系；曾摄开口德韵、职韵庄组；梗摄开口二等陌韵、开口二等麦韵合流，读为-e，如：涉、哲、刻、色、百、责。

（三）广福话声调系统与《切韵》系统的比较

中古声调系统和今天的广福话相比，有很大的差别。今广福话有四个声调，平声分阴阳，上声和去声不分阴阳，入声消失，比古声调系统简化许多。两者的关系如表6：

表6　古声调系统与广福话声调系统

中古声调	中古声母	今广福话声调	例字
平声	清声母	阴平	巴 书 心 跟
	全浊、次浊声母	阳平	皮 袍 眉 蛮
上声	清声母、次浊声母	上声	摆 捧 买 藕
	全浊声母	去声	部 惰 序 件
去声	全部	去声	变 次 渐 艾
入声	全部	阳平	百 月 毒 族

古平声在广福话中的分化与普通话大体一致，即古平声浊声母和次浊声母字今读阳平，古浊声清声母字今读阴平，有少数几个字存在例外现象。

古上声清声母和次浊声母在广福话中仍读为上声，而古上声浊声母字在广福话中则归入了去声，即浊上变去。

古去声在今广福话声调的分化中较统一，基本都读为去声，少数字读为了其他声调。

今广福话中古入声调已经消失，丢失辅音韵尾，同湖广话一样，主要归入了阳平调。从入声在今广福话声调当中的分化情况来看，归入阳平的比例约为86%，另有约4.5%归入阴平，其中次浊声母字有5个，全浊声母字2个，清声母字21个；约2.1%归入上声，其中次浊声母字有4个，全浊声母字2个，清声母字7个；约7.2%归入去声，其中次浊声母字有11个，全浊声母字13个，清声母字20个。可见在广福话中，古入声字今大部分都读为了阳平，清声母入声字的归派稍复杂，读为阴平、上声、去声的字较多。

四、广福话与湘语的关系

我们将广福话音系与湖广话的代表成都话进行比较，就会发现广福话与成都话的音系差别不大①。“湖广话”是四川人对成都和重庆等地方言的俗称，一般指以成都和重庆两地的方言为代表的通行于成渝地区的方言。它具有西南官话的共同特征，例如有四个声调、古入声字归阳平；也有自己的一些特征，例如不分平翘舌声母、不分鼻边音声母、高元音后的后鼻音韵尾变为前鼻尾、调值相似等等。成渝两地方言之间差别很小，“湖广话”覆盖了东起万州西至成都岷江以东的地区[17]65。相比起来，广福话主要有以下几条音系特征不同，这些特征则体现了湘语的特点：

（1）古浊声母逢塞音、塞擦音的部分平声字清化不送气。湘方言有保留中古全浊声母的特点，现在日趋清化，清化的古全浊声母逢塞音、塞擦音多不送气[10]152。崔荣昌曾将四川境内的湘方言从语言特点上进行了划分：一是老派湘语，其主要特点是

① 成都话的语言材料来自何婉的《四川成都话音系调查研究》，四川师范大学汉语言文字学专业硕士毕业论文，2008。

保留了一整套或一部分全浊声母，如中江，金堂的“老湖广话”；二是新派湘语，其主要特点是古全浊声母逢塞音和塞擦音不论平仄，今一般读不送气清音，如达县的“长沙话”和乐至的“靖州腔”；三是川派湘语，至今还保留着一部分新派湘语的特点，如“永州腔”[4]280-281。他在另一篇文章里就详细讨论了四川境内的“老湖广”，认为可将“老湖广话”分为永兴话和竹篙话两个小片[5]188。而永兴话主要分布在中江县境内，其中就包括广福镇。从此次笔者的调查来看，广福话与永兴话还是有所不同，广福话并没有浊声母，应该不属于“老湖广话”，而属于新派湘语（即北部湘语）。虽然广福话受到周围西南官话的影响，一些逢塞音、塞擦音的全浊平声字已经读为送气音了，但仍有大部分全浊平声字读不送气音。

（2）非、晓组混读。其基本格式：X —— x/_ o，oŋ
＼ f

晓组合口除在-o、-oŋ 前仍读 x 外，与其他韵母相拼时都读为 f 声母，即 x > f，但有个别非组字读 x-。成都话也有非晓组混读的情况，但与广福话不同。成都话中晓匣母只有遇到单韵母 u 时，才会读为 f-。而广福话则是大部分晓匣母字在合口韵前都读为 f-，丢失 u 介音。这是湘方言的一大特征。何大安在归纳非晓组演化的类型时，认为 RB 型主要是湘语，在他调查的 RB 型地理分布中，46 个方言点中湖南就有 32 个点[7]126，这些都足以说明这是湘方言的一大特征。今湖南境内，存在这种特征的方言点主要分布在湘方言的东部和邵阳部分地区[17]66。

（3）部分匣母洪音字读为零声母字，这种情况也是湘方言的特征。崔荣昌在描写永兴话时发现永兴话也有这种现象。周赛红的博士论文《湘方言音韵比较》中提到益阳型方言就有此特征，并且在其他方言点中也存在，只是没有益阳话这样典型[19]48。从文献记载中，我们也能看出这一现象的反映。如：乾隆《长沙府志》："王黄曰王……回曰惟……贤曰延……横曰文。"乾隆《益阳县志》、嘉庆《益阳县志》、同治《益阳县志》："……回肥皆曰为……横焚皆曰文……黄房皆曰王……胡符吴皆曰无。"[19]54-55

（4）个别知系字读为 tɕ-/tɕh-/ɕ-，如"邹" tɕiəu1、"汁" tɕi1、"樟" tɕiaŋ1。此条特征所涉及的字虽然很少，但也能说明一定的问题。湘方言中知系字读为 tɕ-/tɕh-/ɕ-是很常见的现象，在湖南省内湘方言区，主要分布在中部以西、中部以南地区[19]22。在今天广福话中，知系字读为 tɕ-/tɕh-/ɕ-的字已经很少了，但是仍能证明是湘方言的特征。

（5）鱼、虞韵的端、见系都读复元音-iu，没有读为单元音 y，如"女""巨""取""雨"。个别字止摄字也读为-iu，如"虽" ɕiu1、"遂" ɕiu4、"隧" ɕiu4。此外还有入声韵的臻摄术韵端见系、物韵见系，与部分通摄三等屋韵见系也读为-iu。换句话说，广福话中没有单韵母 y，成都话中单韵母 y 对应到广福话中，都读为了 iu。笔者认为这是一种语音滞后现象。从《切韵》系统来看，遇摄鱼、虞两韵的构拟音分别是 iʌ 和 io①，随着语言的演变，主元音逐渐高化到 u，两韵合流变为-iu，进而再演变为 y。现在广福话就是停留在了 iu 这个阶段。王力根据 17 世纪末潘耒《类音》的四呼相配，认为模、鱼、虞韵分化为［u］

① 构拟音采用自郑张尚芳的《上古音系》，上海教育出版社，2003。

[y] 两音，这种变化最晚在16世纪就已经完成了[12]203，也就是在明代。因此我们可以说，iu至少为明代语音的部分残存。但笔者目前并没有找到直接的证据证明该条特征是湘方言的遗留。

（6）山摄、臻摄、与梗摄合口三四等的见系零声母字读为齐齿呼，而不读撮口呼，如："院" iɛn4、"月" ie2、"运" in4、"咏" in3。还有个别不是零声母的字也读为齐齿呼，如"选" ɕiɛn3、"捐" tɕiɛn1。张一舟在研究百年前的中江话时，就发现了撮口呼混入齐齿呼的现象，如：怨恨误作厌恨，言误作援[15]219。说明至少在百年以前撮口呼就混入了齐齿呼。在广福话中并不是没有单元音y的存在，只是y出现的环境有限，只在既有声母又有韵尾的音节中出现，其他的都是混入了齐齿呼，因此笔者推测，广福话中的撮口呼产生时间较晚。

接下来我们再从移民史的角度来谈谈广福话。历史上不断的战乱曾让四川的人口锐减，因此就有了移民来填补四川的人口。历史上到四川的移民主要有两场：明初移民和清前期移民。而湖南人入川主要是在清朝，大部分是在清朝康熙、雍正年间来的，乾隆以后迁入四川、重庆等地的湖南人也不少。从康熙十年（1671）政府颁布政策鼓励向四川大规模移民起，至乾隆四十年（1775）后政府逐渐限制移民止，形成了近代历史上第二次向四川移民的高潮，前后长达一百余年[18]54。在崔荣昌的调查中，中江当地群众的家谱也能证明，如下表7所示。

表7 中江当地群众家谱调查统计表[5]192

姓	原籍	江西住地	迁湖广时间	湖广住地	入川时间	四川住地
谢①	河南南阳	吉安泰和	元至正丁酉（1357）	黔阳武岗	清顺治三年（1646）	仁寿 蓬安 广汉 德阳 绵阳 南充 富顺 内江
谢②	同上	同上	同上	同上	清康熙乙未（1715）	什邡 新都 金堂 中江 简阳 成都
谢③	同上	同上	同上	同上	清雍正四年（1726）	
李①	甘肃天水	吉安泰和	明嘉靖十五（1536）	新宁（后迁广西全州）	清康熙五十（1711）	武胜 中江
李②	同上	同上	同上	同上	明万历二十四（1596）	蓬溪 巴县
邓	河南南阳	吉安泰和	明朝	零陵	清康熙十二（1673）	中江
龚		南康	明弘治八年（1495）	零陵	清康熙十五（1676）	蓬溪 遂宁 安岳 中江
王	未载	未载	未载	邵阳	清康熙二十（1681）	金堂
李	未载	未载	未载	邵阳	清康熙十五（1676）	金堂
彭	甘肃	吉安安福	元宣光二年（1372）	武岗 邵阳	清康熙二十八（1689）	金堂

五、结语

根据笔者对中江广福话的调查，其呈现的音系特征与湖广话的区别已经不大，但仍保留了一些北部湘语的语音特征，再结合移民史的信息来看，我们可以说广福话历史上是湘方言，但随着居住时间的延长，受到湖广话的影响也越来越多，现在已经与湖广话差别不大了。四川中江县地处丘陵地区，远离城市，交通不便，因此湘方言的一些特征得以保留下来，但随着经济、社会、交通的不断发展，再加上周围都是湖广话的区域，广福话正在向湖广话不断靠拢，其湘方言的特征也正在逐步消失。

参考文献：

[1] 鲍厚星，颜森．湖南方言的分区［J］．方言，1986（4）．

[2] 崔荣昌．四川方言的形成［J］．方言，1985（1）．

[3] 崔荣昌．四川省西南官话以外的汉语方言［J］．方言，1986（3）．

[4] 崔荣昌．四川湘语记略［J］．方言，1993（4）．

[5] 崔荣昌，李锡梅．四川境内的“老湖广话”［J］．方言，1986（3）．

[6] 葛剑雄，曹树基，吴松弟．简明中国移民史［M］．福州：福建人民出版社，1993．

[7] 何大安．规律与方向：变迁中的音韵结构［M］．北京：北京大学出版社，2004．

[8] 何婉．四川成都话音系调查研究［D］．四川师范大学，2008．

[9] 侯精一．现代汉语方言概论［M］，上海：上海教育出版社，2002．

[10] 李小凡，项梦冰．汉语方言学基础教程［M］．北京：北京大学

出版社，2009.

[11] 饶东梅. 四川中江话非晓组字演化分析［C］//语言历史论丛(第八辑). 成都：巴蜀书社，2015.

[12] 王力. 汉语史稿（修订本）［M］，北京：商务印书馆，1980.

[13] 杨时逢. 湖南方言调查报告［M］，台北："中央研究院"历史语言研究所，1974 .

[14] 中国社会科学院语言研究所. 方言调查字表［Z］. 北京：商务印书馆，2016.

[15] 张一舟.《跻春台》与四川中江话［J］. 方言，1998（3）.

[16] 郑张尚芳. 上古音系［M］. 上海：上海教育出版社，2003.

[17] 周及徐. 南路话和湖广话的语音特点——兼论四川两大方言的历史关系［J］. 语言研究，2012（3）.

[18] 周及徐. 从移民史和方言分布看四川方言的历史——兼论"南路话"与"湖广话"的区别［J］. 语言研究，2013.

[19] 周赛红. 湘方言音韵比较研究［D］，湖南师范大学，2005.

附　录

四川省中江县同音字汇

本字汇根据中江广福方言的韵母、声母、声调的次序排列。1、2、3、4 分别表示阴平、阳平、上声、去声。写不出本字的音节用方框"◇"来表示，后面用小字作注释或举例。举例中用"~"代替所释字。字下加"—"表示白读音，加"="表示文读音。字汇中音标一律不用方括号。

A

∅ 1 阿

p 1 巴芭疤笆琶 2 爸爬杷钯八 3 把欛 4 吧坝坝耙罢

p^h 2 拔 4 怕帕

m 1 妈 2 麻痲 3 马码 4 骂

f 1 花 2 华铧划华桦滑猾法乏发发伐筏罚 4 化话

t 2 搭答沓达 3 打 4 大

t^h 1 他 2 踏搨塔榻遢溻塌獭

l 1 挪拉垃 2 哪哪拿纳腊蜡镴捺辣瘌 4 那

ts 1 查渣 2 乍杂札眨闸札扎铡 4 诈榨炸煤

ts^h 1 叉杈差岔差 2 茶搽茬查插擦察

s 1 娑沙纱痧砂 2 萨杀 3 洒傻洒撒

x 1 鰕

ai

∅ 2 还 4 害骇亥

p 2 牌 3 摆 4 拜稗败

p^h 2 排徘 4 派

m 2 埋 3 买 4 卖迈

v 4 外

t 1 呆呆 2 台台苔抬 3 逮 4 带大戴贷待怠殆代袋

t^h 1 胎 2 台 4 太泰态

l 2 来 3 奶乃 4 奈赖癞耐

ts 1 斋灾栽载 2 豺柴纔才材财裁 3 宰 4 债再载在载寨

ts^h 1 钗差猜 2 残 3 彩采踩睬 4 蔡菜

s 1 腮鳃筛筛 4 赛晒

k 1 该街 3 改 4 盖丐

k^h 1 揩开 3 楷凯 4 概溉慨

ŋ 1 埃唉挨哀 2 硙崖捱隘岩 3 矮 4 爱艾蔼碍

x 2 孩鞋蟹 3 海

an

∅ 2 函韩

p 1 班斑颁搬般 3 扳板版拚 4 扮办瓣半伴拌

p^h 1 攀潘 2 盘 4 盼襻绊判畔叛

m 2 蛮瞒馒 3 满 4 慢鳗漫幔蔓

f 1 欢翻番 2 桓凡帆烦矾繁藩 3 缓反 4 唤焕换幻宦泛范范犯梵贩饭

v 1 弯 2 玩完顽还环 3 晚

t 1 耽丹单 3 胆掸疸 4 担担淡旦诞但弹蛋

t^h 1 贪探坍滩摊瘫檀 2 潭谭坛谈痰坛弹 3 毯坦 4 叹炭

l 2 南男婪蓝篮难兰拦栏囊 3 览揽榄缆懒 4 滥难烂

ts 1 簪錾蘸黏沾粘瞻砧簪毡 3 斩盏展攒 4 暂站站占占赞濽赞绽栈溅战颤钻

ts^h 1 参搀餐 2 蚕惭馋谗缠蝉禅 3 惨产 4 忏灿

s 1 三杉衫钐山搧 2 蟾 3 陕闪散伞 4 散扇善膳单禅

z 2 然燃 3 染冉

k 1 甘柑泔尴干干肝竿杆 3 感敢橄秆擀赶 4 干

k^h 1 堪勘刊 3 龛坎砍槛 4 看看

ŋ 1 庵安鞍 4 揞暗岸按案晏

x 1 憨酣鼾熯 2 含憾咸咸寒 3 撼喊喊罕 4 汉旱捍汗焊翰

aŋ

∅ 2 行航杭 4 项

p 1 邦浜帮 3 绑榜谤 4 棒蚌蚌

p^h 2 庞滂旁螃傍 4 胖

m 2 芒氓盲虻忙芒茫 3 莽蟒

f 1 荒慌方芳 2 坊 3 肪仿纺仿彷访 4 放

t 1 当裆 3 党挡档 4 当荡宕

t^h 1 汤荡 2 堂棠螳唐糖塘 3 倘躺 4 烫趟

l 2 郎廊狼螂 3 朗 4 浪

ts 1 章蟑脏张 2 长肠场 3 掌长涨 4 障瘴葬藏脏帐胀账怅丈仗杖

ts^h 1 昌菖娼 3 厂 4 唱倡畅

s 1 商伤 2 常尝裳偿 3 赏晌磉嗓搡 4 上尚上丧丧

z 2 瓤攘 3 壤嚷 4 让

k 1 肛刚纲钢冈缸钢 3 港岗 4 虹杠杠

k^h 1 康糠慷 2 扛 3 囥 4 抗炕

ŋ 1 骯 2 昂

x 1 夯 4 巷

au

∅ 1 凹 2 毫豪壕

p 1 褒包胞雹 2 袍刨刨 3 保宝堡饱 4 报抱暴菢豹爆鲍曝

p^h 1 抛脬 3 跑 4 泡泡炮

m 1 猫 2 毛茅矛 3 卯 4 冒帽貌

t 1 刀叨 2 桃 3 倒岛捣 4 倒到稻道盗蹈

t^h 1 滔掏涛 2 逃淘陶萄 3 讨 4 祷套导

l 2 劳捞牢唠痨涝 3 脑恼老姥 4 闹

ts 1 糟遭朝昭招沼 2 槽皂巢潮朝 3 早枣蚤澡爪找笊 4 灶罩赵兆召照诏

ts^h 1 操抄钞超 2 曹 3 草騲炒吵 4

躁糙造燥

s 1 骚臊筲捎稍烧 2 韶 3 嫂扫扫少 4 潲潲哨少绍邵

z 2 铙挠饶桡 3 扰绕 4 绕

k 1 高膏篙糕羔膏茭 3 稿搞 4 告窖

k^h 1 敲 3 考烤拷 4 靠犒铐

ŋ 1 爊坳 2 熬鳄腭愕 3 袄 4 傲懊奥澳懊拗

x 1 蒿薅 3 好郝 4 好耗号浩号

e

∅ 3 尔

p 2 北百柏伯白陌

p^h 2 迫拍魄泊泊

m 2 墨默脉麦没

f 2 或惑获

t 2 得德

t^h 2 特

l 2 劣勒肋

ts 1 遮蜇 2 蔗则贼仄折褶窄摘责哲辙折浙 3 者

ts^h 1 车 2 厕侧恻测拆宅择泽册策撤彻澈 3 扯

s 1 赊奢 2 蛇赦涉塞色啬涩舌设折瑟虱 3 舍舍 4 射麝騇畲畲社射

z 2 热 3 惹

k 1 给 2 格骼革隔嗝

k^h 2 咳克刻刻客

ŋ 2 额厄扼轭

x 2 吓黑赫吓核核核

ɚ

∅ 2 儿而 3 耳饵 4 二贰

ei

p 1 杯悲碑卑 2 培陪赔 4 贝狈辈背倍背焙臂

p^h 1 批丕披 2 裴 3 胚坯 4 沛配佩

m 2 梅枚媒煤玫莓霉媚 3 每美 4 妹昧痳

f 1 恢诙灰麾飞非妃菲挥辉徽 3 悔晦毁匪痱翡 4 汇会会绘穗费讳卉汇废肺柿吠秽惠慧

v 1 薇 2 徊为帷维惟唯肥微 3 萎委尾苇纬 4 巍畏慰猬

en

∅ 2 恒痕 4 杏恨

p 1 崩奔 2 膨 3 本 4 笨

p^h 1 烹 2 彭盆 4 喷

m 2 门 4 闷

f 1 昏婚浑分吩芬纷荤 2 魂焚 3 粉 4 喷馄混粪奋愤忿份

t 1 登灯敦蹲 2 藤腾 3 等戥墩 4 凳邓顿扽盾沌钝遁盾

t^h 1 吞 2 誊

l　2 能论仑伦沦轮 3 冷 4 嫩论

ts　1 增曾征蒸针斟争筝睁珍榛臻真诊疹尊遵贞侦正征 2 层丞陈尘程诚 3 拯怎枕枕振震撙整 4 澄憎赠甑澄证症镇阵圳郑正政

tsʰ　1 称参撑村 2 曾橙承沉岑橙辰臣存呈成城 3 惩忖逞 4 蹭称秤掌趁衬慎寸

s　1 僧升森参深生牲甥笙身申伸娠孙声 2 乘神晨 3 沈婶审省眚损笋榫省 4 剩胜胜渗葚甚肾圣盛盛

z　2 壬任人仁 3 扔忍刃韧 4 仍任纴认

k　1 庚羹耕跟根 3 哽耿 4 更粳梗埂更

kʰ　1 坑 3 肯恳垦啃

ŋ　1 樱恩 4 硬

x　1 亨哼 2 衡 3 很

əu

∅　2 侯猴 4 后厚后候

pʰ　3 剖

m　2 谋 3 某亩 4 茂贸

f　2 浮 3 否

t　1 兜 3 斗陡 4 斗豆痘逗

tʰ　1 偷 2 头投 3 抖敨 4 透

l　2 楼 3 搂篓搂 4 漏陋

ts　1 绉周舟州洲周帚粥 2 愁 3 肘走 4 昼纣宙骤咒

tsʰ　1 抽搊 2 绸稠筹酬仇仇 3 丑丑 4 臭奏凑

s　1 搜飕馊搜收 3 手首守叟 4 瘦兽受寿授售嗽

z　2 柔揉 4 肉

k　1 勾钩沟勾 3 狗苟 4 垢够彀构购

kʰ　1 抠眍 3 口 4 叩扣寇

ŋ　1 谬欧区 3 呕殴沤藕偶偶 4 怄

x　2 喉 3 吼

i

ȵ　2 泥倪宜谊尼呢疑 3 你拟 4 义议腻

∅　1 椅倚伊医衣依 2 诣缢移姨夷矣饴怡贻遗抑揖邑一壹逸益亦译易 3 以已 4 艺刈瞖易肄意异忆亿翼

p　2 毙陛琶枇鼻疲脾笔滗毕必碧璧壁 3 鐾鄙比秕彼譬 4 蔽敝弊币闭箅庇痹备篦俾被婢被避鳖弼

pʰ　1 屄 2 皮匹癖僻辟劈霹 3 痞 4 屁

m　2 迷谜秘泌眉楣縻弥靡密蜜觅 3 米

t 1 爹低 2 的狄敌籴涤 3 底抵 4 帝蒂涕蹄啼弟第递隶莉荔地利痢

t^h 1 梯 2 堤屉题提剔踢 3 体 4 替剃

l 2 犁黎篱璃离梨厘离力立笠粒栗历历 3 礼狸李里理里鲤 4 例厉励丽吏

tɕ 1 鸡稽羁奇饥肌基姬机讥饥汁 2 际济齐脐奇骑箕杞棋旗其即鲫棘极缉集辑急激疾吉戟脊迹积籍绩 3 挤几己纪几几虮 4 祭穄荠剂计继髻寄徛技妓冀记忌既季寂

tɕ^h 1 妻凄凄溪奚欺期 2 岐泣七漆膝戚 3 启起岂 4 砌契企器弃祁气汽祈讫乞

ɕ 1 些西栖犀兮牺嬉熙嘻希稀携畦 2 裼胥婿玺徙息熄媳习吸析锡悉蟋昔惜夕席 3 洗禧喜蟢 4 细系系系系戏

ȵ 2 匿凝 4 仪蚁

ia

∅ 1 鸦丫桠 2 牙芽衙伢蚜涯鸭押 3 雅哑 4 砑亚压轧

tɕ 1 家加痂嘉家稼佳 2 夹夹甲胛挟荚 3 假贾假 4 架驾嫁价

tɕ^h 1 揭 2 掐恰洽

ɕ 1 虾虾 2 霞狭峡匣侠瞎辖 4 厦瑕遐下夏厦下夏暇

iɛ

tɕ 1 皆阶偕 3 解解解解 4 介界芥疥届戒械荆

ɕ 2 懈蟹

iɛn

ȵ 1 拈研 2 阎严鲇年 3 碾捻 4 验酽念廿砚

∅ 1 淹阉炎腌腌蔫焉蔫烟胭咽冤渊 2 盐檐盐颜谚延蜒言缘沿元原源袁辕园猿 3 掩魇眼演衍远 4 厌靥艳焰雁筵堰燕宴燕院愿怨援

p 1 鞭编边 3 贬扁匾 4 变便辩辨便辫

p^h 1 偏 3 篇蝙遍 4 骗遍片

m 2 绵棉眠 3 免勉缅娩 4 面面

t 1 掂颠癫 3 点典 4 踮店恋簟电殿奠佃垫淀练炼臀

t^h 1 添天 2 甜田填 3 舔腆 4 栎

l 2 廉镰帘敛连联怜莲链楝 3 脸殓 4 炼

tɕ 1 监监尖兼艰间间奸煎肩坚捐 3 检减碱裥简柬拣锏剪践茧趼笕 4 俭剑鉴舰渐间谏涧箭贱件

建毽键健腱荐见

tɕʰ 1 嵌歼签签扦纤谦迁千牵纤铅 2 钳潜钱干虔犍掮犍前 3 浅遣笺 4 欠歉

ɕ 1 仙鲜鲜先筅 2 嫌闲闲羡贤弦眩 3 险选癣显 4 陷馅衔限苋苋线宪献现县

ȵ 1 搛 2 俨

iaŋ

ȵ 2 娘

∅ 1 央秧殃 2 羊洋杨阳扬疡 3 仰养痒 4 样

l 2 良凉粮梁粱 3 两两辆 4 量亮谅量

tɕ 1 江豇樟疆僵姜缰姜羌将 3 讲蒋奖桨 4 降浆酱将匠

tɕʰ 1 腔枪 2 强强墙 3 抢 4 呛

ɕ 1 香乡相箱厢湘镶 2 降详祥翔 3 饷享响想 4 向相象像

ȵ 4 酿

iau

ȵ 3 咬鸟 4 尿

∅ 1 妖邀腰要夭幺吆 2 肴摇谣姚窑遥尧 3 舀杳 4 要耀鹞跃

p 1 膘标彪 2 瓢嫖 3 表表婊

pʰ 1 飘薸鳔 3 漂 4 票漂

m 1 猫 2 锚苗描 3 秒渺藐妙 4 庙

t 1 刁雕貂凋 4 吊钓调掉调

tʰ 1 挑 2 条调 4 跳粜跳

l 2 燎燎辽聊寥撩僚镣 3 了瞭 4 疗廖廖料

tɕ 1 交胶郊教焦蕉椒醮骄娇矫浇 2 瞧 3 绞狡铰搅剿缲缴侥饺 4 教较酵校觉轿叫嚼

tɕʰ 1 撬 2 俅樵瞧荞侨桥乔 3 巧悄窍 4 俏翘

ɕ 1 梢消宵霄硝销逍肖嚣萧箫 2 屑 3 小晓 4 哮孝淆校校效笑

ie

ȵ 2 业聂镊蹑孽捏逆

∅ 1 拽噎曰 2 耶爷椰叶页悦阅月越粤乙 3 也野 4 夜液腋

p 1 逼憋 2 别别 3 瘪鳖

pʰ 2 撇 3 擘

m 2 灭篾蔑

t 2 跌迭碟牒蝶谍迭滴嫡笛

tʰ 2 帖贴铁

l 2 猎列烈裂

tɕ 2 接级及杰揭竭节疖结洁击 3 姐 4 借藉

tɕʰ 1 笪 2 茄劫怯妾捷切窃截 3 且

ɕ 1 蝎楔 2 邪斜谐胁协袭歇穴隙 3 写 4 泻卸谢泄

ȵ 2 摄溺

iəu

ȵ 2 牛 3 纽扭

∅ 1 优忧悠幽 2 尤邮由油游犹 3 有友酉 4 又右佑莠诱柚釉幼

t 1 丢

l 1 溜 2 流留刘榴琉硫馏 3 柳

tɕ 1 揪邹鸠阄纠纠 3 酒九久韭灸 4 就救究臼舅咎旧柩

tɕʰ 1 锹秋秋鳅丘 2 求球

ɕ 1 修羞休 2 囚泅 3 朽 4 秀绣锈袖嗅嗅

in

∅ 1 鹰莺鹦音阴阴蝇因姻洇殷晕英婴缨 2 吟淫荣营茔萤荥银寅尹云云耘迎盈赢 3 饮永泳咏颖引隐瘾允影 4 应应窨饮印韵运映

p 1 冰兵彬宾槟滨殡 3 禀丙秉柄饼 4 蓖鬓病并并

pʰ 1 拼 2 凭贫频苹平评坪瓶屏萍 3 品 4 聘姘

m 2 民明鸣名铭 3 闽悯敏抿皿 4 命

t 1 丁钉疔叮钉 3 顶鼎 4 订锭定

tʰ 1 厅 2 亭停庭廷蜓艇 3 挺 4 听听

l 1 拎 2 棱凌陵菱赁林淋临鳞磷邻宁宁灵零铃翎龄 3 檩凛领岭 4 吝令佞另

tɕ 1 今金鐾经经津巾斤筋京惊鲸精晶睛 2 情 3 锦茎紧仅谨境景警井颈 4 禁襟禁径尽进晋尽劲近敬竟镜竞静靖净劲

tɕʰ 1 钦揿亲亲卿清轻青蜻 2 琴禽擒妗秦勤芹擎晴 3 寝请 4 浸侵溉庆

ɕ 1 兴心芯星腥猩馨辛薪新欣 2 行行形刑型 3 醒 4 兴幸信衅性姓

ȵ 4 毅

io

∅ 2 岳岳约药钥域役疫育狱浴欲欲

l 2 虐疟略掠

tɕ 2 角觉脚足

tɕʰ 2 确却掘族雀鹊促曲

ɕ 2 续宿学芍肃畜削蓄畜俗续

ioŋ

∅ 1 雍 2 融容溶蓉熔 3 痈臃拥庸勇涌踊 4 用

tɕ 3 迥

tɕʰ 2 穷

ɕ 1 兄胸凶凶 2 熊雄

iu

ȵ 3 女

∅ 1 淤 2 鱼渔于余余予誉虞娱吁于榆裕 3 屿语与雨宇羽唦 4 御御预愚遇寓迂盂禹芋逾愉俞愈喻鄂郁玉

l 3 吕旅缕履捋 4 虑滤

tɕ 1 居车拘驹跔掬 2 橘菊鞠局 3 举 4 据锯佢拒距苣聚俱矩句具惧剧剧

tɕʰ 1 蛆区驱躯 2 渠瞿衢屈倔掘曲 3 取娶 4 去趣

ɕ 1 墟虚嘘须须需虽 2 徐戌 3 许 4 嗉絮序叙绪遂隧

ȵ 4 豫

o

∅ 1 棵倭窝莴涴蜗 2 何荷握沃 4 卧祸

p 1 波菠玻 2 婆剥驳帛钵拨钹脖博薄 3 簸跛簸 4 播薄

pʰ 1 颇坡 2 泼 4 破

m 1 摩摸 2 魔蟆模模摹暮慕末沫沐莫膜 3 抹抹 4 磨磨墓募幕寞

t 1 多 2 夺铎 3 朵躲 4 舵剁惰堕贿

tʰ 1 拖 2 驼驮蜕脱托托拓 3 妥椭

l 1 啰 2 罗锣箩萝骡螺腡乐落烙酪洛骆乐络 3 裸 4 糯摞诺

ts 2 卓桌啄琢浊捉镯着酌作昨着 3 左 4 佐坐座

tsʰ 1 搓 2 矬撮拙戳绰凿 4 锉措错错

s 1 蓑梭唆勺 2 说缩率索硕 3 锁琐所

z 2 若弱箬

k 1 歌哥锅戈 2 鸽郭割葛胳各阁搁 3 果裹馃 4 个过过

kʰ 1 科窠 2 壳磕渴 3 可颗 4 课

ŋ 2 蛾鹅俄讹恶恶 3 我 4 饿

x 1 喝豁喝 2 荷河荷和禾和合合盒活霍藿鹤 3 火伙伙 4 贺货

oŋ

∅ 1 翁瓮壅 2 弘宏虹红洪鸿缝 4 齆奉

p 1 绷绷 2 朋棚 4 迸

pʰ 2 篷蓬 3 捧 4 碰

m 2 萌蒙蠓盟 3 猛蜢懵 4 孟

f 1 风疯丰封蜂峰锋 2 冯逢 3 讽 4 枫凤缝俸

t 1 东冬 3 董懂 4 冻栋动洞

tʰ 1 通 2 同铜桐筒童瞳 3 捅桶统 4 痛

l 1 聋 2 笼砻咙农脓侬隆窿浓龙陇 3 拢垄 4 弄

ts 1 鬃棕宗综中忠终踪钟钟盅 2 丛从从 3 总冢种肿 4 皱粽中仲众纵纵重种

ts^h 1 葱聪忽囱衷充冲春 2 虫崇重 3 宠 4 铳

s 1 松嵩松 3 怂 4 送宋诵颂讼

z 2 绒戎茸 3 宂

k 1 公工功攻蚣弓躬宫恭龚 3 汞拱巩 4 贡供供共

k^h 1 空空 3 孔恐 4 控

x 1 烘 3 轰哄哄

ɿ

ts 1 知蜘差支枝肢栀只资咨兹滋痴淄之芝只 2 赐池驰侈誊迟稚慈磁辞祠词持峙直值织职植殖蛰执侄质掷炙斥 3 紫雌此疵纸姊蓄脂指旨子梓牸滓止址趾 4 滞制制刺智翅姿次瓷自致雉致至字置痔治志痣志

ts^h 2 吃秩尺赤 3 耻齿 4 饬

s 1 斯厮撕施施私师狮蛳尸尸思丝司思诗 2 时食蚀识湿十什拾实失室适释石 3 眵死屎矢史使驶始 4 世势誓逝舐匙是豉四肆示视嗜似巳祀寺饲嗣士仕柿事试市恃侍式饰

z 2 日 4 氏伺

u

p 1 卜 2 菩葡不不 3 补 4 布布怖部簿步

p^h 1 铺 2 浦蒲脯赴讣朴扑醭仆瀑仆勃 3 谱普捕甫脯辅 4 铺

m 2 木 3 牡母拇

f 1 呼乎夫肤敷俘孵麸殕扶 2 浒戽胡湖糊狐壶葫蝴胡瓠符芙沸复斛幅福蝠腹复辐覆伏服袱复忽弗佛佛 3 虎府腑俯斧抚釜腐 4 互护跗付赋傅咐父附富副负妇缚

t 1 都都$_2$ 途屠独读牍椟督笃毒 3 堵赌 4 肚妒杜肚度渡镀度踱

t^h 2 徒涂图秃突凸 3 土吐吐 4 兔

l 2 奴卢炉芦鸬虏庐驴鹿禄六陆律録緑 3 努鲁橹卤 4 怒路赂露鹭

ts 1 租猪诸诛蛛株朱朱珠 2 除储锄厨橱雏竹筑逐轴祝卒烛触 3 祖组阻煮主 4 做着苎箸助拄驻柱住注蛀铸

ts^h 1 粗初 2 猝出 3 褚楚础处杵处 4 醋

s 1 苏酥梳疏蔬疏书舒枢输输殊 2 墅速宿叔淑熟粟嘱赎束蜀属 3 鼠暑黍署薯数 4 素诉塑庶恕

数戍竖树漱朔术述术

z 2 如儒擩入辱 3 汝乳褥

v 1 乌污坞巫诬侮 2 吴蜈吾梧无屋杌勿物 3 五伍午武舞鹉 4 误悟户沪务雾戊

k 1 姑孤辜 2 谷谷骨 3 古估牯股鼓贾 4 故固雇顾

k^h 1 箍枯 2 哭窟 3 苦 4 库裤酷

ua

∅ 1 蛙洼挖蛙 2 娃袜 3 瓦 4 瓦画

ts 1 抓

s 2 刷 3 耍

k 1 瓜聒 2 刮 3 寡剐 4 挂卦褂

k^h 1 夸 3 垮 4 跨

x 4 划

uai

∅ 1 歪 4 坏

ts^h 1 揣 3 揣

s 1 衰 3 摔摔 4 帅率蟀

k 1 乖 3 拐 4 怪

k^h 3 块蒯块 4 会刽桧快筷

x 2 怀槐淮

uan

∅ 1 豌剜弯湾 2 丸纨 3 皖碗腕挽宛 4 万

t 1 端 2 团团 3 短 4 断锻断段缎

l 2 鸾 3 暖卵 4 乱

ts 1 专砖 2 传船 3 转 4 撰转篆传赚纂钻

ts^h 1 川穿氽 2 椽 3 喘铲 4 蹿窜篡患串

s 1 酸拴栅珊删 4 算蒜闩涮疝

z 3 软阮

k 1 官棺观冠鳏关 3 管馆 4 贯灌罐观冠惯掼

k^h 1 宽 3 款

uaŋ

∅ 1 汪 2 王皇蝗蟥凰防亡忘 3 往网 4 枉旺望妄

ts 1 桩庄装妆赃 2 床 4 壮状

ts^h 1 窗疮仓苍舱 2 藏 3 撞闯 4 创

s 1 双霜桑 3 爽

k 1 光 2 狂 3 广

k^h 1 筐框匡眶 4 况旷矿

x 2 黄簧妨房 3 谎晃

ue

k 2 国

k^h 2 括阔廓扩

uei

∅ 1 煨威 2 桅回茴危围违 3 伟 4 伪喂为位未味魏胃谓卫

t 1 堆 4 对碓队兑

t^h 1 推 2 唾颓 3 腿 4 退褪

l 2 雷擂 3 屡馁儡累垒 4 瘰内累

累类泪

ts 1 追锥 3 嘴 4 罪最醉坠缀赘

ts^h 1 催崔摧吹炊 2 垂锤槌 4 碎翠悴粹脆

s 2 髓随绥谁 3 水 4 睡岁税

z 4 瑞蕊芮鋭

k 1 瑰规龟归圭闺 2 逵葵奎 3 诡轨鬼 4 跪癸柜贵鳜桂

k^h 1 盔魁亏窥 3 傀 4 溃愧

x 2 回

uən

∅ 1 温瘟 2 横文纹蚊闻 3 稳吻刎 4 问

t^h 2 屯豚

ts 3 准

ts^h 1 椿春 3 蠢

s 2 绳唇纯醇莼 3 吮 4 顺舜

z 4 孕闰润

k 3 滚 4 棍

k^h 1 昆坤 3 捆 4 困困

x 2 横玟

yɛn

∅ 2 圆员

tç 1 绢 2 权拳 3 卷 4 卷眷倦券

$tç^h$ 1 圈 2 全泉 3 犬 4 劝

ç 1 宣掀轩喧楦 2 旋涎玄悬 4 旋

ye

tç 2 絶厥蕨橛决诀爵 4 蹷

$tç^h$ 2 瘸缺

ç 1 靴 2 雪薛血恤

yn

∅ 4 熨

tç 1 钧均匀君军 2 群裙 4 蕈俊浚肫菌郡

$tç^h$ 2 琼 3 趋倾顷

ç 1 熏勋熏熏 2 寻荀询旬循巡殉 4 讯逊迅驯训

四川南充市龙蟠镇话音系[①]

青　杉[②]

摘　要　本文根据田野调查的材料，归纳出南充市龙蟠镇的方言音系特点。将其同四川湖广话和南路话的语音特征作比较，得出龙蟠话具有南路话语音特点，龙蟠话与南充市区话分属于四川方言的不同的历史层次，这种差别应是明末清初战乱后的大移民造成的。

关键词　四川方言　龙蟠镇话　南路话　音系特点

一、概况

（一）地理位置

龙蟠镇位于四川省中部南充市，在南充市嘉陵区西部（如

① 本文为国家社科后期资助“嘉陵江流域方音字汇——20世纪四川方音大系之二”（20FYYB039）的阶段性成果。

② 青杉，女，四川南充市人，四川师范大学文学院2019级汉语言文字学专业研究生，研究方向为语言学、汉语方言。

图示），距市中心 25 公里。东靠西兴街道，南连大通镇，西接里坝镇，北衔双桂、金宝镇。地处 318 国道上，交通便利。

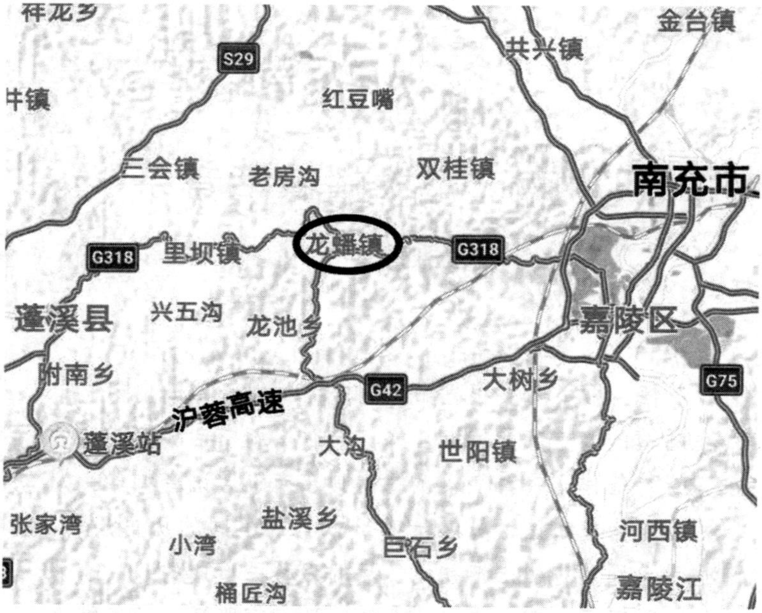

图 1.1　四川省南充市嘉陵区龙蟠镇卫星地形图①

（二）田野调查情况

调查时间：2020 年 1 月 31 日。调查地点：南充市嘉陵区龙蟠镇。发音人基本情况：贾良税，男，1940 年出生，南充市嘉陵区龙蟠镇高坪宫村人，初中文化程度，农民，讲本地话，不会讲普通话。居于本地，未长时间在外地生活。调查人：青杉。

本次田野调查使用上海师范大学研发的斐风（Field Phone）、

① 来源于百度地图。

Mini Box 声卡和德国拜耳动力 TG H55C 话筒调查录音，调查字表以中国社会科学院语言研究所《方言调查字表》为基础，结合当地方言情况特点适当筛选制成，最终调查字数为 3882 个。笔者以调查材料听音、记音，使用 Praat 软件进行声调测值及单元音舌位图测值。在调查录音听音和音值核对的基础上，总结出龙蟠话语音系统。指导调查：四川师范大学教授周及徐。调查录音设备由四川师范大学文学院语言学实验室提供。

二、音系

（一）声母

龙蟠话有 25 个声母。

表 2.1　龙蟠话声母表

p 波步白	pʰ坡婆	m 米麻末	f 夫符胡	v 乌无吴物
t 多大叠	tʰ拖途	n 挪罗例		
ts 栽自致稚滓制直	tsʰ雌疵痴迟厕齿		s 赛傻赊蛇逝	z 惹
tʂ 左坐猪著阻助煮杂	tʂʰ搓才超潮参床昌		ʂ 锁沙书顺纯	ɻ 如
tɕ 姐剂鸡及	tɕʰ且齐区奇	ȵ 泥艺	ɕ 些虚谐续	
k 歌柜	kʰ可狂	ŋ 我哀	x 火荷盒	
ø 微儿外椅位摇				

声母特点：

1. 声母 tʂ-、tʂh-、ʂ-发音部位偏前，舌尖抵上齿龈，介于北京话的舌尖前音和舌尖后音之间。

2. 声母 n-有 l、nd 的变体，统一记作 n。声母 ȵ-后带有同部位浊擦音，实为ȵʑ。声母ŋ-只出现在开口呼前，软腭阻塞明显，鼻音气流弱。

3. 合口呼零声母的-u韵母的音节开头带有明显的唇齿浊擦音v-，与其他合口呼零声母韵有明显的不同，记音标出。齐齿呼零声母音节开头带有摩擦音j-，未记出。撮口呼音节以y开头，无摩擦。

（二）韵母

龙蟠话有39个韵母。

表2.2　龙蟠话韵母表

ɿ 紫执侄直赤	i 彼偕泣逼癖	u 补母佛独	y 女趋菊
ʅ 世石			
ᴀ 他巴拉撒	iᴀ 家佳狭轧	uᴀ 耍娃挖	
æ 搭达咳	iæ 夹甲瞎	uæ 滑刷划	
e 者折哲北百	ie 聂立别笔匿	ue 括廓国	ye 薛月倔爵
ə 儿二而			
ɤ 歌鸽割胳格			
o 多入拨博剥	io 略觉役宿		
ai 呆拜摆		uai 衰乖	
ei 碑飞杯废		uei 堆最嘴垒	
au 保包超	iau 交标刁		
əu 斗昼	iəu 扭宿勾		
an 耽丹当扛	iɛn 减艰娘江	uan 短顽晚	yɛn 全劝犬
en 怎吞登彭奔	in 禀彬冰行	uən 昆准文	yn 俊君荣
aŋ 帮方邦盲		uaŋ 光庄桩端	
oŋ 烹篷东否	ioŋ 兄穷胸		

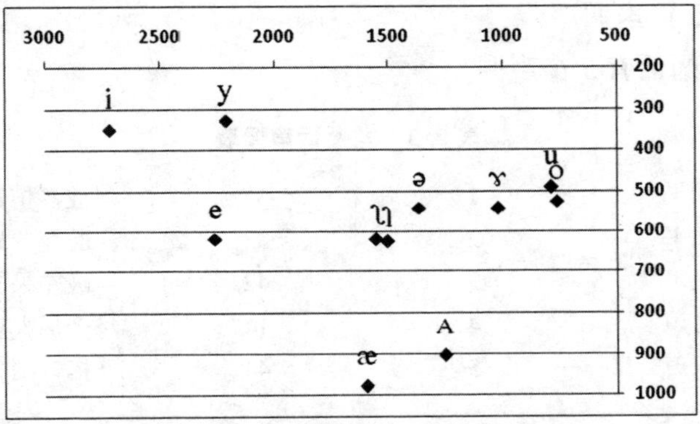

图 2.1　龙蟠话元音声学舌位图

韵母特点：

1. a 元音作单元音为 ᴀ，作入声韵时偏前高为 æ，在-an、-uan、-au、-aŋ 和-uaŋ 中受韵尾影响有变化，统一记为 a，在-iɛn、-yɛn 中偏高为 ɛ。

2. 元音 e 在-ie、-ue、-ye、-ei、-uei、-en 中舌位较高为 e，在-uən 中舌位偏央为 ə。

3. 元音 o 较标准元音低而开，在-əu、-iəu 中，元音展唇而偏央，实际为 ə。

4. -an、-iɛn、-uan、-yɛn 的鼻音韵尾完整、稳固。

5. -en、-in、-uən、-yn 的鼻音韵尾完整、稳固。

6. -aŋ、-uaŋ 的鼻音韵尾完整、稳固。

7. i 作韵尾时偏低，实际为 e，例如：“呆” tai1 = tae1。u 作韵尾时偏低，在-au 中为 ɔ，例如：“褒” pau1 = pɑɔ1。

8. -io、-ioŋ 在音系配合上当为撮口呼-yo、-yoŋ，实际发音已失去圆唇势，成为齐齿韵。

（三）声调

龙蟠话有 5 个声调。

表 2.3　龙蟠话声调表

阴平	1	35	波多楂家鸦
阳平	2	33	驼挪罗蛾何
上声	3	42	跛左果马哪
去声	4	14	个那大舵破
入声	5	44	搭沓纳扎夹

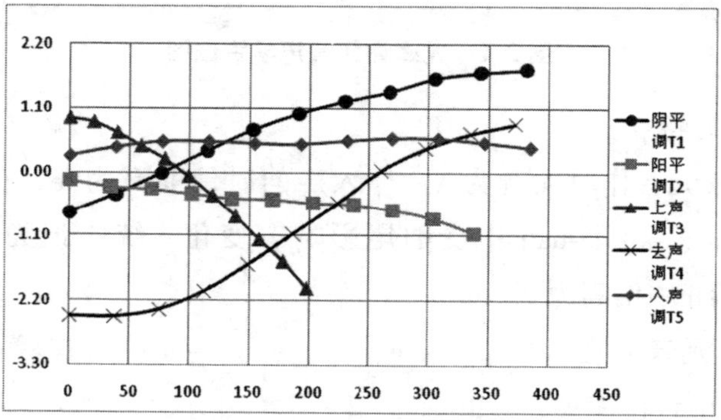

图 2.2　龙蟠话绝对时长声调曲线图

声调特点：

1. 去声调在语流中，已经失去下凹，成为 14 调。

2. 入声调中平，与阳平调中降相区别，为独立调位。

三、与《切韵》音系的关系

（一）声母

1. 分平翘舌。古精组字读平舌音，知系字读翘舌音。但部分古精组洪音字与知系字相混，既有读 ts-组的，也有读 tʂ-组的。如“纸子直”读 ts-，“坐针真捉”读 tʂ-。总体来说，tʂ-组比 ts-组多。

2. 不分尖团。古精组细音和见系细音全读 tɕ-、tɕh-、ɕ-。如：“际计”等读 tɕ-，“妻欺”等读 tɕh-，“虚须”等读 ɕ-。

3. 古晓组在-u 韵前读为 f-，其余的韵母前晓组字读 x-。如：“呼虎浒湖”等读 f-，“火货花灰”等读 x-。

4. 泥来母洪混细分。在今洪音韵母前，泥来母都读 n-；在今细音韵母前，古来母读 n，古泥母和疑母字读 ȵ-。如：“奴脑纳炉”等读 n-，“篱礼连吕”等读 n-，“泥念年女宜义”等读 ȵ-。

5. 部分见系二等细音字，读洪音：见母字诸如“皆阶介界”等读 k-，匣母字诸如“鞋蟹咸陷”等读 x-。

6. 部分疑影微明母的-u 韵字前有浊擦音 v-。如：“吴乌无戊”。

7. 影疑母开口洪音字多读 ŋ-，如：影母“哀埃唉爱”，疑母“我碍艾崖”。

8. 部分不送气音读为送气音，如：帮母字“痹遍”读 p^h-；端母字“堤”读 t^h-；精母字“躁”读 ts^h-，“笺”读 $tɕ^h$-。

（二）韵母

1. 臻摄舒声合口一三等端系字丢失-u-介音，读-en。合口一等如“仑论尊村”等字，合口三等如“伦沦轮遵”等字。

2. 蟹摄舒声合口一等端组字、山摄舒声合口一等端泥组字保留-u-介音。蟹摄舒声合口一等如“堆对碓馁”等字，读-uei；山摄舒声合口一等如“短断暖卵”等字，读-uan。

3. 麻三精组见系字韵母读-i。如：精组“姐借且些”，以母“耶爷也野”。其他诸如果摄戈韵“茄”，止摄脂韵“眉”也读为-i。

4. 止摄日母字读 ə，不卷舌，如：“儿尔二而”。

5. 部分咸山摄三四等开口入声字韵母读-ie，如：咸摄“聂猎接捷”；山摄“别灭列烈”；深臻曾梗摄三四等开口入声字韵母读-ie，不读-i，如：深摄“立笠粒缉”；臻摄“笔毕必匹”；曾摄“匿力即鲫”；梗摄“碧戟隙匿”。

6. 部分咸山宕摄入声开口一等见系字读-ɤ，不读-o。如：咸摄“合鸽盒磕”，山摄“割葛渴”，宕摄“胳各阁鄂”；江梗摄入声开口二等“角壳格厄”也读-ɤ。

部分果摄开合口一等见系字也读-ɤ，不读-o。如：开口一等“歌哥个可”，合口一等“戈科课讹”；另一部分果摄开口一等见系字读-o，如“蛾鹅俄饿”等字。

7. 部分曾开一、梗开二、入声帮端知见系字读-e，如：帮系“北墨默百”，端系“得德特勒”，知系“拆宅择窄”，见系“黑骼客额”。

部分咸深山臻曾摄开口三等入声知系字读-e，如“仄摄涉涩”等字。大部分麻三开口精组知系字也读-e，如“车扯奢射”等字；极少数麻三知系字读-ei，如“遮惹”等字。

部分山宕曾摄入声合口一等见系字读-ue，如“括阔廓扩”等字。

8. 山臻摄入声合口一三等帮知系端泥组字读-o，如：山摄“钵拨末脱”，臻摄合口一等“不勃没突”、合口三等“律术出率”。

通摄入声合口一三等字读-o，如：一等“扑仆瀑木”，三等“六竹畜粥”。

山臻曾梗通摄入声合口三等精见组字读-io，如“掘卒戌屈”等字。宕摄入声开口三等端见系字也读-io，如“略雀削脚”等字。江摄入声开口二等见系字也读-io，如“确岳学”等字。

9. 流摄开口一等侯韵见系字增加-i-介音（实际音值为央而短的-ɨ-）。如：见母“勾钩沟狗”，溪母“抠口叩扣”，疑母“藕”，匣母“侯喉猴后”，影母“殴欧呕沤”。

10. 咸山曾摄入声开口一等端系字读-æ，如“咳搭答踏”等字。咸摄入声开口二等知系字也读-æ，如“扎眨插炸”等字。山摄入声开口二等帮庄组字也读-æ，如“拔抹扎杀”等字。

咸摄入声开口二四等见系字读-iæ，如“夹掐恰洽”等字。少数山摄入声开口二四等见系字也读-iæ，如“瞎辖”等字。

山摄入声合口二等见系生母字读-uæ，如“滑猾刮刷”等字。见母末韵字“聒”字、匣母麦韵合口字“划”也读-uæ。

11. 宕江摄舒声开口端知见系字与咸山摄合流，读-an，如“当党档躺”等字。

部分宕摄舒声开口三等、江摄舒声开口二等端见系字与咸山摄合流，读-iɛn，如“娘良凉两”等字。

12. 宕摄舒声开口一等、合口三等，江摄舒声开口二等帮系字与通摄合流，读-aŋ。如宕摄“帮旁忙坊”等字，江摄“邦胖庞棒”等字。

部分山摄舒声合口一二三等端知见字与宕江摄合流，读-uaŋ，如“端断乱钻”等字。

13. 曾摄舒声开口一三等、梗摄舒声开口二三等字与深臻摄合流，读-en。如曾摄“崩登藤能”等字，梗摄“彭冷撑生”等字。

曾开三、梗摄开口舒声帮端见系字与深臻摄合流，读-in。如曾摄“冰凭凌凝”等字，梗摄“行莺兵平”等字。

梗摄舒声合口三四等晓影组字与深臻摄合流，读-yn，如“荣咏营萤”等字。

14. 部分梗开二舒声、通合一舒声帮系字与通摄合流，读-oŋ。如梗摄“烹盲孟绷”等字。

流摄一三等明母字读-oŋ，如“某亩牡贸”等字。非母尤韵“否”也读-oŋ；庄母尤韵“皱”也读-oŋ。

（三）声调

大部分入声字保留入声调，少数归入阴平、上声、去声调，与普通话相同。还有个别舒声字，读为入声调，如“矬讹遢瘸耶椰”等字。

四、龙蟠话与湖广话、南路话音系比较

（四川）湖广话一般指以成都、重庆两地的方言为代表的通行于成渝地区方言。成渝湖广话覆盖了东起重庆万州西到成都的岷江以东以北地区，因此四川省、重庆市的主要城市（如广元、绵阳、成都、南充、遂宁、广安、达州、重庆、万州等等）都讲入归阳平的湖广话。与之不同的，四川岷江以西以南的入声独立的方言叫做南路话。南路话不是明清湖广移民入川带来的，南路话是宋元以前四川本地方言的后裔[4]2-4。

从地理位置来看，南充市属于湖广话地区，但从上述音系特点看来，其区内的龙蟠话又存在着诸如“麻三精组见系字读-i”

"入声独立"等比较明显的南路话特征。为求探讨龙蟠话语音与湖广话、南路话的关系，将其与两者（湖广话以成都话为代表）进行比较。周及徐《南路话和湖广话的语音特点——兼论四川两大方言的历史关系》一文有"南路话语音特点表"[5]67-76，我们将龙蟠话的语音特点依照此表列出，如下：

表 3.1 龙蟠话与崇州话、成都话音系比较表①

方言语音特点	崇州	成都	龙蟠
1. 南路话泥来母洪混细分，区分"泥离"。	+	+	+
2. 南路话蟹山摄舒声合口一等端组（山摄又泥组）字读开口，"对端暖乱"等字读-ei/-an。	+	−	−
3. 南路话果摄一等字多数读-u，遇摄一等字老派读-o、新派读-u。	+	−	−
4. 南路话麻三精组见系字韵母读-i，如"姐泻谢爷"。	+	−	+
5. 南路话的一大特点是有一大群韵母读-æ 的入声字，咸深山臻曾梗开口入声一二三等字韵母都读-æ，如"答腊白色"。	+	−	+
6. 南路话的又一大特点是有一大群韵母读-o/-io 的入声字（变体-ɵ/-iɵ），山臻曾梗通合口和宕江开口入声字大部分韵母读-o/-io。	+	−	+
7. 南路话深臻曾梗入声三四等开口帮端见系读-ie，如"集笔力激"等字。	+	−	+
8. 南路话深臻曾梗入声开口三等知章组字读央元音-ə/-ə或-ʅ，如"十侄直石"。	+	−	+
9. 南路话中古入声字今独立成调。	+	−	+

① 这里选取崇州作为"南路话"的代表点，成都作为"湖广话"的代表点。

从上表可以得出，龙蟠镇方言有比较多的南路话特点。以下为龙蟠镇方言的具体特征：

1. 泥来母洪混细分。泥≠离，年≠连，女≠吕。

2. 蟹山摄舒声合口一等端组字保留-u-介音，读合口，如“对端暖”等字。

3. 果摄一等字多数读-o，极少数字保留-u 的读音，如“萝锣”等字；遇摄一等字读-u，如“补谱布”等字。

4. 麻三精组见系字韵母读-i，如“姐泻谢爷”等字。

5. 有一大群韵母读-æ 的入声字，咸深山臻曾梗开口入声一二三等字韵母都读-æ，如“答腊辣搭”等字。但龙蟠镇入声韵还有-e 一类，如“折北德黑”等字。

6. 有一大群韵母读-o/-io 的入声字，山臻曾梗通合口和宕江开口入声字大部分韵母读-o/-io。如“扑仆瀑木”等字。

7. 深臻曾梗入声三四等开口帮端见系读-ie，如“立集习急”等字。

8. 深臻曾梗入声开口三等知章组字读-ʅ（或-ɿ），如“汁拾执湿”等字。

9. 中古入声字今独立成调，如“搭答踏纳”等字。

除以上具有的南路话的特点外，龙蟠话还有以下几条特殊于成都话的地方：

1. 无卷舌音，止摄日母字读 ə，如“儿尔二而”等字。

2. 部分咸山宕摄入声开口一等见系字读-ɤ，如“鸽盒磕割”等字。

3. 少部分麻三知系字读-ei，如“遮惹”等字。

4. 流摄开口一等侯韵见系字增加-i-介音，如“勾钩沟狗”

等字。

5. 宕江摄舒声开口端知见系字与咸山摄合流，读-an，如“当党汤躺”等字；宕摄舒声开口三等、江摄舒声开口二等端见系字与咸山摄合流，读-iɛn，如“娘酿良凉”等字。

6. 山摄舒声合口一二三等端知见字与宕江摄合流，读-uaŋ，如“端短断锻”等字。

由此可见，龙蟠话当属南路话。众所周知，南充市区话和周围的大部分方言是典型的湖广话，与成都话类同，而龙蟠话在南充地区这片湖广话的“海洋”中，犹如一座孤立的“小岛”。历史上，四川有一段“湖广填四川”的移民时期。周及徐指出“‘湖广填四川’是一个包括了元末明初和清末明初的向四川境内移民运动的总称，有明玉珍移民，洪武移民，清前期移民三个阶段”[3]54。尤其是洪武移民，甚至“奠定了今重庆和四川东、中部地区人口来源和分布的基础”[3]54。这一段移民历史，反应在语言上，就是为四川带来了移民方言，移民方言使用者逐渐形成一定规模的方言社会群体，使得他们的方言保留下来，并成为强势方言，逐步影响“土著方言”。“洪武时期由中央政府组织的移民，填补了宋元时期四川人口稀薄留下的巨大空间，在重庆和四川中东部地区第一次形成了‘湖广话’方言社会。”[1]124

根据《南充县志》记载：“明季原额人丁八千七百九丁（丁，是当时田赋的计征单位，与实有人口的比为 1 比 4.99）。按丁标准推算，当时仅有 43458 人。这与明末战乱频繁有关。清初，从湖广等地移民来川……”[2]104 人口的变化，可以说明南充市也曾经历过移民时期，因此大部分地区的方言是湖广话。

四川中部的射洪、盐亭、西充，成都东北的新都、广汉和双流，川北的剑阁、旺苍、苍溪、巴中的一些乡镇都存在这种类似的“方言岛”现象[4]5。四川方言的发展在近六百年的历史中经历了中断、移植填补再发展的历史，南路话是元明以前四川本地方言的残存，这些分布在湖广话区域中的具有南路话特征的方言岛，应该是明清移民的潮流没有完全覆盖的元明方言的存留[4]5。

这些作为“明以前四川土著方言的遗存”而存在的南路话，大多存在于“穷乡僻壤”。龙蟠镇也是类似的存在，其平均海拔458米，属于典型的丘陵地带，如今的交通便利，是近几年来国家扶持发展的结果。祖父辈年轻时，来回南充市与蟠龙镇之间，需要一天的时间，途经许多山道，才能进城购得生活所需的煤炭。偏僻贫穷使这个地区躲过了战乱[3]52-54，人民得以幸存，体现在语言中，则是保留了明清战乱之前的南路话特征。南充地区有蟠龙话这样的南路话存在，也表明了如今的四川方言有两个历史层次：明清战乱之前的南路话，明清战乱之后移民带来的湖广话。

四、结论

本文采取田野调查的方法，描写了南充市龙蟠镇的音系特点，并将其与湖广话、南路话特点进行比较，得出龙蟠话属于南路话的结论。在9个南路话特征中，龙蟠镇方言具有其中7个特征，除此之外还有一些此地所特有的发音特点。从移民历史来看，龙蟠话属于明以前四川土著方言的遗存，也印证了如今的四川方言有两个历史层次这一结论。

参考文献：

[1] 李敏．四川南充地区汉语方言音系调查研究［D］．四川师范大学硕士论文，2017.

[2] 四川省南充县志编纂委员会．南充县志［M］．成都：四川人民出版社，1993.

[3] 周及徐．从移民史和方言分布看四川方言的历史——兼论“南路话”与“湖广话”的区别［J］．语言研究．2013（1）.

[4] 周及徐．传播与演变——现代四川方言形成概述［J］// 语言历史论丛第（十四辑）．成都：巴蜀书社，2020（14）.

[5] 周及徐．南路话和湖广话的语音特点——兼论四川两大方言的历史关系［J］．语言研究．2012（3）.

附录

南充市嘉陵区龙蟠镇的同音字汇

本字汇根据南充龙蟠镇方言的韵母、声母、声调的次序排列。写不出本字的音节用方框“◇”来表示，后面用小字做注释或举例。列字前用“1、2、3、4、5”表示“阴平、阳平、上声、去声、入声”5个调类。举例中用“～”代替所释字。字下加“—”表示白读音，加“＝”表示文读音。

A

p 1巴芭疤吧笆琶杷2爸3把4坝欛壩罢5八

p^h 2爬钯耙4怕帕

m 1妈2麻痳3马码4骂

f 5法发发伐筏罚

t 3打4大

t^h 1他

n 1拉垃2哪拿3哪4那

s 1痧3傻洒撒

tʂ 1查渣4诈榨炸乍

$tʂ^h$ 1叉差差茬钗2茶搽查察4杈岔

ʂ 1 沙纱砂 3 洒

x 1 鰕虾

æ

pʰ 5 拔

m 5 抹

f 5 乏

t 5 搭答沓溻达

tʰ 5 踏搨塔榻遢塌獭

n 5 纳腊蜡镴捺辣瘌肋

s 5 萨

tʂ 5 杂劄眨闸煠札铡

tʂʰ 5 插擦

ʂ 5 殺

kʰ 5 咳

ai

p 3 摆 4 拜稗败

pʰ 2 排牌徘 4 派

m 2 埋 3 买 4 卖迈

t 1 呆呆 3 逮 4 戴贷待怠殆代袋带大

tʰ 1 胎 2 台台台苔抬 4 态太泰

n 2 来 3 乃奶 4 耐奈赖癞

ts 1 栽

s 4 赛晒

tʂ 1 灾斋 3 宰载 4 再载在载债寨

tʂʰ 1 猜差钗 2 纔才材财裁豺柴 3 彩采踩睬 4 菜蔡

ʂ 1 腮鳃筛筛

k 1 该皆阶街 3 改解 4 盖丐介界芥疥届戒

kʰ 1 开揩 3 凯楷 4 概溉慨

ŋ 1 哀埃唉挨 2 硙崖捱岩 3 蔼矮 4 碍爱艾隘

x 2 孩鞋蟹还 3 海 4 亥害骇

an

p 1 班斑扳颁搬般 3 板版 4 扮办瓣半绊伴拌

pʰ 1 攀潘 2 盘 4 盼襻判畔叛

m 2 瞒馒 3 满 4 慢鳗漫幔蔓

f 1 帆翻番藩 2 凡梵烦矾繁 3 反 4 泛范范犯贩饭

t 1 耽担丹单当裆 3 胆掸疸党挡档 4 担淡旦诞但弹蛋当荡宕

tʰ 1 贪探坍滩摊瘫汤荡 2 潭谭坛谈痰檀坛弹堂棠螳唐糖塘 3 毯坦倘躺 4 舔叹炭烫趟

n 2 南男婪蓝篮难兰拦栏囊郎廊狼螂 3 览揽榄缆懒朗 4 滥难烂浪

ts 3 长 4 赞绽颤杖

s 1 三杉衫山搧桑商伤 2 常尝偿 3 伞磉嗓搡赏 4 散扇善单丧上尚上

z 2 然 3 嚷

tʂ 1 簪沾粘瞻砧簪毡赃脏张章樟蟑

3 斩盏展攒涨掌 4 暂錾站站蘸占占赞灒栈战葬藏脏帐胀账丈仗障瘴

tʂʰ 1 参搀餐缠仓苍舱昌菖娼倡窗 2 蚕惭馋谗蟾残藏长肠场缠 3 惨产厂 4 忏灿畅怅唱

ʂ 1 钐丧 2 蝉禅裳 3 陕闪散晌 4 疝膳禅

ɻ 2 燃瓤 3 染冉壤攘 4 让

k 1 甘柑泔尴干干肝竿刚岗纲钢冈缸钢肛 3 感敢橄杆秆擀赶港 4 干杠虹杠

kʰ 1 堪龛勘刊康糠慷 2 扛 3 坎砍槛园 4 看看抗炕

ŋ 1 庵淹安鞍肮 2 昂 4 揞暗岸按案晏

x 1 憨酣熯夯 2 含函咸衔寒韩行航杭 3 喊喊罕 4 撼憾陷鼾汉旱捍汗焊翰限苋苋项巷

ɑŋ

p 1 帮邦 3 榜绑 4 谤傍棒蚌

pʰ 1 滂 2 旁螃庞 4 胖

m 2 蛮忙芒茫芒盲虻 3 卯莽蟒

f 1 方芳 2 坊肪妨房防 3 仿纺仿彷访 4 放

au

p 1 褒包胞雹 3 保宝堡饱 4 报抱暴菢豹爆鲍刨曝

pʰ 1 抛脬 2 袍刨 3 跑 4 泡泡炮

m 1 猫猫 2 毛茅锚矛 4 冒帽貌

t 1 刀叨 3 倒岛祷捣 4 倒到稻道盗蹈

tʰ 1 滔掏涛 2 桃逃淘陶萄 3 讨 4 套导

n 2 劳捞牢唠痨铙挠 3 脑恼老姥 4 涝闹

ts 1 昭招 3 早蚤爪找 4 皂罩兆

tsʰ 1 操 2 曹 4 躁

s 1 骚臊梢筲 3 嫂扫 4 潲潲哨邵

tʂ 1 糟遭朝沼 3 枣澡笊 4 灶赵召照诏

tʂʰ 1 抄钞缲超 2 槽巢潮朝 3 草騲炒吵 4 糙造燥

ʂ 1 捎稍烧 2 韶 3 少 4 扫少绍

ɻ 2 饶桡 3 扰绕绕

k 1 高膏篙糕羔膏茭 3 稿搞 4 告窖

kʰ 1 敲 3 考烤拷 4 靠犒铐

ŋ 1 爊凹 2 熬 3 袄 4 傲懊奥澳懊坳拗

x 1 蒿薅 2 毫豪壕号 3 好 4 好耗浩号郝

e

p 5 北百柏伯白帛

pʰ 5 迫拍魄

m　5 墨默陌脉麦

t　5 得德

t^h　5 特

n　5 劣勒肋

ts　5 仄摘

ts^h　5 厕恻测

s　1 赊畲 2 蛇 3 舍 4 赦騇射 5 摄涩舌设虱塞色啬

tʂ　3 者 4 蔗 5 折哲蜇折浙侧窄责

$tʂ^h$　1 笸车 3 扯 5 撤彻辙澈则拆宅择泽册策栅

ʂ　1 奢 2 畲 4 射麝舍社 5 涉瑟

ɻ　5 热

k　5 革隔嗝

k^h　5 克刻刻客

ŋ　5 额

x　5 黑赫吓核核吓

ə

∅2 儿而 3 尔耳饵 4 二贰

ʅ

tʂ　2 畬 3 旨 5 汁侄质直值织植殖炙

$tʂ^h$　4 饬 5 尺斥吃

ʂ　1 豉 4 世势誓视式饰 5 拾折蚀适释石

ei

p　1 杯悲碑卑 4 贝狈鐾辈背倍背焙备臂

p^h　1 批胚坯披 2 培陪赔裴 3 丕剖 4 沛配佩譬

m　2 梅枚媒煤玫莓楣霉 3 每美 4 妹昧媚寐

f　1 飞非妃 2 肥 3 匪菲翡 4 废肺柿吠痱沸费

z　3 惹

tʂ　1 遮 3 褶

en

p　1 奔崩 3 本 4 笨

p^h　1 喷 2 盆彭膨

m　2 门 4 闷

f　1 分吩芬纷 2 焚坟 3 粉 4 愤忿份粪奋

t　1 敦墩蹲登灯 3 等戥 4 顿扽盾沌钝遁盾凳邓澄

t^h　1 吞 2 屯豚臀藤腾誊

n　2 仑伦沦轮能棱 3 冷 4 嫩论论

ts　1 针臻正征 3 整 4 赠正

s　1 深身申伸升牲笙 2 神娠辰晨乘 3 沈婶审笋甥省眚省 4 甚肾慎剩胜胜

z　2 人仁 3 忍扔 4 认刃

tʂ　1 斟珍榛真诊疹尊遵增曾憎征蒸争筝睁贞侦 3 怎枕振撙拯 4 枕镇阵震圳甑证症郑政

$tʂ^h$　1 参村称称撑掌 2 沉岑陈尘臣存

层曾澄橙承丞橙呈程成城诚 3 忖惩逞 4 趁衬寸蹭秤
ʂ 1 森参孙僧生声 3 损榫 4 渗葚圣盛盛
ɻ 2 壬任仍 3 纴 4 任韧
k 1 跟根更庚羹粳耕 3 哽梗耿 4 埂更
kʰ 1 坑 3 恳垦啃肯
ŋ 1 恩 4 硬
x 1 亨哼 2 痕恒衡 3 很 4 恨杏

əu

t 1 兜 3 斗陡 4 斗豆痘逗
tʰ 1 偷 2 头投 3 抖敨 4 透
n 2 楼 3 搂篓搂 4 漏陋
ts 1 绉
s 1 搜 4 兽
tʂ 1 邹周舟州洲周 3 走帚 4 奏宙咒肘昼纣
tʂʰ 1 搊抽 2 愁酬仇绸稠筹 3 瞅丑丑 4 凑骤臭
ʂ 1 飕馊搜收 3 叟手首守 4 嗽瘦受寿授售
ɻ 2 柔揉
kʰ 1 眍
ŋ 3 偶偶
x 吼

ɤ

k 1 歌哥戈 4 个 5 合鸽割葛胳各阁搁角格骼
kʰ 1 科窠 3 可 4 课 5 磕渴壳
ŋ 5 讹鄂鳄腭愕恶厄扼轭
x 5 合盒鹤

i

ȵ 2 泥倪宜仪谊尼呢疑 3 你拟 4 艺蚁义议腻毅 5 镊
∅ 1 伊医衣依 2 爷移姨夷遗饴怡贻 3 也野椅倚矣以已 4 夜刈诣瞖易肄意异抑忆亿翼液腋易 5 耶椰靥叶
p 1 憋 3 鄙比彼 4 蔽弊币毙蓖闭箅陛庇篦俾被婢被避鳖敝 5 鼻别逼
pʰ 1 屄 2 痹琵枇皮疲脾 3 秕痞 4 敝屁
m 2 迷谜眉縻弥靡篾 3 米 4 秘泌
t 1 爹低 3 底抵 4 帝蒂弟第递隶地
tʰ 1 梯 2 堤涕屉题提蹄啼 3 体 4 替剃屉 5 剔
n 2 犁黎篱璃离梨厘狸离 3 礼李里理里鲤 4 例厉励丽莉荔利痢吏
tɕ 1 鸡稽羁奇饥肌几基箕姬机讥饥几 3 姐挤己纪几虮 4 借藉祭际穄济荠剂计继髻寄徛技妓冀记忌季既 5 杞妾

tɕʰ 1 妻凄凄栖溪奚欺期 2 茄齐脐奇骑岐祁畦棋旗其 3 且启起岂祈 4 砌契企器弃气汽泣 5 劫怯七漆乞戚

ɕ 1 些西犀兮牺嬉熙嘻希稀 2 邪斜婿 3 写洗玺徙禧喜蟢 4 泻卸谢懈解蟹细系系系系戏泄 5 褯偕谐携

iA

∅ 1 鸦丫桠 2 牙芽衙伢蚜涯 3 雅哑 4 砑亚押压轧

tɕ 1 家加痂嘉家稼佳 3 假贾假 4 架驾嫁价

ɕ 1 虾 2 霞瑕狭峡侠 4 吓下夏厦下夏

iæ

∅ 5 鸭

tɕ 5 夹夹甲胛匣挟荚搿

tɕʰ 5 掐恰洽

ɕ 5 遐暇瞎辖匣

iau

ȵ 3 咬鸟 4 尿

∅ 1 妖邀腰要夭幺吆 2 肴摇謡姚窑遥尧 3 舀杳 4 要耀鹞

p 1 臕标彪 3 表表婊

pʰ 1 飘瀌鳔 2 瓢嫖 4 漂票漂

m 2 苗描 3 秒渺藐杳 4 庙妙

t 1 刁雕貂凋 4 吊钓调掉调

tʰ 1 挑 2 条调 4 跳粜跳

n 1 撩 2 燎燎疗辽聊寥僚镣 3 了瞭 4 廖料廖

tɕ 1 交胶郊教茭焦蕉椒骄娇浇 3 绞狡铰搅剿矫缴侥饺 4 教较校觉校醮轿叫嚼

tɕʰ 1 锹悄撬 2 樵瞧荞侨桥乔 3 巧 4 俏俽翘窍

ɕ 1 消宵霄硝销逍肖嚣萧箫 3 淆小晓 4 酵哮孝校效笑

ie

ȵ 5 聂蹑业孽捏匿逆溺

∅ 3 亦 5 页揖邑噎乙一壹逸益译

p 3 瘪 5 别鳖笔滗毕必弼碧璧壁鳖

pʰ 3 癖 5 撇匹擘僻辟劈霹

m 5 灭蔑密蜜觅

t 5 帖迭碟牒蝶谍迭的滴嫡狄笛敌籴涤

tʰ 5 跌贴铁踢

n 5 猎立笠粒列烈裂栗力历历

tɕ 5 接缉集辑急级给及吸杰揭竭节疖结鐅洁疾吉即鲫棘极戟脊迹积籍绩寂激击

tɕʰ 5 捷切窃截讫

ɕ 5 胁协习袭歇蝎屑楔血穴悉膝蟋息熄媳隙昔惜夕席析锡

iɛn

ȵ 1 黏拈研酿 2 严鲇年娘 3 俨碾仰 4 验酽念廿砚

∅ 1 阉炎腌腌蔫焉蔫烟胭央秧殃 2 盐阎檐颜延筵蜒言羊洋杨阳扬疡 3 掩魇眼演衍养痒 4 厌艳盐焰雁谚堰燕宴燕咽样

p 1 鞭编边 3 贬蝙扁匾 4 变辩辨便辫

pʰ 1 篇偏 2 便 4 骗遍遍片

m 2 绵棉眠 3 免勉缅娩 4 面面

t 1 掂颠癫 3 点踮典 4 店簟电殿奠佃垫淀

tʰ 1 添天 2 甜田填 3 舔腆 4 㮇

n 1 楝 2 廉镰帘连联怜莲良凉粮梁粱 3 脸两两辆 4 敛殓练炼链炼恋量亮谅量

tɕ 1 监尖歼兼搛艰间间奸煎坚将浆疆僵姜缰姜江豇 3 解解减碱检俭裥简柬拣锏剪茧趼笕蒋奖桨讲 4 槭鉴监嵌舰渐剑间谏涧箭溅践贱件建毽键健腱荐见酱将匠降戒

tɕʰ 1 签签扦纤谦迁笺千牵纤铅枪羌腔 2 潜钳钱干虔犍掮犍前墙强 3 浅遣抢强 4 欠歉呛

ɕ 1 仙先筅相箱厢湘镶香乡 2 咸嫌闲闲涎贤详祥翔降衔 3 险显想饷享响 4 馅线羡宪献现县相象像向

iəu

ȵ 1 扭 2 牛

∅ 1 优忧悠幽 2 尤邮由油游犹 3 有友酉 4 又右佑莠诱柚釉幼

m 4 谬

t 1 丢

n 1 溜 2 流留刘榴琉硫馏 3 柳

tɕ 1 鸠阄纠灸咎纠 3 九久韭揪酒 4 救究臼舅旧柩就

tɕʰ 1 丘秋秋鳅 2 求球仇

ɕ 1 休修羞 2 囚泅 3 朽 4 嗅秀绣锈宿袖嗅

k 1 勾钩沟勾 3 狗苟 4 垢够彀构购

kʰ 1 抠 3 口 4 叩扣寇

ŋ 1 欧区沤 3 藕呕殴纽 4 怄

x 2 侯喉猴 4 后厚后候

in

ȵ 3 捻 4 凝

∅ 1 音阴阴因姻洇殷鹰应蝇莺樱鹦英婴缨 2 吟淫银寅迎盈赢 3 饮引隐瘾尹颖影 4 窨饮印熨应映

p 1 彬宾槟滨冰兵 3 禀丙秉柄饼 4 殡鬓病并并

pʰ 1 拚拼姘 2 贫频苹凭平评坪瓶屏

萍 3 品 4 聘

m 2 民明鸣名铭 3 闽悯敏抿皿 4 命

t 1 丁钉疔叮 3 顶鼎 4 钉订锭定

tʰ 1 听厅听 2 亭停庭廷蜓 3 挺艇

n 1 拎 2 林淋临鳞磷邻凌陵菱宁灵零铃翎龄 3 檩凛领岭 4 赁吝令宁佞另

tɕ 1 今金禁襟津巾斤筋茎京荆惊鲸精晶睛经经 3 锦紧仅谨境景警井颈 4 禁尽进晋尽劲近敬竟镜竞静靖净劲径

tɕʰ 1 钦亲亲倾卿清轻青蜻 2 琴禽擒秦勤芹擎情晴 3 寝妗顷请 4 浸侵揿瀙庆

ɕ 1 心芯辛薪新欣兴星腥猩馨 2 行行形刑型 3 醒省 4 信衅兴幸性姓

io

∅ 5 虐疟约药钥跃乐岳岳域役疫郁育狱浴欲欲月

n 5 略掠

tɕ 5 蹷卒嚼脚觉足局

tɕʰ 5 瘸掘橛缺屈掘雀鹊却确曲

ɕ 5 续戌削学宿肃曲俗续

ioŋ

∅ 1 雍痈臃庸 2 融容溶蓉熔 3 拥勇涌踊 4 用

tɕʰ 2 琼穷

ɕ 1 兄胸凶凶 2 熊雄

o

∅ 1 阿倭窝莴蜗凹 2 蛾鹅俄 4 饿卧涴 5 握屋沃

p 1 波菠玻 3 簸跛簸 4 播 5 薄簿不钵拨不脖博泊薄剥驳

pʰ 1 坡 2 婆 4 颇破 5 赴泼钹勃泊朴扑醭仆瀑仆

m 1 摩摸 2 魔磨蟆膜 3 抹 4 磨 5 末沫没莫幕寞木沐

t 1 多都 3 朵躲 4 舵剁惰堕 5 踱铎读牍督笃毒

tʰ 1 拖 2 驼驮 3 妥椭 4 唾 5 脱夺突凸托托拓秃

n 1 啰 2 挪罗箩萝骡螺脶 3 裸瘰 4 糯摞赂诺 5 捋律落烙酪洛骆乐络鹿禄六陆録緑

s 5 粟

tʂ 3 左 4 佐坐座 5 撮作昨着着酌勺卓桌啄琢浊捉镯竹筑逐轴粥祝烛嘱触

tʂʰ 1 搓 4 锉措错错 5 矬拙猝术出凿绰戳族畜促

ʂ 1 娑蓑梭唆 3 锁琐所 5 说率索芍述术朔缩叔淑熟硕赎束蜀属

ɻ 5 入若弱箬肉辱褥

k 1过锅 3果裹倮 4过 5骨郭谷谷酷

k^h 3棵颗 5窟哭

ŋ 3我

x 1喝喝豁 2荷何河荷荷和禾和 3火伙伙 4贺货祸 5活忽霍藿获

oŋ

∅ 1翁壅 4瓮齆

p 1绷浜绷 4迸蚌

p^h 1烹 2朋棚篷蓬 3捧 4喷碰

m 2谋萌氓蒙懵盟 3某亩牡猛蜢蠓 4茂贸孟

f 1风疯枫丰封蜂峰锋 2冯逢缝 3否讽 4凤奉缝俸

t 1东冬 3董懂 4冻栋动洞

t^h 1通 2同铜桐筒童瞳 3捅桶统 4痛

n 1聋 2笼砻咙农脓侬隆浓龙 3拢垄陇 4弄

s 1松松 4诵

tʂ 1鬃棕宗综中忠衷终踪钟钟盅舂 3总冢种肿种 4皱粽中仲众纵纵重

$tʂ^h$ 1葱聪忽囱充冲 2丛虫崇从从重 3宠 4铳

ʂ 1嵩 3怂 4送宋颂讼

ɻ 2绒戎茸宂

k 1公工功攻蚣弓躬宫恭供龚 3汞拱巩 4贡供

k^h 1空 3孔恐共 4空控

x 1烘轰 2弘虹红洪鸿宏 3哄 4哄

ɿ

ts 1知蜘支枝肢栀资姿咨脂兹滋之芝只 2置 3紫纸只姊凿指子梓滓止址趾 4滞制制智翅自致雉致稚至字牸峙痔治淄志痣志蛰 5执职掷

ts^h 1疵差痴 2雌池驰瓷迟慈磁辞祠词持 3此耻齿 4刺赐侈次 5秩赤

s 1斯厮撕施施私师狮蛳尸尸思丝司思诗 2时 3豉匙死屎矢史使驶始 4逝舐是氏四肆示嗜伺似巳祀寺饲嗣士仕柿事试市恃侍 5湿十什实失室食识

z 5日

u

p 3补 4布布怖部步卜簿

p^h 1铺捕 2蒲菩葡 3谱普浦脯甫脯 4铺

m 2模模摹 3母拇 4暮慕墓募

f 1呼乎夫肤跗敷俘孵麸 2胡湖糊狐壶葫蝴胡符扶芙浮 3虎浒府腑俯斧抚殕釜腐辅 4戽户沪互

护瓠付赋傅咐讣父附富副负妇 5 复核佛佛缚弗斛幅福蝠腹复辐覆伏服袱复

t 1 都都 3 堵赌肚 4 妒杜肚度渡镀度 5 独犊

t^h 2 途屠徒涂图 3 土吐吐 4 兔

n 2 锣奴卢炉芦鸬虏庐驴萝 3 努鲁橹卤 4 怒路露鹭

tʂ 1 租猪诸诛蛛株朱朱珠 3 祖组阻煮主 4 做着苎箸助驻柱住注蛀铸

$tʂ^h$ 1 粗初 2 除储锄厨橱雏 3 褚楚础处杵处拄 4 醋

ʂ 1 苏酥梳疏蔬疏书舒枢输输殊 3 厦要鼠暑黍署薯数 4 素诉塑嗉庶恕墅数戍竖树漱

ɻ 2 如汝儒孺 3 乳 4 裕

v 1 乌污坞巫诬 2 吴蜈吾梧无 3 五伍午武舞侮鹉 4 误悟恶务雾戊 5 杌勿物

k 1 姑孤辜牯 3 古估股鼓贾 4 故固雇顾

k^h 1 箍枯 3 苦 4 库裤

uA

∅ 1 蛙洼蛙挖 2 娃 3 瓦瓦

tʂ 1 抓

k 1 瓜 3 寡剐 4 挂卦褂

k^h 1 夸 3 垮 4 跨

x 1 花 2 华划桦 4 化华画话

uæ

∅ 5 袜

ʂ 5 刷

k 5 聒刮

x 5 铧滑猾划

uai

∅ 1 歪 4 外

tʂ 4 拽

$tʂ^h$ 1 揣 3 揣

ʂ 1 衰摔摔 4 帅率蟀

k 1 乖 3 拐 4 怪

k^h 3 块蒯块 4 会刽桧快筷

x 2 徊怀槐淮 4 坏

uan

∅ 1 豌剜弯湾 2 玩完丸纨顽 3 腕晚挽 4 院万

t^h 2 团团

n 3 暖卵

ʂ 1 删拴 4 闩涮

k 1 官棺观冠鳏关 4 惯

k^h 3 款

x 2 桓还还环

uɑŋ

∅ 1 汪 2 亡枉王 3 碗宛网往 4 望妄忘旺

t 1端3短4断锻断段缎

n 2鸾4乱

ts 4纂

tʂ 1钻专砖庄装妆桩3转4赚纂钻撰转传壮状撞

tʂʰ 1氽川穿疮窗2传椽船床3铲喘闯撞4蹿窜篡串创

ʂ 1珊酸霜双3爽4算蒜

ɻ 3软阮

k 1光3管馆广4贯灌罐观冠掼

kʰ 1宽筐框匡眶2狂4旷况矿

x 1欢荒慌2黄簧皇蝗蟥凰3缓皖谎4唤焕换幻患宦晃

ue

k 5国

kʰ 5括阔廓扩

x 5或惑

uei

∅ 1煨薇巍威2桅帷维惟唯微危为围违3尾伪萎委伟苇纬4卫为位未味喂魏畏慰胃谓猬

t 1堆4对碓队兑

tʰ 1推2颓3腿4退蜕褪

n 2雷擂3屡馁儡垒累4内累类泪累

tʂ 1追锥2贼3嘴4罪最缀赘醉坠

tʂʰ 1催崔摧吹炊2锤槌垂4碎脆翠悴粹

ʂ 1虽2绥谁随3水髓4岁税遂隧睡穗

ɻ 3蕊4芮锐瑞

k 1圭闺龟规归3轨诡鬼4瑰鳜桂癸柜贵

kʰ 1盔亏窥2魁傀奎逵葵4溃愧跪

x 1恢诙灰麾挥辉徽2回回茴3悔毁4贿晦汇会会绘秽惠慧穗讳卉汇

uən

∅ 1温瘟2文纹蚊闻3稳吻刎4问

tʂ 3准

tʂʰ 1椿春3蠢

ʂ 2唇纯醇莼绳3吮4顺舜

ɻ 4闰润孕

k 3滚4棍

kʰ 1昆坤3捆4困困

x 1昏婚荤2魂馄浑横横4混

y

ȵ 3女

∅ 1淤吁迂2鱼渔于余余愚虞娱于盂榆逾愉俞3屿语与予雨宇禹羽4御御誉预豫遇寓芋愈喻玉裕

n 3吕旅缕履4虑滤

tɕ 1居车拘驹跔俱3举矩4据锯拒

距苣聚句具惧剧剧 5 橘

tɕʰ 1 蛆趋区驱躯 2 渠佢瞿衢 3 取娶 4 去趣

ɕ 1 靴墟虚嘘须须需吁 2 徐 3 胥许 4 絮序叙绪遂

ye

∅ 3 哕 5 悦阅月曰越粤

tɕ 5 绝厥蕨决诀倔爵菊鞠掬

ɕ 5 薛雪恤速蓄畜

yɛn

∅ 1 冤渊 2 圆员缘沿元原源袁辕园援猿铅 3 远 4 愿怨

tɕ 1 肩绢捐 3 卷 4 卷眷倦券

tɕʰ 1 圈 2 全泉权拳 3 犬 4 劝

ɕ 1 鲜鲜掀轩宣喧 2 弦旋玄悬眩 3 癣选 4 旋楦

yn

∅ 1 晕 2 云云耘匀荣营茔萤荥 3 允永 4 韵运泳咏

tɕ 1 君军钧均 3 迥 4 俊肫郡菌

tɕʰ 2 群裙

ɕ 1 熏勋熏熏 2 蕈寻荀询旬循巡 4 讯逊迅浚驯殉训

汉源方言远指代词“阿”

陈　明①

摘　要　汉源方言属西南官话西蜀片的雅棉小片，其代词系统中的远指代词“阿”既可指代方位处所，也可指代人或物，还可与其他远指代词连用，究其来源或与凉山彝语远指代词词头“a”有关。汉源方言远指代词“阿”可能是语言接触的产物。

关键词　汉源方言　远指代词　阿　语言接触

一、引言

黄雪贞在《西南官话的分区（稿）》中将汉源归入西南官话灌赤片的雅棉小片，这是“雅棉小片”这一术语首次被提

① 陈明，女，四川汉源人，四川师范大学文学院2020届本科汉语言文学专业毕业。

出[6]262-272，《四川省志·方言志》载：

> 雅棉小片的方言点主要是雅安、芦山、名山、汉源、石棉、天全、宝兴和泸定八个县区（除名山外的其他县区均为旧西康属地），这一地区大山环绕、山高谷深，旧时与外界交往不便。这又是四川境内唯一与甘孜、阿坝、凉山三个民族自治州接壤的地区，与藏、彝等民族的接触比较频繁。[10]58

可见，汉源历来属于少数民族接触频繁的地区，其方言或多或少会受到当地或周边少数民族语言的影响，而对这种影响的探寻是具有意义的。汉源方言远指代词“阿”便有可能是语言接触的产物。

二、远指代词“阿”

指示代词除了替代作用之外，还有指称作用[14]85。汉语方言指示代词的类型主要是二分说（近指和远指），但也有一分说、三分说和四分说等不同意见，其中三分说（近指、中指和远指）最为常见。为了使汉源方言指示代词的描写系统清晰，下表（表1）参照储泽祥、邓云华对指示代词二分与多分之间存在的蕴含共性序列的划分[3]301，将汉源方言的指示代词分为方位处所、人或物、时间、性状程度或动作方式四大类。通过表1，我们可对汉源方言的远指代词“阿”有一个较为清晰的定位。

表 1　汉源方言的指示代词

		普通话		汉源方言	
		近指	远指	近指	远指
指示代词	方位处所	这儿、这里	那儿、那里	这儿［tsər^{55}］ 这儿会儿［tsər^{55}xər^{55}］	阿［A^{55}］ 那儿［ȵər^{55}］ 那儿会儿［ȵər^{55}xər^{55}］ 儿［ər^{55}］ 儿会儿［ər^{55}xər^{55}］
	人或物	这、这个、这些	那、那个、那些	这［tsɛ^{213}］ ［tsɿ^{55}］ 这儿［tsər^{55}］ 这个［tsaiˑ^{213}kɛ^{213}］ ［tsɛ^{213}kɛ^{213}］ ［tsɿ^{213}kɛ^{213}］ ［tsɿ^{55}kɛ^{213}］ 这些［tsaiˑ^{213}ɕie^{55}］ ［tsɛ^{213}ɕie^{55}］ ［tsɿ^{213}ɕie^{55}］ ［tsɿ^{55}ɕiˑ^{55}］ 这块［ts^{1}aiˑ^{213}k^{h}uaiˑ^{213}］	阿［A^{55}］ 那［ȵɛ^{213}］ ［ȵA^{55}］ 那个［ȵaiˑ^{213}kɛ^{213}］ ［ȵɛ^{213}kɛ^{213}］ ［ȵA^{213}kɛ^{213}］ 那些［ȵaiˑ^{213}ɕie^{55}］ ［ȵɛ^{213}ɕie^{55}］ ［ȵA^{213}ɕie^{55}］ ［ȵA^{213}ɕi^{55}］ 那块［ȵaiˑ^{213}k^{h}uaiˑ^{213}］ ［ȵA^{213}k^{h}uaiˑ^{213}］
	时间	这会儿、这阵子	那会儿、那阵子	这长［tsaiˑ^{213}tsɑŋ^{52}］ ［tsɛ^{213}tsɑŋ^{52}］ ［tsɿ^{213}tsɑŋ^{52}］ ［tsɿ^{55}tsɑŋ^{52}］ 这向［tsaiˑ^{213}ɕi Aŋ^{213}］ ［tsɛ^{213}ɕi Aŋ^{213}］ ［tsɿ^{213}ɕi Aŋ^{213}］ ［tsɿ^{55}ɕi Aŋ^{213}］	那长［ȵaiˑ^{213}tsɑŋ^{52}］ ［nɛ^{213}tsɑŋ^{52}］ ［ȵA^{213}tsɑŋ^{52}］ 那向［ȵaiˑ^{213}ɕi Aŋ^{213}］ ［ȵɛ^{213}ɕi Aŋ^{213}］ ［ȵA^{213}ɕi Aŋ^{213}］

续表

		普通话		汉源方言	
		近指	远指	近指	远指
指示代词	时间	这会儿、这阵子	那会儿、那阵子	这阵（子） ［tsai^{213}tsen^{213}tsɿ］ ［tsɛ^{213}tsen^{213}tsɿ］ ［tsɿ^{213}tsen^{213}tsɿ］ 这下子［tsai^{213}xᴀ^{213}tsɿ］ ［tsɛ^{213}xᴀ^{213}tsɿ］ ［tsɿ^{213}xᴀ^{213}tsɿ］ 这会儿［tsai^{213}xər^{55}］ ［tsɛ^{213}xər^{55}］ ［tsɿ^{213}xər^{55}］	那阵（子） ［ȵai^{213}tsen^{213}tsɿ］ ［ȵɛ^{213}tsen^{213}tsɿ］ ［ȵᴀ^{213}tsen^{213}tsɿ］ 那下子［ȵai^{213}xᴀ^{213}tsɿ］ ［ȵɛ^{213}xᴀ^{213}tsɿ］ ［ȵᴀ^{213}xᴀ^{213}tsɿ］ 那会儿［ȵai^{213}xər^{55}］ ［ȵɛ^{213}xər^{55}］ ［ȵᴀ^{213}xər^{55}］
	性状程度、动作方式	这么、这样	那么、那样	仗［tsɑŋ^{213}］ 仗几［tsɑŋ^{213}tɕi^{52}］ 仗样［tsɑŋ^{213}iᴀŋ^{213}］ 纵［tsoŋ^{213}］ 纵几［tsoŋ^{213}tɕi^{52}］ 阵［tsen^{213}］ 阵几［tsen^{213}tɕi^{52}］ 这样［tsai^{213}iᴀŋ^{213}］ ［tsɛ^{213}iᴀŋ^{213}］ ［tsɿ^{213}iᴀŋ^{213}］	囊［ȵɑŋ^{52}］ 囊几［ȵɑŋ^{52}tɕi^{52}］ 囊样［ȵɑŋ^{52}iᴀŋ^{213}］ 弄［ȵoŋ^{213}］ 弄几［ȵoŋ^{213}］ 那样［ȵai^{213}iᴀŋ^{213}］ ［ȵɛ^{213}iᴀŋ^{213}］ ［ȵᴀ^{213}iᴀŋ^{213}］

（一）单独用于句中

如表 1 所示，汉源方言远指代词“阿”单独用于句中时可指代方位处所与人或物这两大类。

（1）“阿”作为指代方位处所的远指代词时，相当于普通话中的“那儿”，不同的是，此时的“阿”一般只做主语、定语，不做宾语。例如：

①阿是喃呢哦？（那儿是哪里？）

②你家猫儿藏得阿卡卡头得。（你的猫藏在那儿角落里了。）

③这儿木得得，你看阿柜柜头有木得。（这里没有，你看那儿柜子里有没有。）

（2）“阿”作指人或物的远指代词时，相当于普通话中的“那”，此时的“阿”只能做主语，不能做宾语和定语。例如：

①A：阿哪个哦？（那是谁？）
B：阿我家幺爸。（那是我小叔叔。）

②A：你要把垃圾到处甩哇。（你不要把垃圾到处扔。）
B：阿又不得我整诶，你就晓得怪我。（那又不是我做的，你只知道怪我。）

③A：她咋又拿给人家骗了？（她怎么又被别人骗了？）
B：阿是你家康嬢脑壳膜诶哇。（那是因为你康阿姨脑子不太清醒。）

在上述三组对话中，“阿”分别指代了人物、事件和事件原因。

（二）与其他远指代词连用

（1）“阿”后还可以带“那个”“那边”“囊儿”“那长”等其他远指代词（连用时“阿”仅置于其他远指代词前），构成同质成分叠置，共同作主语、定语、宾语，通常表强调，连用以后“阿”仍然表示远指，具体意义落在“阿”后面所带的远指代词上。例如：

①阿那个是哪个哦？（那人是谁？）

②这个果果要阿那边山上才有。（这种果子要那边的山上才有。）

③你要诶东西我甩得阿那边得。（你要的东西我放在那边了。）

④阿囊几要得啊？（那样可以吗？）

⑤阿那长还小哇，秒醒事。（那时候还小，不懂事。）

“阿那个”的形式在唐五代时就有出现，但唐五代时期的“阿那个”是由前缀“阿”构成的复音疑问代词，在《祖堂集》中可见，一般作主语、定语和状语，例如：

①又问：“阿那个是佛？”（《祖堂集·慧忠国师》460）

②师曰：“阿那个山敢住？”（《祖堂集·洞山和尚》509）

③师曰：“现五分法身，如今在阿那个分？”（《祖堂集·云岩和尚》497）[7]47-48

因此，汉源方言中的远指代词“阿那个”与唐五代时期的复音疑问代词“阿那个”同形异义。

（2）汉源方言远指代词“阿”的用法体现了指示代词具有空间性。许多语言的指示代词有着共同的语义特征，而这些共同的语义特征，都是以表达空间义为基础的。Bernd Heine 等学者曾提到，空间的表达在语言上比其他类型的表达更基本[16]113；储泽祥、邓云华在《指示代词的类型和共性》中认为指时间、性状程度、动作方式的代词，往往是空间关系的一种隐喻或泛化(从空间域透射到非空间域)，指方位处所的代词本身就是表示空间的，而指人或物的代词，虽然表面上看与空间无关，但实际上人或物都要占据空间，实体的人或物有空间形体，它们数量的多少，也是占据空间数量多少的一种表现[3]303。

（三）来源的可能性

图1 汉源县地图

汉源县，四川省雅安市辖县，位于雅安地区西南部。汉源县地处横断山脉北段东缘，地形以山地为主，西北高东南低，东北缘为邛崃山余脉南支大相岭，西北缘为邛崃山余脉飞越岭，南面为大凉山群峰，大渡河横穿东西，流沙河纵贯南北，形成了四周高山环绕，中部河谷低平的地势。该县东邻乐山市金口河区和眉山市洪雅县，南连凉山彝族自治州的甘洛县，西靠甘孜藏族自治州的泸定县和雅安市石棉县，北接雅安市荥经县，历来是通往康、藏、宁的咽喉之地，属于民族走廊地区。

纵观汉源县建置沿革简史可见，汉源县历来与少数民族接触频繁，为汉族与少数民族杂居地，例如《汉源县志》中载：

> 周慎靓王五年（前316）秦灭蜀国定为蜀郡，此时汉源县境内为西南笮都夷地，又称旄牛夷，秦统一后为蜀郡西南笮都侯国……汉武帝天汉四年（前97），沈黎郡并入蜀郡，旄牛县隶蜀郡，置蜀郡西部两都尉府：一居旄牛，主徼外夷；一居青衣，主汉人……三国蜀汉章武元年（221），汉嘉郡仍置，旄牛县隶之，辖境包括今甘孜藏族自治州的泸定、九龙等县及大渡河以南凉山彝族自治州部分地区……宋太祖玉斧划河，大渡河以南为南诏占有，邛崃山脉以西为吐蕃占有，县境成为‘南控夷獠，西拒吐蕃’要地……元代开地方行省之制，省以下辖路、府、州、县，在少数民族聚居地区行土司制……明太祖洪武十五年（1382）分司地置大渡河军民守御千户所，治汉民，所治今富林镇。神宗万历二十四年（1596），黎州安抚司降为土千户，谪居大田坝（此后名大田土同），直隶四川成都都司，并分出下七枝夷民归松坪土舍，将大渡河军民守御千户所迁清溪城内……清

道光十三年（1833），改土归流，于黎州土司地置顺河乡，松坪土司地置万工汛……[5]36-39

目前，全县辖21个乡镇（5个少数民族乡），总人口33万，共有汉、彝、藏、回等26个民族，少数民族人口约占总人口10%，其中彝族人数最多。因此，当地汉语方言不可避免会受到彝语的影响。

汉源方言根据发音规律及特点可大致分为三个方言小区：富林、九襄、宜东、清溪为一小区，其发音特点是口音轻巧，吐字清楚，并杂带有湖北方音（明洪武四年［1371］从湖广随军戍边迁居汉源的“李、姜、黄、赖、蔡、包、张”七姓在此繁衍生息）；皇木（古为笮都夷地）为一小区，尤其以岩窝沟以东的永利乡境，发音长而尾音高；大渡河以南的大树（古为邛都夷地）为一小区，此区发音短而低[5]826。汉源方言远指代词“阿”的使用在汉源县下半县（南部古夷地）较普遍，且汉源县南连凉山彝族自治州的甘洛县，因此，远指代词“阿”有可能是语言接触的结果。探讨汉源方言远指代词“阿”来源的可能性，我们不得不先谈一谈彝语北部方言。

彝语属于汉藏语系藏缅语族彝语支，分北部、东部、南部、东南部、西部、中部6大方言，包括5个次方言、25个土语。彝语北部方言主要分布在四川，是自称“诺苏”的彝族支系所使用的语言，由于此支系彝族主要聚居于四川省凉山彝族自治州，因此又称凉山彝语、四川彝语，其分布以四川省凉山彝族自治州为中心，东至云南省的永善县、巧家县，南至云南省的禄劝县、永仁县、剑川县，西至四川省凉山彝族自治州的木里县，北至四川省的汉源县、泸定县[9]11-12。

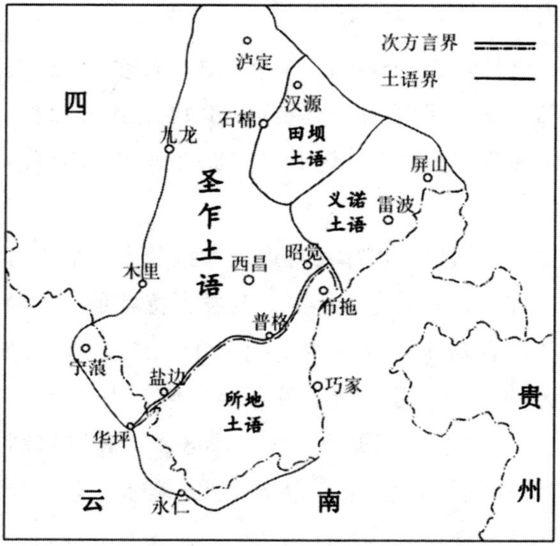

图 2　彝语北部方言土语分布图[9]11

彝语北部方言又可分北部、南部两个次方言，北部次方言又包括圣乍、义诺、田坝三个土语[2]173。如图 2 所示，汉源当地彝族主要操田坝土语，但实际上，汉源当地彝语还受到了圣乍土语的影响。主要原因有二：一是田坝土语是彝语北部方言中使用人数最少的土语，而汉源县靠近操圣乍土语的石棉县、泸定县等地，在接触中易受其影响；二是 1975 年，在政府主持下，语言文字工作者整理和规范了以凉山彝族老彝文为基础的 819 个规范字，1980 年国务院批准在四川省彝区推行使用，称为规范彝文[9]12，而凉山地区正是圣乍土语的主要分布地[15]67，这使得圣乍土语成为四川彝语中的强势语言，因此，汉源当地彝语无疑会受到圣乍土语的影响。例如，汉源县当地的彝族干部多毕业于四川省彝文学校（校址位于四川省凉山彝族自治州西昌市），接受了规范彝文教育，他们作为与彝族群众沟通、推动少数民族工作进程的中流砥柱，在工作生活中会潜移默化地促进凉山彝语（圣乍土语）与汉源当地彝语（田坝土语）的接触，这就进一步扩大了圣乍土语的影响力。

彝族传统的文字彝文，属音节文字。在凉山彝语的代词系统中，指示代词最基本的是表示近指的“[illegible][tshɿ^{34}]”和表示远指的“[illegible][a^{33} dzɿ^{34}]”，其他指示代词都是由它们派生出来的[13]64。见表2 小门典夫在《凉山彝语词类研究》中还对凉山彝语指示词（指“[illegible]”和“[illegible]”）下了定义：“不能单独作句法成分，但加在量词前面以后其整体能充当主语或宾语，且只有这类词出现在量词前面时只能位于最前面的词。”[11]115

表2 凉山彝语指示代词表[13]65

类别 / 指代内容	近指	远指
或事物	[illegible][tshɿ^{34}]（+数词+量词）	[illegible][a^{33} dzɿ^{34}]（+数词+量词）
处所方位	[illegible]（[illegible]）[thi^{55}]（[ko^{33}]） [illegible][tshɿ^{21} tɕo^{21}]	[illegible]（[illegible]）[a^{33} di^{55}]（[ko^{33}]） [illegible][a^{21} tɕo^{21}]
时间	[illegible][tshɿ^{21} thɯ^{33} ko^{33}]	[illegible][a^{33} dzɿ^{34} thɯ^{33} ko^{33}]
性质 方式 程度 状态	[illegible][tshɿ^{21} mu^{33}] [illegible][tshɿ^{21} mu^{33} dʑi^{34}]	[illegible][a^{21} dzɿ^{21} mu^{33}] [illegible][a^{21} dzɿ^{21} mu^{33} dʑi^{34}]

通过上表，我们不难发现，凉山彝语远指代词的前面都有

“ꀊ［a^{33}］”或“ꀋ［a^{21}］”，即都有“a”这一音节，这说明它是能表示远指的，张惠英在《汉语方言代词研究》中也提到过：“凉山彝语用词头 a 表远指。”[12]214

凉山彝语远指代词指代人或物时，用“[彝文]（+数词+量词）”这一结构，例如：

①$tsho^{33}$　$a^{33}dzɿ^{34}$　ma^{33}　$kha^{34}di^{33}$　$ŋɯ^{33}$

[彝文]？

人　那　个　谁　是

那个人是谁？

②$a^{33}dzɿ^{34}$　$ȵi^{21}ma^{33}$　li^{33}　$ŋa^{55}$　$a^{55}mo^{21}$　$ŋɯ^{33}$

[彝文]。

那　两个　我　老师　是

那两个是我的老师。

指代处所方位时，用“[彝文]。（[彝文]。）”“[彝文]。”结构，例如：

③$tshi^{33}$　$i^{21}si^{33}$　$a^{33}di^{55}$-ko^{33}　$ȵo^{21}bo^{21}$

[彝文]。

他　刚才　那里　劳动

他刚才在那里劳动。

④$ŋo^{21}$　$l^{55}dɯ^{33}li^{33}$　$a^{21}tɕo^{21}$

[彝文]。

我们的　住处　那边

我们的宿舍在那边。

指代时间时，用“[彝文]”结构，例如：

⑤a³³ dzɿ³⁴ thɯ³³ ko³³　ŋa³³　i³³ ko³³　ta³³　ȵo²¹ mu³³

[illegible]

那时侯　我　家里　放　劳动

那时我在家劳动。

指代性质、方式、程度、状态时，用“[illegible]”“[illegible]”，例如：

⑥tshi³³　a²¹ dzɿ²¹ mu³³　ɣu³³ tha⁵⁵ a²¹ ɕi³³

[illegible]

他　那样　不应该

他不应该那样做。

⑦i³³ ti³⁴　a²¹ dzɿ²¹ mu³³ dʑi³⁴ su³³　hɯ²¹ a²¹ sa³³

[illegible]

上衣　那样的　不好看

那样的上衣不好看。

李民和马明在《凉山彝语语音概论》中提到，在凉山彝语元音系统中，“a”是一个中低不圆唇元音，如图 3：

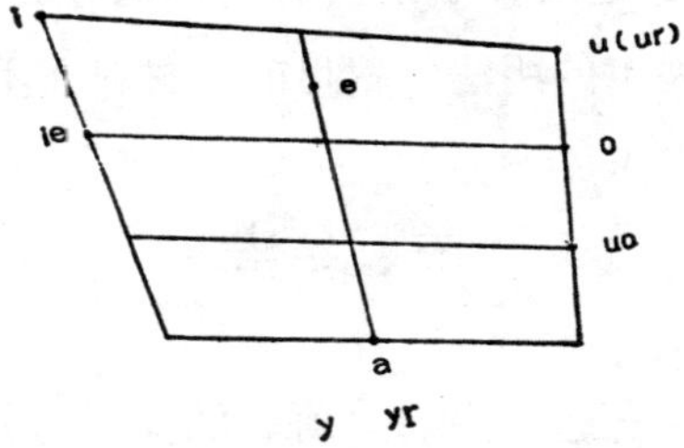

图 3　凉山彝语元音图[8]34

而汉源汉语方言中的远指代词“阿”，读作［ᴀ］，同样是中低不圆唇元音，如图 3：

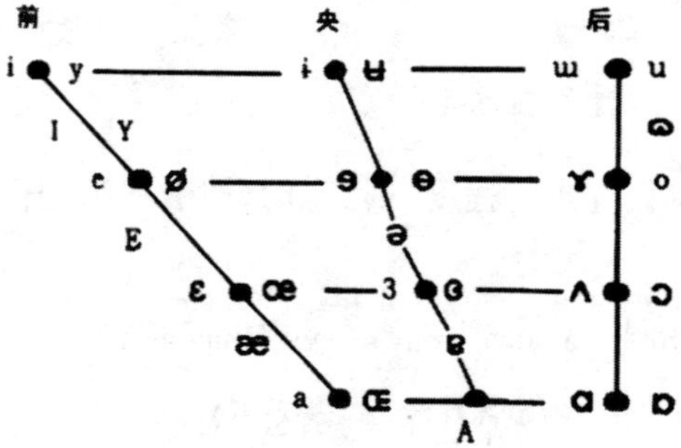

图 4　现代汉语元音舌位图[1]56

通过比较，我们不难发现凉山彝语中的“a”和汉源方言中的“阿［ᴀ］”不仅发音相似，两者用作指示代词时皆表示远指，且前者是词头，后者与其他远指代词连用时也只能置于其他远指代词前，再加上凉山彝语对汉源当地彝语的影响颇大，因此，我们有一定的理由和依据怀疑，汉源方言远指代词“阿”的产生受到了凉山彝语远指代词词头“a”的影响。

此外，前人已有研究肯定汉彝缅语“阿（a-)”的指示代词用法[4]283－284，但这是汉彝缅语共有的用法还是其从汉藏语分化以后各自独立发展出的用法，就目前的材料还不能确定。

三、结语

通过对汉源方言远指代词“阿”的描写与分析，我们发现：

（1）汉源方言远指代词“阿”单独用于句中时既可指代方

位处所，也可指代人或物。指代方位处所时，一般只做主语、定语，不做宾语，例如“阿山上有啥?”；指代人或物时，只能做主语，不能做宾语和定语，例如“阿是哪个?”。

（2）汉源方言远指代词“阿”后还可以带“那个”“那边”等其他远指代词，构成同质成分叠置，共同作主语、定语、宾语，通常表强调。例如“阿儿会儿是喃里啊?”

（3）汉源方言远指代词“阿”有可能是受凉山彝语远指代词词头“a”的影响产生的。

此外，由于条件限制，笔者未对邻近方言做详细的调查了解，缺少了这一方面的共时比较，这有待于今后进一步学习和研究。

参考文献：

[1] 岑运强. 语言学基础理论［M］. 北京：北京师范大学出版社，1994.

[2] 陈士林，边仕明，李秀清. 彝语简志［M］. 北京：民族出版社，1985.

[3] 储泽祥，邓云华. 指示代词的类型和共性［J］. 当代语言学，2003（4）.

[4] 戴昭铭，（美）J. A. 马提索夫主编. 汉藏语研究四十年——第40届国际汉藏语言暨语言学会议论文集［M］. 哈尔滨：黑龙江大学出版社，2010.

[5] 汉源县志编纂委员会. 汉源县志［M］. 成都：四川科学技术出版社，1994.

[6] 黄雪贞. 西南官话的分区（稿）［J］. 方言，1986（4）.

[7] 李静. 唐五代代词研究——以《近代汉语语法资料汇编》（唐五

代卷）为例［D］．四川师范大学，2017．

［8］李民，马明．凉山彝语语音概论［M］．成都：四川民族出版社，1983．

［9］马海布吉．彝语北部方言所地土语语音和词汇研究——兼与其他土语比较［D］．暨南大学，2015．

［10］四川省地方志编纂委员会．四川省志·方言志（1986－2005）［M］．北京：方志出版社，2013．

［11］小门典夫．凉山彝语词类研究［M］．成都：四川民族出版社，2006．

［12］张惠英．汉语方言代词研究［M］．北京：语文出版社，2000．

［13］张余蓉，蔡堃．现代凉山彝语语法［M］．北京：中央民族大学出版社，1995．

［14］朱德熙．语法讲义［M］．北京：商务印书馆，1982．

［15］朱文旭．彝语方言学［M］．北京：中央民族大学出版社，2001．

［16］Bernd Heine，Ulrike Claudi，Friederike Hünnemeyer. Grammaticalization：A Conceptual Framework［M］. Chicago：The University of Chicago Press，1991.

中国科学传播话语的历史变迁研究[①]

王 晶[②]

摘 要 近年来，我国的科学技术高速发展，但我国公民的科学素养与发达国家相比差距甚大，这对科学传播及其话语研究提出了挑战。通过对中国科学传播及其话语展开历史性的梳理，探讨科学传播话语如何随着时代与媒介发生改变，并着重分析当下新媒体中的科学传播话语特征，或可为科学传播工作提供参照性意见，助力公民科学素质的提升。

关键词 科学传播话语 新媒体

---

① 本文为教育部人文社会科学项目“信息通信技术在虚拟公共领域中的科学传播话语体系研究”（17YJC740082）的阶段性成果。

② 王晶，女，重庆邮电大学外国语学院教授、博士，研究方向为批评话语分析、文化研究。

一、引言

中国科协发布的第九次《中国公民科学素质调查报告》[①] 显示，2015 年我国具备科学素质的公民比例达到了 6.20%，比 2010 年的 3.27% 提高了近 90%，超额完成“十二五”我国公民科学素质水平达到 5% 的工作目标。这一数据在我国科普的纵向发展历程来看进步很大，但与发达国家进行横向对比时则显得仍有所欠缺。国务院印发的全民科学素质行动计划纲要实施方案（2016－2020 年）[②] 明确指出，我们“应清醒地看到，目前我国公民科学素质水平与发达国家相比仍有较大差距，全民科学素质工作发展还不平衡，不能满足全面建成小康社会和建设创新型国家的需要”。这对我国的科学传播及其话语研究提出了挑战。

迄今为止，对科学传播的研究大多集中在传播学与科技哲学领域，聚焦于传播史的梳理、传播主体与受众的关系等等。话语作为科学传播的工具，成为科学传播研究中长期被忽视的一块软肋。目前国内外语言学领域对科学传播话语研究较少。本研究通过对我国的科学传播话语展开一个历史性的梳理，尝试厘清我国科学传播话语是如何进行演变的，并着重探讨当下新媒体中科学传播话语的特征，以期弥补当下语言学界对科学传播话语表述研究的稀缺，为科学传播话语研究提供新颖的视角。

---

① http：//education. news. cn/2015－09/19/c_ 128247007. htm，2019/6/3.

② http：//www. gov. cn/zhengce/content/2016－03/14/content_ 5053247. htm，2019/6/5.

二、中华人民共和国成立之前的科学传播话语

中国有着悠久的历史和璀璨的古代文明，也有很多的发明创造推动着生产力的进步，但从历史的视角来看，这些发明创造大多仍属于技术的范畴，没有上升到科学的高度。在西方的视角下，中国古代一直处于一种“前科学”的状态，即使有某种科学的萌芽，也没有形成持续的自然科学传统。李约瑟（Joseph Terence Montgomery Needham）曾说过，“西方人研究星辰、球体、杠杆、斜面和化学物质，中国人则研究书本、文字和文献考证。可是重要之点并不在于如胡适所说，中国人的人文科学所创造的只是更多书本上的知识，而西方的自然科学却创造了一个新世界，重要之点乃在于：……在中国人的头脑中，显然没有任何符合于最严格的考据原则、精确性和逻辑体系的知识本体。”[5]146

可以说，中国的传统文化没有内生出近代科学，从思想文化的根源来看，近代科学之于中国，是一个完完全全的舶来品。西方传教士从15世纪开始逐步将科学传播到中国，主要是进行科学著作的翻译和编撰工作，其中利玛窦（Matteo Ricci）绘制的《万国图志》，以及其与徐光启合译的《几何原本》最广为人知。彼时的“science”一词还未被译为“科学”，而是用中国传统文化中的“格致”来指称。明末至清中期，科学传播的话语主要体现为传教士的格致话语，而“格致”更多的是指称狭义上的科学，即自然科学，尚属“小科学”的范畴，并概述格致的本义、方法、分类、功能与精神等方面。这一时期，科学文本的传播模式主要是以书写和活字印刷为主，由于当时低下的民众受教

育程度和传播媒介的限制，科学信息传播的范围极小，科学话语仅为极少部分的读者服务，语体正式，采用文言文，不易传播。

1840 年鸦片战争使得中国部分知识分子意识到科学和工业的重要性。晚清时期“科学”一词开始被使用，大约在 1905 年间，《万国公报》上首次开始使用“科学”一词，取代“格致”，“科学”一词的内涵也发生了变化，更多的是指“系统之学”的“大科学”。随着洋务运动的发展，中国历史上第一个官办的翻译出版机构——江南制造局翻译馆，于 1868 年在上海创办。江南制造局翻译馆以译介西方科学技术书籍为主要目的，先后共译书 160 种，是 19 世纪下半叶我国译书最多、影响最大的科技著作编译机构。晚清最著名的科学著作译介者是严复，所翻译的八大书涉猎广阔，几乎囊括了当时阐述最先进思想的主要著作。可以看出，明至晚清期间，我国的科学普及文本以翻译西方科学著作为主，采用文言文，意译为主，改动较大，难以按照原文字句加以对照。译者往往就原著某一思想或观点，脱离原文，抒发自己的见解或将自己的见解融于译述之中，某些译本甚至对原文有一定的删减、误解或歪曲。例如赫胥黎（Huxley）虽然是达尔文主义者，但却是反对社会达尔文主义的，严复翻译的《天演论》反而成了为社会达尔文主义张目的名著。

值得注意的是，晚清时期的印刷术较明代有所进步，使用了蒸汽印刷和机械印刷。这一技术的出现对科学传播及其话语产生了重要的影响。科学文本的产量较之前有较大的提升，虽然科学普及文本及传播受众数量仍然有限，仅对少数的知识分子和精英阶层产生影响，但科学传播的话语方式发生了一些变化。印刷术不仅提升了科学家和公众知识更新和累积的速度，也使得知识公开化，原本的科学交流只能囿于一时一地的一个小圈子内部，除了面对面的交流之外，顶多只能靠私人通信来保持联系。而一旦这些科学经验和科学思想通过印刷广为传播，就导致了“私人”和“公共”的传统界限被打破，原本属于学者们个人经历的思想，原本在学者之间私人交流的知识，一下子成为公共争论的基点。与此同时，科学话语也开始出现转变。这些出版物的作者或者译者开始意识到，科技著作也要满足普通读者的阅读旨趣，出版普通读者喜欢的图书。这一时期的科学传播话语较前一时期相对亲民、易懂，符合更多读者的阅读能力。李益顺认为，晚清科学话语传播有“五项特征，即信息源上的外源性、传播途径上的单向度线性传播、传播绩效上的局限性、生长周期上的短暂性、话语体系构建上的渐进性等”[4]。并且指出，晚清科学话语传播为“新文化运动提供了宝贵的思想资源与理论基础，是新文化运动的先声，而新文化运动是对晚清科学话语传播的传承与发展，是必然的发展趋势，二者一脉相承”[4]。

近代科学在中国社会的地位直到五四新文化运动才得以确立。常被比作中国的启蒙运动的新文化运动，是一场“反传统、反孔教、反文言”思想、文化、文学的革命运动。中国的知识分子高呼“德先生”（Mr. Democracy）和“赛先生”（Mr. Science），举起科学与人权的大旗，并创办《新青年》，申明“我们相信尊重自然科学、实验哲学，破除迷信妄想，是我们现在社会进步的必要条件”①。同时期，“中国科学社”成立并于1915年创办《科学杂志》，1932年“中国科学化运动协会”成立，并创办《科

①《新青年》第7卷第1号，1919年12月1日。

学的中国》。这两个科学组织开创了中国科普的先河，“中国科学社”以留美科学家等学者为主，“中国科学化运动协会”以国民政府官员和科学家为主，都是以“科学救国”为目的，组织开展科学普及的讨论和普及科学知识的活动。但两本刊物的定位都不清晰，在专业科学杂志和科学普及杂志之间摇摆，主要内容还是科学技术专业知识，大众科学内容较少。在这一时期，科学文本以机械电力印刷的纸质杂志为主，也出现了一些广播电影的科学教育新形式。中国最早的科教电影由商务印书馆影戏部于1918年开始拍摄，总共拍摄了20部科学教育片。虽然当时的科教电影观影人数不多，但是为科学普及开启了一种新的传播形式的大门。

而这一阶段的科学普及话语与之前相比也出现了很大的变化。首先是用白话文而不是文言文进行科学文本的写作。伴随着新文化运动的白话文运动，是近代中国语言文字的里程碑事件，不仅是一个文体改革的运动，更促进了后期国语统一运动以及汉字改革运动的发展。在新文化运动之前，中国通用的书面语没有白话文的合法地位，只有与口语脱节的文言文才算正统，白话文始终只是作为一种市井语言，难登大雅之堂。而白话文运动之后，白话文占据了教育的高地，也自然成为科学教育和科学文本所默认使用的话语，用白话文书写的科学文本，具有明白、清晰、准确、富有逻辑力量的特点。另一个变化是科学话语通俗化。1947年3月的《科学大众》杂志上，署名“文如”的作者发表短论，提出“科学专家通俗化”的希望，该文认为专家们“对于学术上的贡献，我国一般民众是不会知道的。他们如有学术上的著作，一定是用英、德、法、拉丁等文字来写，大半在国外的杂志上发表。我国一般民众也渴望沾润一点科学知识…一般无力踏进大学门槛的知识青年极想参与一些科学工作，他们是没有考虑到这样加以援助的……单就发表通俗文字一项来讲，我们对于科学专家，总觉得他们还欠有热诚，不够积极。”文章最后提出号召：“我国目前的各科专家，如其能够分出一部分精力来从事于写作通俗化的文字，对于各种通俗的科学刊物加以培养，竭力使科学通俗化，大众化起来，那么，中国科学的进步，一定会加速。”[2]296-297同年4月，该杂志又刊登了署名“赛音诗”的作者发表的《把情感投入于科学》一文，也认为“科学期刊最忌讳说教式的文字”，而应该“描写”科学。描写“科学的美丽，科学的奇异，与科学的伟大”，而“通俗读物与教科书不同的地方就在于它包含着情感，通俗科学须应用艺术家与诗人的方法”[2]297。这样的论述明显地反映出该时期科学话语的文体转移，不再使用纯科学文体范式的语言，反而采用更口语、更大众、更叙述化的话语模式，进行科学文本的撰写与传播。

三、中华人民共和国的科学传播话语

（一）中华人民共和国的科学传播发展回顾

1949年中华人民共和国成立之后，我国的科学普及工作开始在政府管理下有组织有规模地展开。1951年的《中华全国自然科学工作者代表会议纪念集》谈道：“科学只有生根在民族的土壤里，生根在国家和人民的实际需要里才能繁荣滋长，开花结子。因此，新中国的科学研究工作必须与科学普及工作结合起来。”尤为难得的是，该纪念集还体现出当时的科学工作者对于科学与公众关系的认识的先进性，即充分认识到科学理论与地方系统知识的结合。“我国工农迫切需要科学知识来扫除他们的迷信思想，保护他们的健康，改进他们的生产技术，提高他们的生产效能。而另一方面工农大众有直接的生产知识、生产经验和丰富的创造发明的才能……应该用系统的科学理论来总结和提高他们的经验，然后再交还他们去应用。这样不但可以普及科学知识，提高工农大众的科学水平，而且可以丰富我们的科学宝库，提高一般的科学水平。”虽然在“文化大革命”期间，新中国的科普事业受到极左思想的干扰与摧毁，但在1977年“文化大革命”结束之后，我国的科学普及达到高潮，迎来了新的春天。1980年代，“文化大革命”时期被压抑的对知识的渴求迸发出来，青少年科普活动和科普创作空前繁荣。自1990年代起，国家政府越发意识到科技传播普及对于国家经济建设和社会发展的重要意义，开始从全局维度部署相应的措施与战略。1994年12月5日《人民日报》发布《中共中央、国务院关于进一步加强科学技术普及工作的若干意见》，号召大力加强科普工作，并首次提出“科学素质”的概念。这一时期的科学传播主体以科学共同体为中心，对广大民众展开科学普及。所使用的话语模式仍然是从上至下的，从权威向公众的一种“说教式”科学话语，这一时期的科学传播话语仍以保持科学和科学家的权威性为重要考量因素，公众尚无参与科学传播的途径和话语权，科学传播话语表现为单一的、单向的信息传播模式。

（二）新媒体科学传播话语特征

在21世纪初开始大量普及的互联网等技术推开了第四次工业革命的大门。这两次同宗同源、紧密结合的工业革命开启了人类历史崭新的篇章，也带来了我国科学传播方式和话语的大变革。2006年国务院公布《全民科学素质行动纲要》，并指出“公民具备基本科学素质一般指了解必要的科学技术知识，掌握基本的科学方法，树立科学思想，崇尚科学精神，并具有一定的应用它们处理实际问题，参与公共事务的能力”。这标志着我国的科学普及正式进入到科学传播的公众参与阶段。截至2015年，我国已经连续展开九次中国公民科学素质调查，科学传播模式涵盖书籍、报纸、杂志、电影、广播、网络等各种媒介。进入21世纪后，我国经济和信息通信技术已然进入世界前列，科学传播工作大量在新媒体中展开，这丰富了科学传播的主体、渠道和内容，也由于独特的语境和传播媒介，形成了特殊的话语模式和话语特征，主要可以体现在以下几个方面：

第一，科学传播话语模式发生了改变。在新媒体之前，科学传播一直遵循的传播模型都是将科学家默认为传播者，并置于传播的中心，强调传者对受者的巨大影响力，所采用的都是单一线性的传受模式。而公众参与的模型则把专家与非专家放到了平等的位置上来，强调的是对话与参与，而不是一方对另一方的教育，在这样新的模型里，科学家终于走下了“神坛”，成为公众当中的或许对某类科学知识更熟悉一些的普通人。此外，“互动”也是公众参与阶段所重视的一点。公众不再被视为空桶或是被动被教育的刻板群体，而真正成为鲜活的有自己思想、社会经验与情绪的对话者。

第二，科学传播话语来源的“去中心化”。传统大众媒介的传播模式是“沙漏式”的，编辑和记者作为媒体的直接“把关人”，主导着新闻信息生产与传播的流程。而除了这些直接的把关人，还有很多“隐形”的把关，例如文化习俗、经济利益、宗教信仰、意识形态等等。然而，随着互动媒体技术的发展，传统媒体中占据着重要地位的“把关人”随着新媒体的发展逐渐削减了，原本的传受层次结构开始解体。以科学家为唯一中心来源的科学传播不复存在，取而代之的是一种全新的“后学院”式的知识生产。“知识生产的模式在更替，一场平淡的革命在兴起。目前正在中国建立的知识生产模式，和在现代世界上的其他地方一样，实质上是‘后学院的’。……后学院科学并不像很多科学家仍希望的那样，只是短暂地偏离我们一贯熟知的科学前进的步伐。它也不仅仅是‘知识生产的一种新模式’：它是一种全新的生活方式。”[9]135 在新媒体的科学传播中，科学共同体不再是唯一的发声主体，也不再占据话语的中心位置，话语专权被一轮轮的解构。百科类问答使得科学信息的来源从专家走向平民，例如百度知道、知乎、维基百科等平台搭建起一个全民科普的虚拟公共领域，科学信息在公众的参与中增加了时效性和生命力，原来为唯一中心的科学家的话语转而飘散在信息的汪洋大海之中。

第三，科学传播话语的多模态特性。在新媒体的科学传播文本中，纯文字不再是唯一的话语形式，伴之而来的有图片、动图、视频、声音等多种话语的形式。在新媒体的世界里，各种话语形式不再有主次之分，它们各展所长，优势互补，和谐相处，以各自优势最大化的组合嫁接模式传播着科学的精神和内容。新媒体中的科学传播话语彻底的展现了多模态话语的特征和优势，把受众的全身感官都调动起来，为传播信息这一目的服务。以科普网站为例，与传统的期刊、报纸不同，科普网站具有立体结构，表现形式更多样，空间容量大且可根据需要自动调节的特点。“全国科普网站几乎都包含了文字、图片、新闻这三种表现形式，服务信息、专题和搜索内容的普及率为60%—80%。”[1]22除此之外，超链接、留言评论、问答等多种互动渠道给受众提供了扩展知识的无限可能性，以及更有趣，更有参与感的阅读体验，让科学传播的公众参与成为可能。新媒体实现了公众参与的科学传播阶段，科学传播是一个双向的过程，并不仅仅在于科学共同体单向的向公众讲解科学，公众对于科学知识的贡献和塑造也在新媒体技术的普及之下得到了保障。科学传播的实质，应当是既要坚持科学向公众的传播，又要强调公众向科学的传播。

第四，科学传播话语的碎片化、多元化。新媒体中，以前沉默的公众变得活跃起来，因为他们欣喜地发现，普通民众不仅可以通过网络按照自己的意愿接收科学信息，进行取舍和选择，可以和他人就感兴趣的科学话题进行讨论而不用担心自己的浅薄的知识被人嘲笑，甚至还可以成为科学信息表述的主体，而他们所发布的科学信息，还可以和用户在虚拟公共领域中分享交流的其他信息一样，成为日常社交话题之一。在科学传播传受结构发生解体的同时，公众阅读信息的比重开始下降，而书写信息的比重则有所上升。科学信息的平民化书写成为常态，代表大众精神的文化逐渐兴起。新媒体环境下，用户在利用网络获取科学信息的同时，赋予了新的传播渠道更大的输出科学信息的功能，将经过主体鉴别、理解、筛选过的信息上传至网络，这整个过程也因为社交和自我表露的需要而增加了更多的主体意识。

新媒体的多极性传播在打破传统媒体自上而下的单向传播模式的同时，也使得信息的来源变得多元化与碎片化。无数的传播者积极地参与到整个传播过程，并且利用网络建立自己的传播平台，自由、积极地发言并传递信息，成为传播系统中一个个完全独立又相互有着千丝万缕联系的传播者。科学信息的传播者不再仅仅是科学家、科技专栏记者，“人格化”的互联网的参与者打破了传统媒体中的“中心权力”，形成“一个立体、动态、多级、混沌的信息传播新局面”[3]74。而这样的新局面也注定多元的传播者是离散并以虚拟身份出现的，是以每一个传播者及其组成的群体或小组是动态不稳定的，会持续分化为不同的利益主体，整个科学传播环境中逐渐失去占据主流地位的支配话语，每一个人的信息传播由于不受到地域、地位和知识的限制，信源的“个人主义”色彩将十分鲜明。波斯特（Poster）也认识到这一点，他指出：信息方式造成了语言的彻底重构，这种重构把主体构建在理性自律个体的模式之外[6]。这种人所熟知的现代主体被信息方式置换成一个多重的、撒播的和去中心化的主体，并被不断质询为一种不稳定的身份。“去中心化”主体们不再固定于绝对的时空的某一点上，不再拥有一个物理的、确定的、能够理性地估测其利弊得失的制高点。

四、结语

通过对我国的科学传播及其话语的梳理，我们可以发现，科学话语基本遵循了麦克卢汉（McLuhan）的媒介变迁与话语的关系论述，在机械印刷出现之前，科学传播话语正式、但用语较为晦涩，传播范围狭窄。随着机械印刷，尤其是机械电力印刷的兴起，我国的科学传播范围开始扩大，科学传播话语也随之从文言文转向白话文、并逐步实现了科学话语通俗化。而随着新媒体的出现，科学传播话语展现出去中心化、多元化、碎片化、多模态的特征。但同时也应该注意到中国的科学传播历程与西方国家相比，缺失了公众理解科学这一阶段。这是由中国的特殊国情导致的。科学传播理论中把传统科学普及运动、公众理解科学和科学传播（公众参与）称为科学的传播活动的三个阶段。这三种科学传播的模式，是理念上渐次超越的三个阶段，从各个国家的情况来看，多数都是并行的，多元模式和多种方式并行的形态。而中国的科学传播发展历史，是从科学萌芽到传统的科学普及，然后直接跃入公众参与的科学传播阶段，缺失了公众理解科学这一阶段。田松认为“公众理解科学早期的缺失模型与中国传统科普并无根本性的差别。在公众理解科学中，科学共同体之所以需要采取平等的态度面对公众，是由于其社会制度决定的，这种平等只能是政治上的平等，不可能是知识上的平等。……至今为止，中国尚未发生过类似于西方的公众理解科学运动”[8]84。值得庆幸的是，新媒体为公众提供了一个较真实环境相对更加开放、自由、民主化的沟通领域，公众的科学话语表达欲望找到了宣泄的出口，在互联网空间中百家争鸣、百花齐放的信息传递与交流中，当然也包括对科学信息的传播。但也应该意识到，伴随新媒介产生的“后学院式”科学知识生产模式，一方面拉近了公众和科学的距离，激发了公众参与科学的热情，另一方面，也势必带来庞杂的、良莠不齐的科学信息，这将会对普通公众的科学素养提出更高的要求，因为公众需要有鉴别科学信息真伪的能力，有拣选科学传播渠道的眼力，就现有的中国公众的科学素质而言，无疑是一个巨大的挑战。

参考文献：

[1] 陈清华，吴晨生，刘彦君. 2014 中国网络科普发展现状调查［J］. 科普研究，2015（1）.

[2] 李大光. 科学传播简史［M］. 北京：中国科学技术出版社，2016.

[3] 李建秋. 论新媒体传播传受主体及其关系的转变［J］. 重庆邮电大学学报（社会科学版），2009（6）.

[4] 李益顺. 晚清期刊中的科学话语研究［D］. 湖南师范大学，2014.

[5] 李约瑟. 中国科学技术史［M］. 北京：科学出版社，上海：上海古籍出版社，1954.

[6] 马克·波斯特. 第二媒介时代［M］. 范静哗，译. 南京：南京大学出版社，2001.

[7] 马歇尔·麦克卢汉. 理解媒介［M］. 何道宽，译. 南京：译林出版社，2003.

[8] 田松. 科学传播：一个新兴的学术领域［J］. 新闻与传播研究，2007（2）.

[9] 齐曼. 真科学［M］. 曾国屏，匡辉，等译. 上海：上海科技教育出版社，2008.

《甲骨文字编》校订230则[①]

赵爱学[②]

摘　要　李宗焜先生《甲骨文字编》是一部重要的甲骨字编类工具书，但因甲骨文资料浩瀚，编纂字编的工作量异常巨大，不可避免有一些缺漏之处。根据国家图书馆藏甲骨和相关著录清晰图片，可校订《甲骨文字编》因《甲骨文合集》拓片不清晰等原因导致的错漏230则。其中摹形方面校订125则（摹漏26则、摹增8则、残字未标明31则、摹误10则、摹形不准确50则）；字头分合方面校订76则；隶定存在问题者6则；重收、片号误等技术性失误23则。这些失误说明，

① 本文是国家社科基金重大项目“国家图书馆藏甲骨整理与研究”（18ZDA301）的阶段性成果。

② 赵爱学（1978—），山东莒南人，国家图书馆副研究馆员、文学博士，主要从事甲骨学、文献学研究。

尽量寻求清晰图片是编纂字编、摹写正确字形的关键，残字须标示清楚，以免误导，残辞只字应注意分辨上下方向，吸收新资料应注意避免重收。

关键词 《甲骨文字编》 校订 国家图书馆甲骨 《新甲骨文编》

李宗焜先生编著的《甲骨文字编》[1]（下文一般简称为《字编》）是一部重要的甲骨字编类工具书。李学勤先生为该书作的序指出其六大优点：收集之备、选择之善、摹写之精、分合之当、析类之详、检索之便；黄天树先生《评〈甲骨文字编〉》[2]31－36指出该书四点特色：标注字体类别，摹写字形精确，释字吸收学界最新释字成果、择善而从并有自己创见，多种检索方法十分便利读者。这些评述非常允当。作者以一人之力，在资料收集全面（涵盖新公布的资料、核补大型著录书漏收或更清晰的旧著录）、摹写字形逼真（所摹字形颇能传神，还注意摹出字形大小）、字形检索方便（“自然分类法”编排及部首索引便于快速检到字形，“部首索引”同字不同部互见也非常便于快速检到字形）三个方面取得的成就尤为突出。《字编》为甲骨文字形“定位”或新见字和新见字形的增补提供了一个很好的基础。

因甲骨文资料浩瀚，编纂字编的工作量异常巨大，《字编》虽然有李、黄二位先生指出的诸多优点，但也不可避免有一些缺漏之处。黄天树先生《评〈甲骨文字编〉》已简单指出 4 则错误，分别为误收异体、漏摹构件、重收重片、片号错误[2]36。此后有多篇专文对《字编》校补。徐雅硕士学位论文《近出三种甲骨文字形表互校勘订》[3]（本文简称为“徐文”）比勘《甲骨文字形表》《甲骨文字编》《新甲骨文编》三种甲骨文字编字形、隶释不一致之处，文中另指出《字编》片号误 4 则，字形重收 1 则，惜未对各书正误进行总结评述。蔡哲茂先生《〈甲骨文字编〉指瑕》[4]233-282（本文简称为“蔡文”）指出《字编》收入伪刻 18 则、误摹 38 则、已释字未标出 32 则、不辨倒书 3 则、重收 8 则、漏收异形 57 则、释文不当 42 则、合文问题 20 则、归字不当 75 则、误将二字当作一字 12 则、号码错误 5 则、存疑 24 则，十二个方面共计 333 则。吴丽婉博士学位论文《〈甲骨文字编〉校补》[5]（本文简称为“吴文”），利用尽可能找到的清晰拓本、新的考释成果、新的缀合成果、新出版的著录书等，对《字编》进行了较为全面的校补，取得了丰硕成果。其校正错误部分，指出《字编》字形摹写有误约 900 则、将偏旁误为整字 55 则、两字误为一字 42 则、字形归类不当约 354 则、字形出处有误 123 则、字体分类有误 66 则、文字隶释有误 42 则、其他问题 126 则，八大方面共计 1706 则；其增补部分，在原字号基础上增加新字形约 385 则，增加新字号约 219 个①，增加合文字号 18 个。乔雁群《〈甲骨文字编〉校读札记 37 则》[6]445-475（本文简称为“乔文”）是校补《字编》最新成果，文章指出《字编》误摹 4 则、误收 9 则、重收 4 则、增补 7 则、合并字头 6 则、独立字头 1 则、隶定不当 2 则、拆合不当 1 则、残字处理不当 3 则。

我们在整理国家图书馆藏甲骨查阅《字编》的过程中，也

① 其“新增字号”部分，作者谓“旧著录中漏收的文字，也包括 2010 年至 2016 年出版的新著录书中的文字”，但其中有个别的《字编》实际已收，如吴文 195 页倒数第 4 行新增之《安明》1383 之字，实即《字编》0083 号（第 27 页）。

碰到了一些《字编》因《甲骨文合集》① 等著录书图片不清晰而导致摹形错漏等情况，以及《字编》未收的新见字形和新见字。经复核学界已有成果，本文对《字编》进行进一步校订（拟另文增补新见字形和新见字），个别字同时对照了《新甲骨文编》（增订本）[7]（本文简称为“《新编》（增订本）”）

一、摹形

摹形方面，主要包括“摹漏”“摹增”“残字未标明”“摹误”“摹形不够准确”5 种情况。

（一）摹漏

《字编》所摹或是因《合集》等拓片不清晰或是因疏忽，漏摹构件或部分笔画。共有 26 则：

0300 - 1 （88）② 所收《合集》6010（《乙》2730）之字，据史语所“考古资料数位典藏资料库”（下文简称“史语所考古数位资料库”）[8]《乙》2730 清晰照片，右侧锯柄上端有圈形，《字编》漏摹。另《字编》0300 字形分为三组，第一组应是多“又”旁者，但所收此形及《合集》861、《合集》6000 反之形应归第二组。

① 本文简称《合集》。另本文引用的甲骨著录书和工具书做如下简称：《甲骨文合集补编》简称《合补》，《英国所藏甲骨》简称《英》，《小屯南地甲骨》简称《屯南》，《殷墟甲骨刻辞摹释总集》简称《摹释总集》，《甲骨文校释总集》简称《校释总集》，《殷墟甲骨文摹释全编》简称《摹释全编》。其他常见著录书简称一般遵循《甲骨文合集材料来源表》附录一《甲骨著录书及简称》。

② 前为《字编》编号，括号内为页码。

0645（184）（北图 25995）所收《英》2327 之字，漏摹上部短竖，吴文 15 页已指出。吴文并认为与 0644 号所收《合集》28176 之字为一字，且疑《字编》0644 号中部短横为泐痕。《合集》28176 即北图 25995，实物图清晰，此短横非泐痕，或为误刻，与《字编》0644 号应为一字。

1135（340）所收《屯南》3035、4541 之形误，漏摹上部“豕”旁，即《字编》3577 之字。所收《合集》30006 之字也很有可能上部残缺“豕”字，即便为完整字形，那也应该与《字编》3578 之字同字。

1206（353）所收《合集》37891 之字摹形不完整，原出处《后下》21.9 相对清晰，《字编》所标示左侧残缺构件实际上不残，此构件之左似有“屮”旁。所收《合集》28335 之字中间构件上部残，补全未标明。《新编》（增订本）563 页“驱”字头下收此二形（《合集》37891 片号误为 33371），字形无误。

1403（431）（摹形）[①] 所收《合集》38199 即北图 2221，其字“雨”旁上有短横，《合集》拓片未拓出，《字编》漏摹。

1859（553）所收《合集》3066（北图 11879）之字因图

① 字图一般情况为《合集》等著录书以外的实物清晰图，个别为《合集》等著录书截图；个别有二字图者，前者一般为实物图，后者为拓片图（个别做了黑白翻转），个别摹形则括注说明。

片不清晰摹漏“羊”旁二斜划，北图 11879 字形清晰。《摹释总集》摹形无误。“汉达文库——甲骨文库”[9]（下文简称“汉达文库”）仍以为从“土”。

2113 - 2（633）所收《屯南》2185 之字下应从“凵”，漏摹。此形应调至《字编》2111“舊”字头下。

2199（660）所收《合集》18359（北图 2175）之字，据北图 2175 实物清晰图，下“鱼”应为左右各二鳍，《字编》漏摹一鳍，上部摹形亦不准确。

2324（691）所收《合集》22174（北图 6670）之字左旁摹为“人”，据北图 6670 实物清晰图（《合集》22174 图片此构件亦比较清晰），实似“允”，《字编》未摹出，其他部分所摹亦稍不准确。《新编》（增订本）712 页收此字，字形基本不误，稍有变形。

2788（830）所收《合集》18839 即北图 4518，实物图可见字之左侧有短竖与圆圈相接，右侧残缺，未标出。

2842（849）所收《合集》30353 即北图 8719，《字编》漏摹其字短横下小点①。

3230（976）（摹形）所收《合集》35227 之字因《合集》拓片不清晰，诸家多误上部为“子”，下部独为一字。《字

① 此则及涉及北图 8415 号至 9917 号几则，笔者曾于《〈甲骨文合集〉〈补编〉等所著录国图藏甲骨校勘记之一》（《文献》2020 年第 1 期）一文述及，此次为集中呈现，仍收录于此。

编》3230即以下部独立字头，漏上部构件，且漏摹右侧小点。按此片即北图21986，上部非“子”，应为类似“辛”之构件。《新编》（增订本）1013页附录929上部构件不缺，但字形上部处理稍误，下部亦漏摹右侧小点。

3272-1（988）所收《合集》36751第二形摹漏上部，此形实与第一形相同，上部未拓清，但依稀可见。另二者相互对照，可知第一形所摹不准确。

3275（989）所收《花》475之字摹漏左侧“夕”旁，应与上3273号同字。《新编》（增订本）第9页皆收在“祼”字头下。

3325（1012）所收《合集》18386即北图2271，其字左侧有“攴”（下部稍残）漏摹。吴文62页已根据国图网站所发布该片清晰图，指出左侧有“攴”。但摹作仍误，其右上应封口。

3382（1026）所收《合补》6287即北图30718，根据实物照片，《字编》漏摹下部。

3406（1038）所收《合集》30957即北图1370，下“酉”旁左右两侧应各有二小点，《字编》漏摹左侧小点。

3709（1172）所收《合集》27721之字应为《字编》3577-5号之异体，即漏摹上部倒“豕”旁。《合集》28195与同文，上部亦不清晰，依稀可见为“豕”旁。《新编》（增订本）145页此二形独立字头，亦误。此号所收另二形《合集》32013（片号误，应为32012）、35343二形，实亦漏摹上部，应归入《字编》3577号。

《合集释文》摹写无误，《摹释全编》、汉达文库等亦无误。吴文93页仅指出《合集》35343之字漏摹上部。此字头应取消。

3745（1183）所收《合集》34158即北图1345，根据北图1345清晰图，构件“宀”顶部有类似“卜”构件，《字编》未摹出。

3778（1189）所收《英》746之字所从之“㫃”应有二“游”，《字编》仅摹上长“游”，短者漏；又，上部依稀可见有斜叉，因在盾文沟位置，未拓清。

3788－1（1190）所收第二形《合集》21729之字，实为“狩”字上部，漏摹下部“犬”旁。诸家释文大多只摹释为“兽”，只有《摹释总集》误分为“单犬”二字。

3807（1197）所收《合补》6242之字摹形不确，摹漏拓片所见左侧斜划，以致误此字从“午”，该字完整字形为。诸家多释为“梦”字，可从。字形应与《合集》6033反之类似。吴文76页谓此字应摹为，与《字编》3812一字，误。

3838（1206）所收《合集》18063即北图12766，其字下部残，根据实物照片，应为“火/山”之残（《合集》18063拓片未拓出残存构件左侧竖折），则此字应归入《字编》3839号。《新编》（增订本）与《字编》处理同，亦漏下部残旁。

3870－2（1210）所收《合集》18403即北图26068，其字右侧漏摹笔画。

4158（1316）所收《合集》8710（北图4605）之字漏摹

中间短横，总体摹形亦不准确。

4294（1362）所收《合集》22154（北图 2649）之字漏摹一横划。吴文 86 页指出此为“于”字，并根据国图网络公布此片彩照摹作，上未出头。根据北图 2649 拓片图，上部出头。

（二）摹增

《字编》所摹字形，有的误增加笔画，或把他字笔画、构件误摹为所摹之字一部分。共有 8 则：

0264－1（74）所收《合集》455 即北图 1652。所摹字之上部有短横，《新编》（增订本）351 页所收此字上部也有短横，实物清晰图可见上部无短横。

0294（86）所收《合集》20960（《乙》16）之字左下部分《字编》及诸家释文多摹作似倒“止”。据《乙》16 拓片清晰图，该字左下似非倒“止”，非此字构件。另，《字编》“大”持“戌”部分摹写也不准确。《新编》（增订本）601 页此字独立字头，字形不包括左下部分，无误。

0300－1（88）所收《合集》6000 反（北图 2405 反）之字，据北图 2405 反实物清晰图，所从之“大”靠近锯形一侧较短，与所收其他字形相同。此处看起来似有笔画，实为泐痕。

0466（137）所收《合集》15562 臼（《上博》17647.675）字形摹写有误。右边一竖实为“戌”之残划。《新编》（增订本）914 页附录 190 收此字，字形无误。

2373（715）所收第一形片号为《合集》29403 + 29711，此实即《合补》9057 甲、乙，属遥缀。《字编》特意标为 29403 + 29711，或是认为此二片可直接缀合。《合集》29711 上部边缘确有残“卩”旁，似为“鬼”旁下部，但此二片断茬处似不密合，残字更不能拼接成如《字编》所摹。《合集》29403 即北图 1117，《合集》29711 实物现藏故宫，希望将来有条件验证此组缀合。

3378（1025）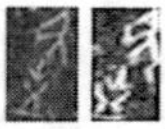（北图 10774）／（北图 1358）／（北图 19652）／（北图 1881）所收《合集》27988（北图 10774）二形摹写有误，北图 10774 拓片图清晰，可见从“火”，非类似“缶”。所收其他几形，《合集》33045 即北图 1358、《合集》27987 即北图 19652、《合集》27989 即北图 1881，仅《合集》27987（北图 19652）之字所从之“火”类似“缶”。

3393（1031）所收《合集》6049（北图 2398）之字，吴文 64 页指出该字“酉”上之竖划为泐痕。经核实物，似确为泐痕，非笔画。吴文并认为此片与《合集》23534 同文，所以此字为“奠”字，但 23534 疑伪刻。

3459（1068）所收《合集》36491 之字摹形有“爿”“水”旁，经核拓片未见。《合集释文》摹形基本正确。《合集》36491 已与他片缀合为《合补》11232，《摹释总集》《合补释文》所摹释皆从“爿”，不从“水”。

（三）残字未标明

《字编》“凡例”二十二“关于残字”云：“可能为新字之残者，则收录之，并于其残断处以虚线表之。残缺笔画较少，依甲骨字形规律可以补全者，以虚线补足之。”但实际上《字编》摹形有不少并未如凡例所说处理，不能客观反映实际情况。“可能为新字之残者”若不标明残缺，易让人误以为字形本来如此；“残缺笔画较少，依甲骨字形规律可以补全者”若不以虚线标出补全部分，而完整字形未必如此补全，如此则会造成误导。共有31则：

0226（62）所收《合集》1059即北图25302，字之左上角残，补全未标明。

0365（104）所收《合集》14535之字下部残，补全未标明。

0487－2（146）所收《合集》32169之字右侧稍残，补全未标明。另，字上部摹写亦稍不准确，吴文13页已指出《字编》摹写错误，但未标明残缺。

0695（205）所收《合集》14800（北图31276）之字上部残缺，未标明。

0724（213）所收《合集》18094之字下部残，补全未标明。《新编》（增订本）152页收此残字，释为“要”。残字所见似为双手上扬，而非下探，与从“禾要”之字有别。

0940－1（282）所收《合集》4537（北图28238）之字下部残缺，补全未标明。

0976（299）所收《合集》6836（北图4582）之字右侧实际上残缺，未标明。右上似有残“止”之残，此字亦当从四

“止”。《新编》（增订本）84 页此字右上有“止”。

1194（351）所收《屯南》4042 之字“妾”旁上部残，非短横。

1428（438）所收《合集》14357 之字左下角残，补全未标明。

1561（472）所收《合集》10163（北图 2515）之字上部稍残，补全未标明。

1622（481）所收《合集》30167 之字中间因骨裂而残，补全未标明。

2090（627）所收《怀》517 之字上部残，未标明。

2144（645）所收《合集》7040 正（北图 7167 正）之字左上残未标明。

2181（654）所收《合集》13761 反（《中历藏》553 反）之字左侧稍残，补全未标明。

2223（667）所收《合集》10062（北图 6518）之字据北图 6518 清晰图，字之下部残缺未标明，摹形不准确，尾部亦漏摹。

2235－4（675）所收《合集》17190（北图 628）之字上部残未标明，根据残存笔画走向，上部或为收口。

2240（676）所收《合集》8367（北图 11614）之字，下部残，补全未标明。“巳”之上部摹写也不准确。北图 11614 拓

片比《合集》拓片多拓出下部钩形尖端。

2391（722）所收《合集》4164 之字下部残，补全从“凵”。查原出处《前》6. 32. 8 字图作，下部似有横划，不圆转，故非“凵”旁。《摹释总集》疑左为水旁，下不从“凵”，《摹释全编》所摹同。《新编》（增订本）367 页收此字，字形与《字编》同。此字稳妥做法是客观摹写，标出残缺。

2413C－1（728）（《中历藏》303）所收《合集》7411（《中历藏》303）之字下部残，补全未标明。据《中历藏》303 照片，字之上部摹形也不准确，本无交叉笔画。

2549－1（765）（北图 5904）（北图 25633）“庭”字头下所收《合集》27124（北图 5904）、《合集》27818（北图 25633）之字，其“耳”旁写法类似，下部“口”旁皆残，补全未标明。北图 25633 清晰图可见下“口”旁左侧竖划与“耳”旁竖划相连。《新编》（增订本）448 页未收《合集》27818 之字。

2696（814）所收《合集》12164 之字下部残，补全未标明。

2970（885）所收《合集》32193 之字左下角磨泐损字，补全未标明。《新编》（增订本）1000 页附录 825 收此字，亦补全左下。

3074（926）所收《合集》18480 之字左侧残，补全未标明。

3113（937）所收《合集》16270 之字左侧残，补全未标明。

3272－1（988）所收《合集》4852 反之字上部应残，不标明，易让人误以为本作此。

3348（1017）所收《英》1721之字左上残，补全未标明，不能断定即为“必”之残。

3677－2（1154）所收《合集》31780之字上部残，未标明。当即《字编》3676“興”字，上部可见“臼”之残划。

3851（1207）所收《合集》7867字之下部残，补全未标明，或非从“火”。

3946－1（1252）所收《合集》32905之字左上残，补全未标明。

4057（1284）所收《掇三》299即北图27101，字左上应残，存二短竖，《字编》未标注残缺。“人”旁左下亦有小点，《字编》漏摹。该字或即从“人”四周四小点，但“人”旁上部仍可能有笔画。

4341（1376）所收《合集》35251字下部应残，未标明。

（四）摹误

《字编》部分摹形因为对字的构件和构形认识错误而摹写错误。共有10则：

0126（40）所收《屯南》1141之字摹形有误，显非从“収”。《校释总集》《摹释全编》作从“宀”从“矢”。《新编》（增订本）897页附录76收此字，摹形不从“矢”，但从“宀”。《屯南》拓片有不少不清晰，导致一些字无法判定结构，此其一例。

0338（95）所收《合集》21743（北图10201），据实物照片和拓片，其字摹形有误，左上应为两个圆圈，即“單”。《新编》（增订本）602页收此字，隶定从“大干”。

0556（160）所收《合集》9136（《乙》4885）之字摹形有误。《乙》4885 图片清晰，“口”上构件下部有圆圈，或为“土”。此字因《合集》拓片不清晰，诸家释文多隶定错误。《新编》（增订本）913 页附录 180 收此字，字形很不清晰。另此字片号漏“正”字，徐文 19 页 33 号已指出。

0596（165）所收《合集》5648 之字上部似当从“牛”。《新编》（增订本）963 页附录 560 收此字，该字前后皆从“牛”之字，故当认为从“牛”。不过字之下部《字编》摹写正确，左下角出头，但若定为“女”旁似牵强。《新编》（增订本）字形下部方框未出头。

0617（167）所收《合集》35362（《甲》3933）同片二形，是认为该片“其”字上下皆是此字？此片非常不清晰，查史语所考古数字资料库《甲》3933 实物照片，亦无法看出字形从“玉、臣、女”。《殷虚文字甲编考释》云：“女上残文，未能辨识，《综述》（九五页）隶定作珁，非是。”[10]823《字编》所摹上作“玉臣”，概是据《殷虚卜辞综述》。

1603（479）所收《合集》36812 之字诸家多隶定从“水、白”。《新编》（增订本）636 页亦释为“泊”，字形“白”周围无小点。

1741（508）所收《合集》20500（《甲》206）之字摹形不确，上横划两头下垂，史语所考古数位资料库所见《甲》206 实物照片很清晰。蔡文 255 页指出上部从“雨”。据汉达文库，《合集》20323（《京人》3074）亦有此字，不过此拓片不清晰，诸家所释应皆据《京人》3074 摹写之形。《新编》（增订本）

958 页附录 521 收录此字，仅收《合集》20500 之形，上部亦为横划，两头未下垂。蔡文及吴文 176 页皆指出可增补《合集》20323。乔文 462 页增补《合集》31942 之字，误，该片为仿《合集》20500 之伪刻。

2576（783）所收《合集》18624 即北图 25392，据实物清晰图，“宀”下应即“龙”字，《字编》未摹出龙尾。龙首上部类似“自”，与《合集》4655（北图 26624）之“龙”作类似。《合集释文》摹形基本正确，其他诸家释文所摹多缺尾部。《新编》（增订本）985 页附录 722 收此字，龙尾笔画被误截掉了部分。

2600（785）所收《合集》30224 即《甲》1803，据史语所考古数位资料库《甲》1803 图，可见右下为“又”，非“乙”，则下部为“戍”。《合集释文》即隶定如此。《摹释全编》释作“不启”二字，误。《新编》（增订本）987 页附录 731 收此字，作为不可隶定之字，字形亦不准确。

3472（1069）所收《合集》17460 反（《乙》5138）之字摹写有误。诸家释文多仅释为“圭”，下部不作为笔画。根据史语所考古数位资料库《乙》5138 清晰图，《字编》所摹字下部波浪线应为齿纹，但“圭”下有皿，此字应从“圭、皿”。《新编》（增订本）1010 页附录 908 收此字，字形下部亦有波浪线，误以为从“鬲”。

（五）摹形不准确

《字编》部分摹形在笔画细节方面摹写不够准确。共有50则：

0146（49）所收《合集》13724（北图 19779）之字左上角摹写不准确，竖划上有短横，或者说“又”之斜划穿过竖划。另此字下部残缺，未标明。

0458（135）所收《合集》32040 即北图 5798，据清晰图片，此形摹写不准确。

0487－1（145）所收《合集》19972 之字上部摹形不准确。此片即北图 8929，实物图片清晰。另，《合集》19972 与 14992 为重片，19972 图片相对清晰，《字编》所摹应是据不清晰的 14992，但出处标为 19972。

0501（148）（摹形）所收《合集》580 反摹写不准确。此片即北图 2322 反，图片清晰。

0543（159）所收《合集》11405 即北图 19614。该片骨面磨泐，拓片稍清晰，综合看此字右侧当从“自、攴”。《粹编》1237 及《合集释文》右侧隶定为从“自、又”，《摹释总集》《摹释全编》右侧定为上虍下人，误。查《合集》13934 有从“攴、自”之字（《字编》3749），为妇名，此从“女”之字或为加女旁而为妇名专字。

0825（249）所收《合集》35395 之字摹写不准确。该片即北图 1168，实物图片清晰。

1217－1（358）所收《合集》37026（北图6753）之字因《合集》拓片不清晰，左上角摹形不准确，北图6753图片清晰。

1279（380）所收《合集》18679（北图3397）之字摹形不准确，北图3397实物图片清晰。

1593（479）所收《合集》24983（北图5168）二形，右侧下部斜叉未摹出，“水”旁亦不准确。徐文35页、吴文35页皆已指出摹写有误。《新编》（增订本）641页字形基本无误。北图5168实物图片较为清晰。

1616（480）所收《合集》36946（北图4988）从“水、比”之字，摹写不准确。《新编》（增订本）953页附录480收，字形亦不正确，误把手部卷曲当作“水”旁上部。北图9216有字作，与此类似，但或有缺刻。

1997（596）所收《合集》21932（《乙》1305）之字兽之头部摹形不准确，《乙》1305拓片清晰。吴文114页指出该字应归入《字编》1984“兔”字头下，或非。

2069－1（611倒数第4行）所收《合集》10285（北图30824）“鹿”字摹形不准确，鹿角左侧为残缺，非短横，右侧短横应属他字。类似字形见《合集》20719、10259之字。

2126－1（639）（摹形）所收《合集》34037之字摹

形不准确，此片即北图 13475，实物图稍清晰。

2126－1（639）所收《合集》34152 摹形稍不准确，此片即北图 5423，拓片图清晰。

2126－2（640）所收《合集》28553 之字摹形不准确，此片即北图 12974，实物图较为清晰。

2126－2（640）（摹形）所收《合集》28558 之字摹形不准确，此片即北图 12110，实物图较为清晰。

2126－2（641）所收《合集》30265 之字摹形不准确，此片即北图 12883，图片清晰。

2133（642）所收《合集》10198（《乙》2908）之字摹形不准确，上有二横划，《乙》2908 拓片图清晰。《字编》2096 号所收《合集》6653（《乙》2323）漏摹左右竖划上“中”形，吴文指出与此字应同字，可从。《新编》（增订本）分收于 975 页附录 645 页和 239 页。

2138－1（644）所收《合集》26887（北图 11542）“雉”字摹形不准确。北图 11542 实物图清晰。

2151（646）所收《合集》27990（北图 2608）之字摹形不准确，北图 2608 拓片图清晰。

2161（651）所收《合集》4721（北图 2714）之字摹形

不准确，据北图 2714 实物图，中间为菱形构件。

2235－3（675）所收《合集》17191（北图 26637）之字字形不清晰。据北图 26637 清晰图，此字所从类似“九”，与一般从“虫”不同。《合集》拓片不清晰，《新编》（增订本）754 页字形亦不清晰。

2279（682）所收《合集》30632（北图 6528）之字摹形不准确，北图 6528 拓片图清晰。

2373（715）所收《合集》29712（北图 1117）之字，对照实物图片，可见《字编》摹形不准确。另，《合集》拓片未拓出“鬼”旁最上之笔画，《字编》摹形补出（所收《合集》29711 之字拓片“鬼”旁上部很不清晰，《字编》亦摹出），但不准确。《新编》（增订本）537 页此字《合集》29712 之字形“鬼”旁最上部笔画缺，《合集》29711 之字“鬼”旁上部亦处理为不清晰。北图 1117 此字出现两次，左上之字左侧稍残（即前面第二组图片）。

2588（784）所收《合集》30267 应为《合集》30268，吴文 145 页已指出。此片即北图 11208，字形更清晰，可见《字编》摹形不准确。《新编》（增订本）441 页“宛”字头下收此字，另收《屯南》2636 之字。

2716－1（818）所收《合集》18758（北图 2239）之字，实物图清晰，下部左侧有三斜划。

2788（830）所收《合集》21891（《乙》634）之字摹形稍不准确，史语所考古数位资料库所见《乙》634实物图清晰。

2831（844）所收《合集》19724正之字摹形不准确，该片即北图25321，拓片图清晰，右下角不封口。

2985（887）所收《合集》38961右下摹形稍不准确。北图15717（《合集》38956）之字作，与此类似，稍有别，右下稍残，似有横划。

2998－7（890）所收《合集》31811（《甲》1674）之字摹形不准确。史语所考古数位资料库所见《甲》1674实物图清晰。

3083（927）所收《合集》34562（北图7236）之字摹形不准确，下部稍残亦未标明。《新编》（增订本）727页所收此字字形也亦不准确。

3232－2（978）（北图28199）/（摹形）所收《合集》31910（北图28199）之字摹形右上似“止”，据实物清晰图实为“屮”，应为“止”之讹。所收《合集》31071（北图6225）之字辞例与此相同，从“止”，其二竖划靠得非常近。

3375（1025）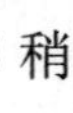所收《合集》31951之字摹形不准确，原出处《后下》12.5稍清晰。

3499－2（1074）所收《合集》19505（北图11637）之

“食”字，《合集》拓片不清晰，《字编》3499－2 摹形不准确。北图 11637 拓片清晰。

3525（1090）所收《合集》33378（北图 11935）之字摹形不准确，北图 11935 实物图清晰，左上角类似“大”，“攴”亦不准确。《新编》（增订本）1012 页附录 921 收此字，字形亦不准确。

3577－5（1125）（北图 1886）／（北图 25990）所收《合集》27914 即北图 1886，《合集》31131 即北图 25990，实物图更清晰，可见《字编》摹形稍不准确。

3748（1183）所收《合集》13611 即北图 2445，字形清晰，可见《字编》摹写稍有出入，字之上下方向亦应有误。根据钻凿及兆序，此片上下方向似应与《合集》方向作 180°旋转。另，《合集》13611 原出处《前》4.15.6 之一般版本，完全未拓出此字，《字编》当是据《前》较优版本摹出此字。

3798－4（1195）所收《合补》9272（北图 12450）之字摹形稍不准确，北图 12450 图片清晰，兽嘴处应无短划。

3801（1196）所收《合集》28118（《上博》17647.408）之字上部“㫃”摹形不准确，右下构件是否为“尹”亦不能确定。《新编》（增订本）409 页此字隶定作“旓”，《摹释全编》隶定同。

3846（1206）所收《合集》31822 图片不清晰，其字诸

家摹释各有别,《字编》所摹相对准确，但据原出处《珠》322更清晰图片，左侧构件、中间构件上部所摹有误。右侧构件竖划弯曲，似非“爿”旁，亦有可能为“豕”字之省。此字入“卩”部应更合适。《新编》（增订本）1023页附录999收此字，并收《合集》31822同片另一残字，即《字编》3845。据《珠》322清晰图片，二字显非一字。残字左侧从“人”怀抱“木”，应与《字编》3816同字。

3887－3（1218倒数第3行）所收《合集》38172（北图2711）之字摹形不准确。北图2711实物图清晰。

3890－1（1222）所收《合集》34295（北图19696）之字，摹形不准确，北图19696实物图清晰。

3896（1226）所收《合集》28310（北图12231）之字摹写稍不准确。北图12231图片清晰。此字《合集释文》《摹释全编》皆释作“狞”，似可从。构件“豕”似“方”，“干”上部有多个斜叉。《新编》（增订本）1024页附录1004此字独立字头。蔡文280页认为此字仅见《合集》28310，且该片下部残去，当是两字，非一字。

3992（1262）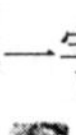所收《合集》21028（《甲》2307）之字摹写不准确，史语所考古数位资料库所见《甲》2307照片稍清晰。字中间为平行斜直线交叉，较为规则。

4014（1265）所收《合集》8245（北图5540）之字摹形

不准确。北图 5540 拓片图清晰。吴文 81 页已改正，但仍漏摹左侧构件中间竖划上短横。

4033（1269）所收《合集》5504（《上博》2426. 703）之字摹形不准确，《上博》拓片图 2426. 703 稍清晰，中间所从显为“柬”。吴文 81 页参考《掇二》62 字形，未核《上博》，摹形有误。

4040（1271）所收《合集》18512（北图 24695）之残字，北图 24695 拓片图稍清晰，可见《字编》所摹基本无误，下部残划稍有出入。《摹释全编》误摹为上下各从“又”。上部之“又”实非笔画。

4352（1376）所收《合集》31776 之字下部摹形不准确，史语所考古数位资料库所见原出处（《甲》2552）实物图清晰。

4354（1377）所收《合集》31836（《甲》1506）之字摹形不准确，史语所考古数位资料库所见实物照片清晰，构形不明。

合文 153（1416）所收《合集》11166 之字，经核原出处《京人》3067，右下摹形不准确。《新编》（增订本）923 页附录 250 收此字，字之右下角仅一短横。汉达文库释为“兮”，误。蔡文 254 页指出字右侧为“示壬”之“示”，下作“口”，误。

二、字头分合

《字编》部分字因摹写错误或误辨上下方向等造成字头分合有误，有的字头需取消，有的字头所收字应调至其他字头。共有76则：

0061（22）（北图3038）所收《合集》5444之字摹写不准确，左侧构件下部应不封口，徐文16页、吴文第5页已指出。吴文并补《合集》17916之字，但摹作，有误。《合集》17916即北图3038，据实物清晰照片，左侧下不封口，且无短横，非“夕”或“肉”旁。但与《合集》5444之字显为一字。《合集》5444之字诸家多隶释为“肒”，误。

0103－1（33）所收《合集》22184之字摹形有误，左上至右下斜划在中间交叉后有出头。诸家释文多释作“寮”，可从，应调至《字编》1675－3。

0220（61）所收《合集》28824（《甲》1740）之字为残字。史语所考古数位资料库所见《甲》1740图清晰。《殷虚文字甲编考释》认为是“**犾**贞”二字，且“贞”字未刻全[10]385。《合集释文》释为“**[illegible]**贞”二字，其他诸家释文多与此同（《校释总集》《摹释全编》漏释“贞”字）。此字作为“**犾**贞”二字，可从，此字头可删。

0237（65）(倒置后字形)所收《乙》7585之字实为“若”

残字之倒，史语所考古数位资料库所见《乙》7585照片很清晰（上下方向亦误）。此字头应取消。

0433（129）（摹形）所收《合集》18017（《甲》113）之字，汉达文库释为“耑”。据史语所考古数位资料库《甲》113实物图，字之下部从“夊”，左右有二小点，确为“耑”字。应调至《字编》0961－2。

0452（135）（摹形）所收《合集》21510（《乙》90）之字，诸家释文多释作“克”。据史语所考古数位典藏资料库《乙》90实物照片，上部所从应为斜“口”形，因在盾纹沟内故部分笔画不清晰。释“克”可从，可取消此字头。

0487－1（145）（《京人》1920）（北图14396）所收《合集》30722（《京人》1920）之字从字形上看，与0487－1诸字不形近。吴文105页指出此字与《合集》27115之“每”相似，应归入《字编》0485。所收《合集》30460（北图14396）之字，因《合集》拓片不清晰摹写有误。据北图14396清晰字形，字之上部与上述《合集》30722之字类似（见上二图）。此二形应同字，与《字编》0487“妍”字诸形显非同字，与吴文指出的《合集》27115之“每”字也有别。虽然由《字编》1217嫠字诸形可见“”“”可通，但没有更多证据情况下，似以独立字头为宜。《新编》（增订本）700页“妍”字下亦误收《合集》30460之字。

0498（147）所收《合集》28235之字，原出处《甲》

895清晰，右侧实为“王”旁，应与《字编》0571为一字。

0518（155）所收《合集》36948之字，与其他诸形有别，应从“桑”。《新编》（增订本）707页收在“嫊”字头下，《摹释全编》亦隶定从“女、桑”。该字字形与“桑”相近，且地名字多有累加“口”旁者，故此字头可取消，与《字编》0516“嫊”字合并。

0638－4（180）所收第一形《合集》14120片号误，应为《合集》14123（北图10848），吴文143页已指出。类组定为自组小字亦误，应为典宾。此字释为“毓”之异体，辞例虽同，字形结构似不通，残字所从类似“戌”，或非“毓”字。

0691（203）所收《合集》18322（《甲》3180）之残字摹形不准确，史语所考古数位资料库所见《甲》3180实物照片清晰，左下长划上无交叉短划。此字即“麋”字之残，诸家释文多已释为“麋”，可归入“麋”字头下。

0708（207）所收《合集》22032即《乙》1594，拓片图稍清晰，左侧显为“年”，右侧残缺，《字编》摹形从“目”，非。《合集释文》《校释总集》以该字为“受年”二字，似可从。

0793（237）所收《合集》36127之字，据原出处《珠》392稍清晰字形，字之上部《字编》摹写有误，非作“中”。《合集释文》摹而未释，摹写无误。《校释总集》、汉达文库释为“者”，应是。

1072－1（325）“𣪊”字下所收第一形《合集》21425（《京人》3211）之字，《合集释文》等诸家释文多释作“旡允”二字。《京人》3211 字形稍清晰，右侧所谓“允”字左上角笔画断开，显为“攴”旁。此字《字编》摹形无误，但若从“攴”，或应与《字编》4062 为一字。《新编》（增订本）176 页“𣪊”字头下收此字及《字编》4062 诸形。

1108（329）所收《合集》26823（北图 3824）之字，北图 3824 实物图清晰，右侧虽残缺，似未损字划。《字编》所摹字形因《合集》拓片不清晰而不准确。《摹释全编》摹而未释，摹形作，亦不准确。按，此应即《字编》1072－2，右侧类似“攴”者，实为“又”与小点。

1109（329）所收《合集》35300 即北图 25817，据实物，《字编》所摹字形实为“丁子（巳）”之“子”的下部。“巳”字为双臂上举之形。《合集》拓片不清晰，以致把骨裂、磨泐等作为笔画。此字头可取消。

1194（351）敏字头下所收《屯南》2259，从字形上看不从“妾”，《摹释总集》隶定从“母、攴”，《摹释全编》释为“敏”。《新编》（增订本》201 页隶定从“女、攴”，所收二形与《字编》同。另，所收《屯南》4042 之字“妾”旁上部残，实际无短横，补出未标明。

1217－1（358）所收《合集》31871（北图 2433）之字摹形不准确，据北图 2433 清晰字形，该字左侧从“来、又、衣

(卒)”。“又”之长笔与下部不连，所从之“衣”或是讹变表音，“衣”属微部，“𠩺”属之部，可旁转。《新编》（增订本）168 页此字头下未收此形。此形应与其他诸形区分。

1312 -2（394）所收《合集》19847（北图 2463）之字，摹形不确，所从似亦非“隹”，所象何形不明，但不应与从“隹”诸形并列。吴文 110 页认为此字为手持倒“鱼”，应归入《字编》1066 号，即与为一字，似非。《新编》（增订本）16 页除从“隹”诸形外，收录此形及《合集》19813 正（《字编》1066）、《合集》1606（《字编》1334）之形，汉达文库亦以此诸形为一字。

1313（396） （摹形）所收《合集》23783 即北图 277，摹形不准确。其字实物图较清晰，字左侧、下部皆为“又”旁，应为“彝”字。《新编》（增订本）745 页收在“彝”字头下，字形亦有误。吴文 29 页已指出，但字形摹写仍不准确。

1318 -2（401）（北图 14298）/（北图 5753）所收《合集》30524（北图 14298）之字，摹形不准确，且应从“𠧪”，非“祼”字异体。该字“示”旁长横上有短横，右下之“収”末梢笔画纤细不易拓出，故摹写不出。此字应与《字编》3531 -2 所收《合补》7750（北图 5753）之字同字。

1559（472）所收《合集》14380 之字诸家释文多作为“今水”二字，“今”“水”间亦有一定距离，以作二字为宜。应取消此字头。

1724 -2（504）所收《合集》33201 之字当归入《字编》

1725 号。《新编》（增订本）27 页“苞”字头下收此形，无误。

1753（513）所收《合集》18122 之，根据字形，应与《字编》1742 号同字。《新编》（增订本）67 页“著”字头下收《字编》1742、1753 所著录二形，无误。

1868（557）“⿱⿰耒耒夫”字头下所收《合集》28141（北图 16678）之字上部残，仅存双“耒”，下部不残，故此字非“⿱⿰耒耒夫”之残。或应归于《字编》4115。北图 16678 拓片图字形清晰。查此形《类纂》3269 收录，同时收有《合集》3415 之形。《字编》取消《类纂》3269 字头，并且把《合集》3415 之形收在 3921 号“⿱舟目”字头下。《合集》3415 之字旧著录《佚》966 稍清晰，作，明显是上“舟”下“目”，可见《字编》3921 摹写正确，《摹释全编》已正，汉达文库仍释作从双“耒”，《新编》（增订本）279 页“⿰耒耒”字头下仍误收《合集》3415 之字，并且未指出《合集》28141 之字为残字。

1896－2（565）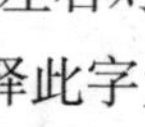所收《合集》22226（《乙》8897）之字，应与同号所收其他诸形不同字。下部所从之“口”比其他诸形所从要大。据史语所考古数位资料库《乙》8897 实物图，上部构件二长斜笔似左右对称，故非从“豕”。《合集释文》《校释总集》、汉达文库释此字为“王曰”二字，则以上部为“王”，《摹释全编》释为“占”，则以上部为“肩”。上部作“王”似可从。

2084（616）“隹”字头下所收《合集》20273（北图

12351）之字摹写有误，北图 12351 图片清晰。诸家释文多释为“风”，可从。字上部不从辛，《字编》2126－1 所收《合集》34152（北图 5423）“风”字作，与此相类。

2113－3（633）所收《合集》19114 即《甲》3537，其字《字编》摹写不准确，据史语所考古数位资料库《甲》3537 实物照片，“隹”上毛角与此号其他各形无别，无需独成一行。

2130（642）“”字头所收《合集》10989 正（《乙》7746）之字摹形、隶定不正确，此字应不从“又”，而是象鸟羽形的长斜划上加一小短划，“风”字常见此类写法。此与《字编》2129 号应为一字。《新编》（增订本）248 页“霍”字头下收此字及《字编》2129 之字。

2170（653）所收《合集》18576 之字，实应属《字编》3484 号，上部构件“同”漏摹。《校释总集》《摹释全编》、汉达文库已正。

2271（680）（《史购》334 摹形）所收《史购》333、334 二形，据该书实物照片，中间二横其中一横为“戈”之横划，“戈”之竖划依稀可见，应取消此号，与《字编》2272 号合并。

2283（683）所收《合集》8956 反之字，该字左半残，所摹似从“龟、又”。据旧著录《柏》27，右侧实为“殳”旁，该书释文释为“鼓”字（原书隶定从“南殳”）之残。此字

《合集释文》以为“殼”之残，其他诸家释文多作从“龟、又”。《新编》（增订本）932 页附录 318 号收此字，字形基本无误，左侧标示其残，但似不以为是“殼”之残。吴文 47 页认为“殼”之残。蔡文 244 页指出右侧为殳，左侧很可能为“田”之残，据残辞笔画看应非。

2338（696）所收《合补》6244（《怀》640）之字右侧从“木”，“帚”形不明显，应与 1704 号（501）“杜”字同字。除《合补释文》释为“埽”外，其余诸家释文多释作“杜”。《新编》（增订本）1021 页附录 983 收此字，片号为《怀》640，未指明即《合补》6244。

2441（734）所收《合集》26862 之当与《字编》1493 为一字，字形类似《字编》1493 所收《合集》23573 之，后者中间竖划上段似亦有短横。《新编》（增订本）777 页“金”字头下收《合集》23573 之字，981 页附录 687 收《合集》26862 之字。汉达文库以此二形为一字。

2454（737）（《乙》5779）所收《合集》3458 正为《乙》几片缀合，其中所收第一形即《乙》5779 之字，上部“亼”旁无短横，摹写误增短横；《乙》6263 之字则有短横。二者所在卜辞为正反对贞，故此二字当为同字异体。不从短横者与《字编》2450－2 号“宋”字同，则此二字应为“宋”字异体。《新编》（增订本）447 页“宋”字头下即收《合集》3458 正二字（未收《字编》2454 另二形：《合集》37543、37634）。

2484－5（749）所收《合集》33958之字摹写不准确，原出处《京人》2373稍清晰。上部非从“屮”，“屮”下有斜叉，枝上有圆圈，所从应为“桒”。此形应从该字头独立出来。

2484－6（749）所收《合集》8057之字标明上部残，但据《合集》拓片，上部应不残。此字应与《字编》2483所收《上博》2426.702之字同字。《新编》（增订本）880页“柚京”合文字头下以之与左侧字，即为一字，即一般为上下结构之字，此为左右结构。但二者间有一定距离，应非“柚”字。

2497（751）所收《合集》1220拓片不清晰以致误摹为结构不明之形。此片即《上博》2426.147，拓片清晰可见此字从“羊、又”，为“羞”字，此字头应取消。

2511－3（754）所收《合集》28070（北图10954）之字摹形有误，北图10954图片清晰，字上部为“宀”，下部为，“宀”与中间竖划不相接，且下有两小点。此与其他字形有别，似应从此字头下独立出来。从“伐＊”辞例看，此字应为地名，或为加“宀”旁地名专字。《新编》（增订本）343页亦收为“亩”字异体。《合集释文》隶定从“宀、亩”，《摹释全编》隶定上“宀”下“亩”，《摹释总集》、汉达文库释为“亩”。《摹释全编》摹形摹出小点，但上部摹为“宀”。

2545（764）所收《合集》29359即北图9929，其字应为

“宫”字缺刻横划。此字上一字作，即“于”字缺刻横划，可证。

2583（783）所收《合集》31136 即北图 11264，根据实物，上应从“宀”，其左侧竖划紧靠骨边，遭刮去。诸家摹形多未标明此缺。该字从字形上看应归《字编》2584“宰”字。《新编》（增订本》443 页即收在“宰”字头下。

2584（783）所收《合集》1229 反即《旅博》83 反，据实物照片，此字所从为“”，与此号另二形明显不同，应与《字编》4167 同字。

2683（812）所收四个字形，前三形似不从“户”，应从“𡆧”，最后一形(《屯南》2613)《字编》摹形不准确，拓片为，应从“户”，与其他三形有别。应分立字头。

2712－2（817）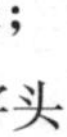所收《合集》16453 之字原出处《京人》208 字形清晰，上部无短竖，下部亦不同，不应归入此字头。《京人》释此字为“用”，但与“用”字写法有异。《合集释文》摹而未释，摹写无误；《校释总集》《摹释全编》等皆误认为“”。此字应独立字头。《新编》（增订本）1017 页附录 953 此字独立字头，但字形很不准确。

2779（829）（北图 10890）所收《合集》7037（北图 10890）之字下部圆弧以下残，《字编》摹形补字之下部，以

与《合集》18437反等字为一字，似无根据。《新编》（增订本）387页《合集》7037之字独立字头，但未标示下部残缺。此字应以独立字头为宜。

2789（831）（北图31142）/（北图15927）所收《合集》18435即北图31142，据北图31142清晰图片，字之下部亦为尖三角，因磨泐不易拓出。则此字与《字编》2790－1所收《合集》18134（北图15927）之字上部相同（仅尖角在左右和上下之别）。《合集》18134与《字编》2790－3所收《合集》6615上部所从二尖角一在左右，一在上下，但辞例皆作“九＊”，似为地名。此可证二尖角在左右、上下无别。根据地名字多累加“口”旁通例，《合集》18435（北图31142）之字或与《合集》18134（北图15927）之字是同一地名。另，《合集》18134之字之右部稍残，《字编》补全未标明。

2840（849）（北图10039）/（北图2504）可补《合补》2298甲（《前》6.35.4，即北图10039，比《前》缺右上角）之字，蔡文256页、吴文184页皆已指出。北图10039字形清晰，所从更像是“肉”，与该号所收另一形《合集》5712（北图2504）之字区别较大，是否可定为一字，存疑。

2923－2（879）所收《合集》5708之字所从方框当下不封口（《合集》拓片此处磨泐不清，但依稀可见没有封口），实与《字编》2923－1字形同。据同文卜辞《合补》1711（即《合集》5709＋4366，4366即北图4401），北图4401字形作（实

物照片）、（拓片），亦可证此字所从非方框。所收《合集》9053 正，据原出处《乙》2991 清晰图，小构件应为倒“人”，非圆圈。所收《合集》18695，据原出处《乙》2793 更清晰图，下所从不封口，与《字编》2923－1 字形同。如此 2923－2 三形所从皆不封口。不过，北图 23423 之似为此字残字，所从封口。

3071（925）所收《合集》718（《乙》8585）之字摹写为上“我”下“口”。《摹释全编》等释为“我祭”，则以之与《字编》3072 号一字。汉达文库以为二字。据史语所考古数位资料库《乙》8585 清晰图，“我”之下似为“日”字，非“口”，二者应非一字。《字编》3071 字头可取消。袁伦强《〈新甲骨文编〉（增订本）校补》[11]145 对照《乙》8585 拓片，认为“我”下为“甘”，似非。

3181－2（964）所收《合集》33979（北图 25）之字，《字编》及诸家释文多释为“侯”，汉达文库改释为“至”，似可从。从辞例“甲启＊乙”（实物所见确为“甲”字，作，横划右侧较浅而不易拓出，竖划下部磨泐，《合集释文》等多误释为“卜”字）看，确应为“至”字。

3314－1（1006）（北图 27746）/（《上博》2426. 1392

倒置）所收第一形《合集》21126（北图 27746）之字，摹形不准确，中间为独立棱形构件。《合集释文》《校释总集》摹而未释，《摹释全集》释为“皿”，《摹释全编》释为“豆”。该字与《字编》3316“盂”字头下所收《合集》18548 之字显为同字，此字当调至《字编》3316“盂”字头下。又，《字编》3452 所收《上博》2426. 1392 应即《合集》18548，只不过《上博》误颠倒了方向，《字编》应据颠倒之字单立字头。蔡文 280 页疑《字编》3452 之字为伪，大概是未注意此实为《合集》18548 之倒。以《合集》21126（北图 27746）证之，此字应不伪。吴文 120 页指出《上博》2426. 1392 与《合集》18548 为重片，但认为其字不能确定上下方向。

3366（1023）所收《合集》36510 即北图 26687，实物图片清晰，可见此字不从“爿”。《合集释文》等释为“盂”，并指出该片多字缺刻横划，“正盂方”也很通。实物图所见短横或许是非字刻划。

3386（1026）所收《合集》19799 之字从构形上看，有可能与《字编》3346 为一字，上皆从“五”。《新编》（增订本）1037 页附录 1096 字收此字，漏“皿”旁，另收《合集》5514 之字（《字编》4323），字上部非“五”。

3398 -1（1033）（北图 12967）所收《合集》31012（北图 12967）之字与《字编》3401 -5 所收《英》2359 之字应为一字，应调至《字编》3401 -5。《〈新甲骨文编〉〈甲骨文字编〉收

录从“庚”“戌”“酉”之字商榷》一文已指出《合集》31012之字与《英》2359之字同[12]。吴文188页为《字编》3401增收《合集》31012之字，未指出《字编》3398已收此字。

3424（1052）（《乙》1622局部）所收《合集》21979之字原出处《乙》1622清晰（前面局部图之左），“攴”上应为泐痕。《合集释文》《摹释全编》等以“攴”与右侧“人”为一字，即作，其实《字编》0956－2已重收此字（295页第5行第一形）。据宋雅萍《背甲新缀第二十二、二十三则》[13]，《合集》21979可与《乙》622、《合集》20947、《乙》1826缀合，缀合片“”字多次出现，辞例可证此字确为“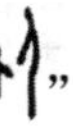”。此字头应取消。

3427（1053）所收《合补》13157（《怀》1708）之字摹形不准确，且字之左上残，未标明。字上部写法亦与《字编》所收《合集》22450之字有别，不应作为同字。此字《新编》（增订本）1013页附录932收独立字头，可从。

3581（1126）所收《英》1978之字当为二字，一从“𠬝”从“口”，一为“中”。《字编》所摹多一“中”旁，构形不易讲通。诸家释文一般作为二字处理。《新编》（增订本）67页亦独立成字，隶定上“𠬝”下“口”。

3619（1135）所收《合集》19690反之字应即“雨”字，释作“巾”字误。诸家多已释为“雨”。“雨”字下无小点者，又如《合补》9548（北图13682），作。此字头应取消。吴文

72页认为“”字之省，因“雨”字有此写法，则省体说法过于牵强。

3640（1146）所收《合集》22088（《乙》4549）之字，《新编》（增订本）21页“琮”字头下以之与上《字编》3639号“琮”为一字，从构形看，似可从。

3652（1149）所收《合集》16609之字当与《字编》840号“”为一字，为贞人名。与下一形《英》2458之字非同字。《摹释全编》、汉达文库即以之为贞人名。《新编》（增订本）923页附录250此字独立字头，另收《合集》11166之字，前文于“摹形不准确”部分“合文153”条已指出其字形有误，且应为“示壬”合文。

3750（1183）所收《合集》18780之字诸家多以为二字，其“口”旁为另字“司”之构件。查原出处《中央大学史学系藏甲骨文字》59所摹字形与《字编》类似，“口”旁右侧无字，或许即为《字编》所参考。从字的位置及行款看，似作二字较恰当。

3778（1189）所收《合集》24361（北图14558）之字摹形有误，据北图14558清晰图，下当从“皿”，应归入《字编》3784号下。同片有该字另一形（即后二图）。同片二形皆有长“游”，《字编》未摹出。二形皆可补入《字编》3784。《新编》（增订本）1037页附录1097仅收《合集》24365之字。吴文190页指出《字编》3784可增补《合集》24361一形及《合集》24411

一形，但摹形不准确。同片又有（《字编》3778），皆地名字，与从“皿”之形或有关系，当然也有可能二地相距不远。

3807（1197）所收《合补》6242之“”摹形不准确，摹漏拓片所见左侧斜划。实与《合集》6033反之“”同，即“梦”字。此字诸家亦多释为“梦”字。吴文76页谓应与《字编》3812“”一字，似非。字形当类《合集》6033反之“”，只不过“人”之“手”弯向身体。

3838（1206）所收《屯》2767、《合集》5652二形，根据辞例、构形，似应为从“女”之妇名专字，应独立字头。其隶定按照一般惯例，当把“女”旁置左。

3852（1207）（《甲》1925）所收《合集》10084（《甲》1691+1925+2029）之字，诸家释文多作“聿田”二字，似可从。此字在此条卜辞中作地名，“聿”字有作地名辞例，“聿”与“田”二构件间相隔有一定距离，故当以作二字为宜。《新编》（增订本）933页附录0322亦作“”，定为一字。

3861（1208）（《英》1913）所收《英》1913之字与吴文50页指出的《字编》2451所收《合集》3808反（北图3403反）之“”，应都是“凤”字下部（前者未拓出，后者残缺上部）。

3894（1226）（《甲》2304）（《京人》3038）（《屯南》768）所收《合集》20547（《甲》2304）之字应为“今方”合文。《合集》21111（《京人》3038）之字与此显为一字，诸家释文多释为“今方”。吴文191页以“”为一字，增补《合集》21111、《屯南》768二形。《新编》（增订本）1024页附录1002仅收《合集》20457、《屯南》768二形。《屯南》768之字汉达文库以之与《合集》20457之字为一字，《摹释全编》以为“今伐”二字，当非。

4024（1267）所收第一形《合集》19951（《甲》230）之字，上部实残缺未标明，且应非“東”字之残。诸家释文多作为“量”之残，但上部所残亦与“量”不同，或为“叀”之倒刻。

4040（1271）（倒置后）所收《合集》21978之字应即“叀”字倒刻，同片“庚”字亦为倒刻。《字编》4043－3收另一“叀”字倒刻之形。此字头应取消。

4106－3（1300）所收第一形《合集》19293（北图10134）之字实为“往”字。《合集释文》等皆释为“往”。吴文82页也已指出。今补清晰实物照片。

4110（1302）所收《合补》6226之字应上下倒置，实为“言”字。《合补》释文误，《摹释全编》、汉达文库已正。此字头可取消。

4165（1317）（北图 2133 照片）（摹形）所收《合集》20495（北图 2133）之字，《字编》所摹构形不明。北图 2133 字很清晰，应即“舊”字之残，上部鸟之毛角竖划朝内回折，与一般写法不同，下部残存“凵”之左竖划。

4263－2（1343）“才”字头下所收《合集》30623（北图 10130）之字《字编》注“倒书”，但据北图 10130 清晰字形，此字下部非直线，又其上残字应为“自”，故此字或应为“中”，定为“才”之倒书不通。《合集》31914（《甲》1378）“中”字写法与此类似。所收《合集》21742、21743 另二形，从辞例看亦不能完全确定就是“才”，故谓《合集》30623 之字为“才”倒书似可商。

4327（1375）所收《合集》21719 即《中历藏》1319，其字《中历藏》释为“子”。《中历藏》拓片亦不清晰，但结合照片和拓片，依稀可见确为“子”字。

4358（1377）所收《合集》3813（《续》5.21.8）摹形正确，《合集释文》《校释总集》《摹释全编》等据《合集》不清晰图片，皆误以为“卩”。但根据字形及其上贞人“内”字，该字应为“贞”字。“贞”字草率写法比较多见。吴文 125 页以《合集》3813 与《合集》4937 同文，认为此字与“”同字，应误。

三、隶定问题

甲骨文隶定问题，诸家隶定往往不同，较难统一。《字编》于能隶定之字一般都在字号下出隶定形。但大概于隶定未作通盘考虑，因此存在“隶定”形内部不够系统等问题。不够系统是指不同甲骨文而隶定形相同，同一构件在不同字中隶定形不同。另有隶定字未注意甲骨文原形字的构形层次性。查阅《字编》所见如下 6 则：

0509（153）妏，该字从“攵”，“攵”写作了“攴”。另，该号所收《合集》20006 之字，吴文 14 页认为《字编》摹写有误，但所增“卩”似乎非笔画。

2282（682），字从“鬳瓦”（见《字编》3453），隶定误从“鬲”。

3084（927）玟，该字所从之“”《字编》3083 释为“琡”，不应隶定作“玟”；且《字编》3097 亦隶定作“玟”，隶定形相同，但原形字非一字。

3356（1022））嬣，甲骨文原形字作“”，为从“宀”下“女、罒”，隶定作“嬣”则以结构为从“女、寍”。

3585（1126），甲骨文字形作“”，构件“网”隶定作“罒”，与《字编》662 从“目”之字“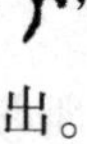”隶定形完全相同。此字应隶定从“网”。吴文 152 页也已指出。

3912（1229）舻，甲骨文字形作“”，显为《字编》3911 “”之字累加“宀”旁（应该是累加“宀”旁作为地名专字，吴文 141 页参王子杨《释甲骨文中的“阱”字》[14] 指出 3911 与 3912 为一字之繁简）。隶定作“舻”，不能与原形字构形层次对应，也丢了与《字编》3911 之字的构形关系。

四、技术性失误

《字编》所收有部分因疏忽或失察造成同一字形重复收录或部分字形片号因手误出错等技术性失误。

（一）重收

《字编》所收字形因《合集》等重片或《合集》等与旧著录书著录同片等原因，造成字形重收。共有 11 则：

0544（159）所收《合集》21021 二形，字形完全相同，核此片似仅出现一次此字，当属重收。另，此字应即“好”字，《新编》（增订本）695 页“好”字头下收此形，此号应并入“好”字头下。

1049 - 1（322）所收《花东》37 之字，《字编》2996 号重收。

1214（357）所收《合集》21605 之字，《字编》4062 重收。

1677（493）所收《合集》36844（《前》2. 17. 4）与《山东博》0325 实为同片（后者缺右上角无字部分）。

1970（586）所收《合集》7925 与《字编》1969 所收之

《合集》18459 实为重片。二处字上部摹形略有不同，《字编》1970 所摹字形之下部似残缺，实为盾纹沟笔画未拓出。此片即北图 30627，实物图清晰，左上角稍残，但可见应与一般“鹰”字上部同，非为圆圈。

2022（600）误收《合集》8203 二形，实际该片仅有一形，且下部残缺。所收第一形补全未标明，上部摹写正确；第二形则标出残缺，上部摹形不准确。

2286（683）所收《英》395 之字《字编》3119 号重收，但摹形不同，下部无“收”旁。蔡文 244 页、245 页分别指出二号所摹字形之误（2286“皿”旁应属下字；3119 所摹“刀”旁左半实为“龟”足与“水”旁之误摹），但未指出重收。

2360－3（712）所收《续补》6.63.7 之字，实即《合集》26952，亦即北图 4421，图片清晰，字之右上角有短横，《字编》漏摹。《字编》2357（707 第六行）“翌”字头下重收此字左半，出处为《合集》26952，大概又是以此为“翌辛”二字。类组则一作典宾，一作无名。《摹释全集》《校释总集》、汉达文库释此字为“翌”，汉达文库定为何组。《字编》2360－3 注此字“倒书”。《摹释全编》释文定为“翌辛”二字，并以“□”表示干支下字，但此片并无存在干支下字可能。与一般字形比照，左侧似非倒书。此字应即“翌”字，不过右侧“立”旁倒书。“翌”字从“立”之形出现较晚，不会是宾组。《新编》（增订本）666 页“翼”字头下未收此字。

2503（752）所收《乙》1479 即《合集》22206 乙，《字

编》3667 重收。

2964（885）收《合集》158 二形，但该片似仅有一形。查《类纂》《综类》，此字仅见《合集》158，《字编》当摹重一形。

3385（1026）收《合集》26863 二形，实此片仅有一形。二形摹写有别，其中一形无皿底儿，应该是认为下横为兆序词“一”。应以有皿底儿形为正。《新编》（增订本）1009 页附录 899 收此字，仅有皿底儿一形。吴文 158 页已指出《字编》重收，未指出重收原因。

（二）片号误

《字编》片号有误者，我们查阅时所见，共有 10 则；另据国图藏甲骨补充《字编》出处 2 则。

2056（606）所收《合集》9174 正之“正”字衍。

2900 –1（868）所收《合集》17621 正，应为“17621 臼”。另，所收《合集》9408、17622、17624、17626 实际亦为臼面拓片，因仅有臼拓，故《合集》未标“臼”。

3029（909）所收《英》1177 片号误，应为 1777。吴文 145 页已指出片号错误，但不确定正确片号。

3233（978）所收《合补》376 正片号误，应为《合集》376 正。

3297 –1（1002）所收《合集》175 片号有误，当为《合集》176。

3495（1073）所收《花东》169 片号有误，该片似无此字，当为《花东》170。

4071 –1（1289）所收《合集》328 片号有误，或是《合集》326 之误。

4175－2（1320）所收《合集》18511似无此字，应为《合集》18551之误。

4314（1374）所收《合补》2351反片号误，应为《合补》2531反，亦即《怀》917反。吴文47页指出片号误，但不确定正确片号。

4360（1377）此及下号之《怀》153即《合补》6493，未指明。

下面二则《字编》所收可补国图现藏出处：

《字编》0363－5（103）（北图17092）“祝”字头下所收《京》2826即北图17092。此字“人”旁横刻，非正常刻写方法，根据背面钻凿及兆序字“二”，此字似确实应如此置向，而非以“人”旁为正。《新编》（增订本）p12“祝”字头下未收此字。

摹本18（1384）所收《合集》40712即北图3691。《合集》40712原出处《南坊》4.205为摹本。据北图3691实物图，可知《南坊》4.205所摹不准确，字之左下残缺，摹形补全。《新编》（增订本）547页收录《合集》40712之摹形。

五、余论

上述从四大方面指出了《字编》存在的问题，其中绝大多数是因为《合集》等拓片不够清晰，这是毫无疑问的。除此之外，也有少部分其他原因导致的错漏。下面对其中一些共性的情况进行简单总结。

（一）尽量寻求清晰图片是编纂字编、摹写正确字形的关键。

《字编》在寻求清晰图片方面做了不少努力，其《凡例》五即说明：“大型著录书虽已收录，但拓片不如旧著录清晰者，据旧著录摹录，但仍记大型著录书之片号，并以括弧记旧著录片号和字形时代。”《合集》等大型著录书所据底本有的为印本，加之当时影印技术局限，其图片往往不如旧著录清晰。《字编》根据旧著录和新公布资料做了不少很重要的补充。如《字编》3748 所收字片号为“13611（前 4.15.6）”，此字《合集》拓片根本未拓出，《字编》据《前》4.15.6 摹出此目前唯一所见字形。此种情况还有不少。

上文的梳理可见，《字编》有不少错漏仍是因为未核对旧著录或新公布清晰图片造成的。因图片不清晰而误认误摹，有的造成了新字头，往往还是结构不明的“难字”，如《字编》2497 所收《合集》1220“”单立字头，而《上博》2426.147 图片相对清晰，为“”，实为从“羊、又”之“羞”字。有的误认误摹构件，如《字编》0556 所收《合集》9136 之“”，《乙》4885 图片清晰，作“”，“口”上构件下部有圆圈未摹出。有的字之细部特征摹写不准确，如《字编》3375 所收《合集》31951 之“”，据原出处《后下》12.5 稍清晰图，应作

“”。又如《字编》2133 所收《合集》10198 之“”，据《乙》2908 清晰图，上有二横划，作“”。

国图藏甲骨实物所见清晰图，更是能大量纠正《字编》因《合集》等图片不清晰造成的误摹、误认。如《字编》4165 之“”字结构不明，据北图 2133 清晰图应摹作“”，实“舊”之残。《字编》1859 所收《合集》3066 之“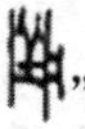”，据北图 11879 清晰图应作“”，所从为“羊”（《字编》未摹出“羊”之二斜划），汉达文库、《摹释全编》等误“羊”为“土”。《字编》3745 所收《合集》34158 之“”，据北图 1345 清晰图，应作“”，构件“宀”顶部有类似“卜”构件。《字编》1217 - 1 所收《合集》31871 之“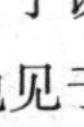”，据北图 2433 清晰图应作“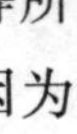”，左侧从“来、又、衣（卒）”，所从之“衣”很可能是讹变表音。

由此可见清晰图片对于认清字形的重要性。《合集》等所收图片不清晰，比较集中地见于《乙》和《屯南》。前者是因为翻拍，非常不清晰，后者是拓片本身就不够清晰。尤其是《乙》，若一一核实所出之字，往往都能纠正摹形。当前越来越有条件核实《合集》等大型著录书的原出处或甲骨实物现藏单位清晰图，将来再编纂甲骨文字编，应该尽量去寻求清晰图片。

（二）残字须标示清楚，以免误导。

残字若补全残缺部分而不标示清楚，会造成误导。或者让人误以为原片字形即如此；或者所缺部分若非常见字，则所缺部分有多种可能，未必一定如此补全。《字编》3677－2 所收《合集》31780 之“”字上部残，未标明，而此字实即《字编》3676“興”字，上部可见“”之残划。《字编》2144 所收《合集》7040 正之“”，拓片作“”，字左上残未标明，“人”之上部也可能还有其他构件。若不标明残缺，这些字就成了“完整”的字。

（三）残辞只字应注意分辨上下方向。

甲骨片若仅残辞只字，往往不易分辨上下方向，若图片不清晰或者字残更是难以分辨。上下方向有误则会导致误认字形结构，乃至产生新的字头。如《字编》3452 所收《上博》2426.1392 之“”收在“鬲”部，该片仅存此一字，实应上下方向颠倒，作“”。《字编》0237 所收《乙》7585 之“”实为“若”残字之倒，正确为“”。

（四）吸收新资料应注意避免重收。

《字编》重收字形有多种情况，有同片号分置不同部和同字头下摹重情况，当是因为失检。此外主要还有两方面情况，一是未注意著录片校重，二是因对个别字的认识不确定，导致采取不同处理。前者如《字编》1970 所收《合集》7925 与《字编》

1969 所收《合集》18459 实为重片，而重收，且字形摹写不同：、；又如《字编》1677 所收《合集》36844 与《山东博》0325 实为同片。后者如《字编》3385 收《合集》26863 同片二形：、，且摹写有别。实此片仅有一形，前者正确。后者无皿底儿，概是误以为下横为兆序词“一”。《字编》2360－3 与《字编》2357 重收，则两种情况兼有。2360－3 所收《续补》6. 63. 7 与 2357 所收《合集》26952 实为同片，实物现藏国图，即北图 4421，清晰图片为“”。2360－3 摹作“”，后者摹作“”，概是又以此为“翌辛”二字。

现在信息处理技术进步，同片号重收在不同部情况有望通过电脑解决，而著录同片则要充分吸收校重成果。针对同片新旧著录导致的重收，吸收新资料应尤为谨慎，新公布的资料很有可能与已有资料如《合集》等重复。

参考文献：

[1] 李宗焜. 甲骨文字编［M］. 北京：中华书局，2012.

[2] 黄天树. 评《甲骨文字编》［J］. 书品，2012（6）.

[3] 徐雅. 近出三种甲骨文字形表互校勘订［D］. 浙江大学硕士学位论文，2014.

[4] 蔡哲茂. 《甲骨文字编》指瑕［C］//宋镇豪主编. 甲骨文与殷商史：新五辑. 上海：上海古籍出版社，2015.

[5] 吴丽婉. 《甲骨文字编》校补［D］. 首都师范大学博士学位论文，2017.

［6］乔雁群.《甲骨文字编》校读札记37则［C］//宋镇豪主编. 甲骨文与殷商史：新九辑. 上海：上海古籍出版社，2019.

［7］刘钊主编. 新甲骨文编（增订本）［M］. 福州：福建人民出版社，2014.

［8］台北“中央研究院”. 考古资料数位典藏资料库［DB/OL］.［2021-01-04］. https://ndweb.iis.sinica.edu.tw/archaeo2_public/System/Artifact/Frame_Advance_Search.htm.

［9］香港中文大学刘殿爵中国古籍研究中心. “汉达文库——甲骨文库”［DB/OL］.［2021-01-04］. http://www.chant.org/.

［10］屈万里. 殷虚文字甲编考释：上、下［M］//屈万里先生全集⑥⑦. 台北：联经出版事业公司，1984.

［11］袁伦强.《新甲骨文编》（增订本）校补［D］. 西南大学硕士学位论文，2018.

［12］陈健.《新甲骨文编》《甲骨文字编》收录从“庚”“戌”“酉”之字商榷［OL］.［2021-01-04］. http://www.gwz.fudan.edu.cn/Web/Show/2647.

［13］宋雅萍. 背甲新缀第二十二、二十三则［OL］.［2021-01-04］. http://www.xianqin.org/blog/archives/2409.html.

［14］王子杨. 释甲骨文中的“阱”字［J］. 文史，2017（2）.

征稿启事

一、《语言历史论丛》（*Papers on Languages and History*）是四川师范大学文学院编辑出版的学术论文集，每年定期出版二辑。

二、本《论丛》刊登语言学（特别是中国西南地区语言研究）及其相关学科的学术论文。

三、本《论丛》刊登中文稿、英文稿及其他语言汉译稿。

四、作者投稿，请用写明姓名、工作单位、通信地址、邮政编码、联系电话、电子信箱。

五、中文稿应按中国国家标准使用简化字、标点符号和数字。古文字，请作者自制图片文件插入正文中。图片要求高精度黑白格式，勿使用灰度或彩色图片。推荐使用潘悟云 Unicode 国际音标 IpaPanNew（下载：http：//www. eastling. org/），勿使用不符合规范的自制音标。

六、稿件请按下列次序排列：1. 文章题目；2. 作者，作者工作单位全称，所在省、市，邮政编码；3. 内容摘要，关键词；

4. 正文；5. 参考文献；6. 英文题目；7. 作者姓名的汉语拼音，作者工作单位英文全称，所在省、市的汉语拼音，邮政编码；8. 英文摘要（Abstract）；9. 英文关键词（Key Words）。

七、内容摘要篇幅为100—300字，应具有独立性和自含性，可单独成文反映论文内容，应明确指出文章的创新点，避免使用“本文”“作者”等词。关键词数目3—8个。中英文的摘要和关键词应互相对应。

八、引文和参考文献。稿件中引文务必准确，注明出处。不得引用未正式发表的文献。参考文献在文末，根据作者姓名的音序顺序排列参考文献（同一作者的不同文献，按文献音序顺序排列），并根据排定的参考文献顺序，回头标写正文中相应的引文标注码。同一文献，同一序号，附注页码。格式为上标的“[序号] 页次”（如[1]、[2][6]、[5-7]、[8]98、[9]66-68、[4]26,[6]3-8……）。

文末参考文献格式：

[1] 刘燕. 自贡等八市县方言音系调查研究 [D]. 四川师范大学硕士论文，2011.

[2] 沈家煊. 语言的“主观性”和“主观化”[J]. 外语教学与研究，2001（4）.

[3] 叶蜚声，徐通锵. 语言学纲要 [M]. 北京：北京大学出版社，1997.

[4] 周及徐. 成都方言本字26例（续一）[C] //语言历史论丛（第十三辑）. 成都：巴蜀书社，2019（02）.

文中参考文献标注，并列几个引用时，标在本句中书、文、作者名后；只引用一处时，标在本句尾标点后。例：

“反映了敦煌变文被发现近一个世纪以来海内外研究的成果和水平，也反映了校注者在充分吸收前人成果基础上的最新见解。”[2]该书包罗宏富，校注精审，创新之处颇多，霑溉学林无穷。《校注》中亦有少数疏漏或悬而未决之处，程惠新[2]、刘传鸿[3]、赵家栋[4][5]、汪维辉[6]等先生已有补正。

九、注释采用页末脚注，用数字加圆圈标引（①②③……）。

十、稿件首页下方请按以下顺序注明作者简介：姓名，性别，民族（汉族可省略），籍贯，职称，学位，研究方向。获得基金资助的文章，应注明基金项目：基金项目名称（项目编号）。基金项目置于作者简介上方。

十一、作者请注意下列有关知识产权的事项：勿一稿多投。采用他人已经发表或撰写过的研究成果，须明确标示。使用他人制作的图、表或引用大段文字，须取得版权所有者授权。

十二、来稿请寄本编辑部。一律不退稿，请作者自留底稿。电子文稿请发 Word 和 PDF 格式各一。地址：中国四川省成都市静安路 5 号，四川师范大学文学院《语言历史论丛》编辑部收，邮政编码：610068。E-mail：yylslc@ sina. com

十三、论文发表后，赠送作者该期《语言历史论丛》二册。

十四、本刊已许可中国知网以数字化方式复制、汇编、发行、信息网络传播本刊全文。本刊支付的稿酬已包含中国知网著作权使用费，所有署名作者向本刊提交文章发表之行为视为同意上述声明。如有异议，请在投稿时说明，本刊将按作者说明处理。

《语言历史论丛》编辑部

2021 年 9 月

图书在版编目（CIP）数据

语言历史论丛．第十六辑/四川师范大学文学院编．
—成都：巴蜀书社，2021.6

ISBN 978-7-5531-1513-9

Ⅰ.①语…　Ⅱ.①四…　Ⅲ.①语言学－文集　Ⅳ.
①H0-53

中国版本图书馆 CIP 数据核字（2021）第 145828 号

语言历史论丛（第十六辑）　　四川师范大学文学院　编

责任编辑　马　兰　王群栗
出　　版　巴蜀书社
　　　　　成都市槐树街 2 号　邮编 610031
　　　　　总编室电话：（028）86259397
网　　址　www.bsbook.com
发　　行　巴蜀书社
　　　　　发行科电话：（028）86259422　86259423
经　　销　新华书店
印　　刷　四川宏丰印务有限公司
　　　　　电话：（028）85726655　13689082673
版　　次　2021 年 6 月第 1 版
印　　次　2021 年 6 月第 1 次印刷
成品尺寸　203mm×140mm
印　　张　11.375
字　　数　250 千字
书　　号　ISBN 978-7-5531-1513-9
定　　价　42.00 元
